ullstein

Das Buch

Nach einem Jahr voller Veränderungen beschließen Mathilde, Lucie, Alice und Éva die Hektik der Großstadt sowie alle Probleme mit Männern, Kindern, Kollegen einmal hinter sich zu lassen. Sie planen einen herrlichen gemeinsamen Urlaub in der Bretagne. Doch ihre Erholung währt nicht lange, denn schon bald holt die lästige Wirklichkeit sie wieder ein.

Adrien, Alices Exmann, fliegt mit seiner neuen Freundin nach Thailand und erleidet dort einen tödlichen Herzinfarkt. In dieser Krisensituation enthüllt die 15-jährige Laura, gemeinsame Tochter von Alice und Adrien, dass sie ein Verhältnis mit ihrem doppelt so alten Klavierlehrer hat. Kurz darauf erfährt Alice von Lucies geheimer Komplizenschaft, die ihre Freundschaft auf eine harte Belastungsprobe stellt. Mathilde und Éva versuchen indes, ihre veränderten Lebensumstände in den Griff zu bekommen. Keine leichte Aufgabe, wie sie feststellen müssen.

Die Autorin

Adèle Bréau ist Journalistin, erstellt Psycho-Tests für Frauenmagazine, hat die Website Terrafemina.com mitgegründet und unterhält einen Blog, auf dem sich Frauen untereinander austauschen (adeledebrief.wordpress.com). 2017 erschienen bei Ullstein die ersten beiden Bände ihrer Erfolgsserie um vier Pariser Freundinnen: »Fast perfekte Heldinnen« und »Männer von fast perfekten Heldinnen«.

ADÈLE BRÉAU

Ein fast perfekter Urlaub

Vier Heldinnen, die Bretagne und das übliche Beziehungschaos

Roman

Aus dem Französischen
von Stefanie Schäfer

Ullstein

Besuchen Sie uns im Internet:
www.ullstein-buchverlage.de

FSC
www.fsc.org
MIX
Papier aus verantwortungsvollen Quellen
FSC® C083411

Deutsche Erstausgabe im Ullstein Taschenbuch
1. Auflage Juli 2018

Titel der französischen Originalausgabe: *Les Devoirs de vacances*
(Editions Jean-Claude Lattès, Paris)
Umschlaggestaltung: bürosüd° GmbH, München
Titelabbildung: www.buerosued.de
Satz: LVD GmbH, Berlin
Gesetzt aus der Weiss und Frontage
Druck und Bindearbeiten: CPI books GmbH, Leck
ISBN 978-3-548-29091-1

Für Tao und Kim, meine kleinen Chinesen

Kommst du in den Ferien?
Ich wohne immer noch am selben Ort
Bin vielleicht ein wenig früher dort
Wo wir versprochen haben, uns zu sehen.

David et Jonathan, 1988

DIE KULISSEN

Paris, die Bretagne, Saint-Tropez, Thailand, die Malediven, Landhäuser unter der Sommersonne.

DIE BESETZUNG

Mathilde (getrennt von Max): berufstätige, leicht überforderte Mutter. Genießt ihr Single-Dasein nach den letzten problematischen Ehejahren. Inzwischen in einer Beziehung mit Antoine, den sie aus dem Kindergarten kennt. Nutzt ihre neue Freiheit und plant, ihr Leben jenseits der vierzig in vollen Zügen zu genießen.

Alice (getrennt von Adrien, in einer Beziehung mit Fred): auch mit vierzig noch schön, inzwischen berühmte Fernsehköchin. Erwartet fünfzehn Jahre nach Lauras Geburt ihr zweites Kind.

Lucie (verheiratet mit Christophe): *Kontrolle ist alles, in jeder Hinsicht (Ehe, Figur, Kindererziehung)*, lautet ihr Motto. Kommt aus gutem Hause. Durchlebt gerade eine schwierige Phase, da ihr Mann sich in den Kopf gesetzt hat, sich selbst zu verwirklichen, und dadurch das wohlgeordnete Leben der Familie aus dem Gleichgewicht bringt.

Éva (in einer Beziehung mit Jacques, getrennt von Vincent): befreit von einem Job und einer Ehe, die sie beide nicht mehr erfüllten, genießt Éva das Glück, endlich Mutter zu sein und Jacques wiedergefunden zu haben, den Unbekannten, der ihr Leben auf den Kopf gestellt hat.

Max (getrennt von Mathilde): wird bald wieder Vater. Nach einer schwierigen Phase der Trennung von Mathilde und der Arbeitslosigkeit kommt er dank seiner neuen Partnerin Ariane und ihrem gemeinsamen beruflichen Projekt wieder auf die Beine.

Christophe (verheiratet mit Lucie): Nachdem er lange disziplinierter Geschäftsmann sowie konservativer Vater und Ehemann war, nimmt er sich mit vierzig die Freiheit, sich endlich selbst zu verwirklichen.

Vincent (getrennt von Éva und bester Freund von Adrien): frischgebackener Single-Vater des kleinen Jef, richtet sich nach fünfzehn Jahren lauwarmer Ehe wieder im Junggesellendasein ein.

Fred (in einer Beziehung mit Alice): raue Schale, weicher Kern, starke Persönlichkeit, berühmter Koch und Besitzer eines der besten Restaurants von Paris. Hat das Herz der schönen Alice erobert, seiner Stellvertreterin, die inzwischen von ihm schwanger ist.

Jacques (in einer Beziehung mit Éva): der Jüngste im Bunde und Neuzugang, bis über beide Ohren verliebt in Éva, bei der er inzwischen wohnt. Hat mit Freuden die Vaterrolle für den kleinen Jef übernommen.

VOR DEN FERIEN …

Ein Jahr zuvor, im Sommer, segelten Mathilde, Lucie, Alice und Éva noch nichts ahnend auf ihrem vorgezeichneten Kurs als Mütter und Ehefrauen, teils seit über zehn Jahren. In guten wie in schlechten Zeiten an ihre Männer gebunden. Ohne recht zu wissen, warum, strebte jede von ihnen tapfer und ohne sich Fragen zu stellen einer Zukunft entgegen, über die sie gar nicht mehr nachdachte. Sie akzeptierten dieses Leben, von dem sie glaubten, es sich ausgesucht zu haben. Doch dann begann wieder der Alltag und mit ihm Qualen, neue Begegnungen und überraschende Wendungen, die jede von ihnen dazu brachte, sich selbst infrage zu stellen und manchmal sogar alles hinzuschmeißen, oder auch sich als Frau mit Ende dreißig noch einmal ganz neu zu erfinden.

Mathilde und Max, bei denen es schon länger gekriselt hatte und die sich umso mehr zerfleischten, je mehr Kinder und Beruf ihnen die Kraft für ihr Beziehungsleben raubten, konnten ihre Ehe nicht retten. Besonders die Wintermonate waren hart. Max verlor seine Arbeit und verbitterte zusehends. Zugleich hackte Mathilde ständig auf ihm herum, weil er so antriebslos war und sich nicht genug um die Kinder Théo und Martin kümmerte. Dies führte zu einer schmerzhaften Trennung, nach der Mathilde wie betäubt zurückblieb, allein, nach so vielen Jahren. Als der Frühling kam, hatte sich Max bereits mit seinem Schicksal abgefunden – zu schnell für den Geschmack seiner Noch-Ehefrau. Ariane, seine neue Freundin, die er in der Kneipe kennengelernt hatte, erwartete ein Kind von ihm. Gemeinsam stürzten sie sich auf das Projekt, ein eigenes Restaurant zu eröffnen, wovon Max schon seit vielen Jahren träumte. Mathilde verfluchte ihr Schicksal. Doch dann erholte sie sich allmählich wieder und sah plötzlich die Welt mit ganz anderen Augen. Sie erkannte, dass sie zu lange mit Scheuklappen herumgelaufen war und neben Beruf und Kindern kaum noch etwas wahrgenommen hatte.

Alice war gleich nach Weihnachten wieder mit ihrem geliebten Adrien zusammengekommen. Dieser hatte sie ein paar Monate vorher zur allgemeinen Überraschung für eine blutjunge Frau verlassen, die er auf Facebook kennengelernt hatte, obwohl er und Alice lange als das Traumpaar unter ihren Freunden galten. Zusammen mit Tochter Laura hatten sie ein unzertrennliches, harmonisches Trio gebildet, von dem niemand gedacht hätte, dass es eines Tages zerbrechen könnte. Nach einem kurzen zweiten Frühling war der übermütige Zahnarzt schließlich nach Hause zurückgekehrt, zum großen Kummer von Frédéric, Alices Chef im Restaurant, der schon lange heimlich in seine Stellvertreterin verliebt war. Inzwischen war Alice eine berühmte Fernsehköchin geworden. Adrien verkraftete weder ihren Erfolg noch seine Trennung von seiner schönen Juliette, zu der er schließlich wieder zurückkehrte. Fred und Alice dagegen ließen endlich ihren Gefühlen freien Lauf.

Auch die hoch elegante Lucie Chevreux, die man für unerschütterlich gehalten hatte, wurde in jenen turbulenten Monaten nicht verschont. Ihr geliebter Ehemann, der schöne Christophe, dessen Einfluss und finanzieller Erfolg ganz Paris beeindruckten, hatte abrupt das Ruder herumgerissen, um ein neues Leben zu beginnen. Die zwanghaft eifersüchtige Lucie befürchtete wieder einmal, ihn zu verlieren. Auch dieses Paar hatte seine Stürme hinter sich, liebte sich aber zu sehr, um an eine Trennung überhaupt zu denken. Dennoch hatte Christophe mit Raph, seinem Personal Trainer, ein Tabu gebrochen, ohne zu ahnen, wohin ihn diese beunruhigende und vollkommen unerwartete Erfahrung bringen würde.

Éva schließlich hatte einen Job aufgegeben, den sie hasste und über den sie sich jeden Tag beklagte. Sie verzehrte sich vor Sehnsucht nach einem Kind, das einfach nicht kommen wollte. Sie war so vollkommen fixiert auf ihren Kinderwunsch, dass es nicht einmal ihren Freundinnen gelang, sie davon abzulenken. Vincent, ihr Mann, flüchtete sich in die Arbeit, für die er viel unterwegs war. Das Paar begegnete sich praktisch immer nur auf der Durchreise. Ihre Liebe köchelte auf Sparflamme, und die Leidenschaft von einst war schon lange erloschen. Eines Tages ging Éva in eine Kneipe, um ihren Kummer zu ersäufen, den sie nicht zeigen durfte. Dabei traf sie Jacques. Sie hatten sich geliebt und anschließend aus den Augen verloren. Jef wurde geboren, nur wenige Wochen, bevor seine Eltern das Handtuch warfen, obwohl sie nun endlich das Ziel erreicht hatten, das ihnen für ihre Partnerschaft vorgeschwebt hatte. Dann tauchte eines Abends im Frühling nicht ganz zufällig Jacques wieder auf, und Éva und er fielen sich sofort in die Arme.

Allmählich war die Natur wieder erwacht, genau wie die Akteure dieses kleinen Theaters der Vierzigjährigen, die von den vielen Veränderungen nach Jahren der Gleichförmigkeit überrascht worden waren. Die Pariser begannen ernsthaft, an den kommenden Urlaub zu denken, und strömten früher hinaus auf die Straßen. Die Berufstätigen drängten sich auf den Bürgersteigen, um nach der Arbeit noch etwas zu trinken, spazieren zu gehen oder sich den Kindern zu widmen, die man schließlich sonst das ganze Jahr über kaum sah. Es war Sommer. Alle erzählten von ihren Plänen, die Meetings wurden seltener, und man fand seine gute Laune wieder, je länger sich die Sonne am Himmel zeigte. Bald würden die Freunde gemeinsam in das schöne bretonische Haus reisen, das sie schließlich gemietet hatten, nach monatelangem Zögern und unzähligen Abendessen, bei denen sie tausend Ziele erwogen hatten.

Bald würden sie ihre Koffer schließen und ihre winterlichen Sorgen mit Strandtüchern und Sandburgen bedecken, um endlich wieder die Ruhe zu genießen. Denn die großen Ferien standen vor der Tür, und so bald würde der Alltag sie nicht wieder einholen. Ja, es wurde höchste Zeit, sich endlich zu erholen …

1.

9 Uhr. Schon seit einer ganzen Weile schickte die Sonne ihre Strahlen durch die fadenscheinigen Vorhänge im Schlafzimmer von Antoine, aber Mathilde konnte sich nicht dazu aufraffen zu gehen. Nicht, dass sie weniger Arbeit gehabt hätte als sonst, obwohl jetzt im Juli bereits einige Kolleginnen und Kollegen im Urlaub waren – ganz im Gegenteil. Die meisten hatten ihr ganz nebenbei alles aufgebürdet, dem Arbeitstier, das schlecht Nein sagen konnte – obwohl sie in dieser Hinsicht in letzter Zeit Fortschritte gemacht hatte. An diesem Morgen jedoch hatte sie keine Lust, zuverlässig und pünktlich zu sein. Schließlich hatten die anderen auch keine Hemmungen, Bauchschmerzen oder ein krankes Kind vorzuschützen, um seelenruhig erst am späten Vormittag im Büro zu erscheinen. Neben ihr schlief friedlich der schöne Antoine, die geschwungenen Lippen zu seinem typischen Halblächeln verzogen. Dieser Mann war zweifellos ein selten gelungenes Exemplar, und ausgerechnet sie, die farblose Mathilde, hatte ihn ins Bett bekommen, ja, mehr noch: Er schien absolut verrückt nach ihr zu sein.

Während sie sich an seine starke beschützende Schulter schmiegte, dachte sie wieder an das schwierige Jahr, das hinter ihr lag, und an den letzten Sommer, der ihr zugleich so nah und doch so fern erschien. Noch bis vor wenigen Monaten war sie eine durchschnittliche Mutter gewesen, die vollauf damit beschäftigt war, dafür zu sorgen, dass alles rundlief, und sich abmühte, Beruf und Ehe in Einklang zu bringen. Nie hätte sie sich – trotz aller Reibereien und unübersehbaren Alarmsignale – vorgestellt, dass sie sich ein Jahr später als alleinerziehende Mutter wiederfinden würde, die überdies ziemlich glücklich war, jedenfalls glücklicher als früher. Wenn sie ehrlich war, glücklicher als jemals zuvor.

»Woran denkt Ihr, schöne Prinzessin?«

Antoine war offenbar wach, obwohl er die Lider geschlossen hatte.

»In meinem Fall müsste es Königinmutter heißen. Ich bin aus dem Alter raus, in dem man Prinzessin spielt.«

»Papperlapapp. Mach dich nicht immer schlechter, als du bist«, erwiderte er zärtlich, wonach er sich ohne Vorwarnung auf sie stürzte.

Er bedeckte ihren Hals mit jenen tausend kleinen Küssen, mit denen er sie so gern überschüttete, was sie manchmal irritierte – obwohl sie das natürlich nie offen zugegeben hätte. Denn welche normale Frau hätte sich schon darüber beklagt, von einem derart perfekten Mann wie Antoine angebetet zu werden? Sie natürlich. Mathilde, die niemals zufrieden war.

Aber was willst du denn noch, Mathilde?

Sie hörte die vorwurfsvolle Stimme von Max im Ohr, während Antoine versuchte, sie weiter aufzuhalten. Mit einem Satz sprang sie aus dem Bett.

»Ich muss los! Ich habe ein Meeting.«

Sie eilte ins Bad, wo mehrere fast leere Flaschen Duschgel herumlagen. Auch das war etwas, was sie umso mehr störte, je ernster ihre Beziehung zu Antoine wurde. Was sollte das bloß? Während sie aufpasste, ihr etwas schlaffes Brushing – aber ein Brushing nichtsdestoweniger – nicht nass zu machen, füllte Mathilde eine der alten Flaschen mit Wasser, schüttelte sie, spritzte die obskure Mischung auf sich und versuchte, nicht daran zu denken, dass der Inhalt möglicherweise älter war als ihre Söhne Martin oder sogar Théo. Geschiedene Väter, obwohl sehr praktisch für eine Frau in ihrer Situation, hatten Macken, die man sonst nur von Jugendlichen kannte, und sie schienen ganz glücklich darüber zu sein, ihre schlampigen Gewohnheiten von früher wieder aufnehmen zu können. Im Kühlschrank von Antoine fand man außer dem absolut Notwendigen, ohne das sein Sohn nicht existieren konnte, lediglich ein paar Flaschen Bier, eine Flasche Ketchup aus der Steinzeit und ein vertrocknetes Wurstende, von dem Mathilde hoffte, dass es nicht von der letzten Korsika-Reise ihres Besitzers stammte. Einmal mit dem Kamm durch die Haare, ein Blick in den Spiegel – nanu, ausnahmsweise fand sie sich gar nicht so übel. Tatsächlich schien ihr Gesicht seit ihrer Trennung von Max jene Unschuld und Frische wiedergefunden zu haben, die es im Laufe des vergangenen Jahres verloren hatte, auch wenn sie natürlich nicht mehr aussah wie zwanzig. Da sie auch abgenommen hatte, wie bei Trennungen typisch, zog Mathilde wieder die Blicke der Männer auf sich, es sei denn, dieses wiedererwachte Interesse war nicht nur, wie Alice ihr gegenüber angedeutet hatte, das Resultat ihrer neuen Verfügbarkeit. Männer seien wie Hunde, hatte Lucie hinzugefügt, wie immer ganz rational. Sie erschnüffeln alles. Nicht verfügbar? Kein Interesse. Bedürftig? Ähnlich. Und es stimmte, jetzt, wo Antoine sie anhimmelte, ohne dass sie seine Liebe gleichermaßen erwiderte, und nachdem sie sich von ihren Eheproblemen erholt hatte, sandte Mathilde gewiss jene entspannten, positiven, selbstsicheren Wellen aus, die die Exemplare des anderen Geschlechts anzogen. Sogar ihr Kollege Roman, den sie früher als den asexuellsten Typen überhaupt betrachtet hatte, hatte sein Verhalten ihr gegenüber verändert. Und diese zweite Jugend, die ihr wunderbarerweise beschert worden war, bezauberte Mathilde viel mehr, als sie geglaubt hätte.

Im unordentlichen Wohnzimmer, die Füße auf den Tisch zwischen die Reste ihres Abendessens gelegt, träumte Antoine vor sich hin, eine Tasse Kaffee in der Hand. Eine weitere Tasse wartete auf seine Schöne, direkt neben dem überquellenden Aschenbecher. Mathilde rauchte zu viel, so viel war sicher. Im Geiste nahm sie sich vor, ihren Zigarettenkonsum zu reduzieren, vor allem weil sie einen üblen Kater hatte, der noch schlimmer wurde, als sie die leere Pflaumenschnapsflasche auf dem Boden entdeckte. Sie nahm ihre dampfende Tasse, wich dabei den grapschenden Händen ihres Gastgebers aus und ging ins Schlafzimmer, um unter der Bettdecke nach ihrem Spitzenslip zu fahnden – auch auf diesem Gebiet hatte sie Fortschritte gemacht. Nachdem sie ihn in ihrer Handtasche versenkt hatte, ganz erregt bei der Vorstellung, sich mit vollkommen befreitem Schritt ins Büro zu begeben, hob sie ihr Handy vom Boden auf, überprüfte, dass sie keine Nachricht von Max wegen der Kinder erhalten hatte, drückte Antoine einen schnellen Kuss auf die Schläfe, tat so, als bemerke sie seine Enttäuschung nicht, stürmte hinaus und knallte die Tür hinter sich zu, die Tasse Kaffee noch in der Hand. Und während die alte Mathilde vor Scham errötet wäre, an der Tür geklingelt hätte, die Korsika-Tasse ihrem Eigentümer zurückgebracht, sie gespült, abgetrocknet und in den Schrank gestellt hätte, trank die neue in einem Zug ihren Kaffee aus, suchte in ihrer Tasche umsonst nach einem Taschentuch, fand ihre Unterhose und steckte sie in die Tasse, wonach sie beides wieder in die Tasche tat – das Ganze, ohne es zu merken, unter den weit aufgerissenen Augen der Flurnachbarin namens Martha, der göttlichen und äußerst beeindruckenden Exfrau des Mannes, mit dem sie letzte Nacht das Bett geteilt hatte.

9 Uhr 32. Es wurde Zeit, diesen Tag zu beginnen.

2.

»Kommt ihr zum Essen, Mädchen?«

Lucie erhob sich gerade von ihrem Mittagsschlaf. Winnie hatte ihr Bescheid gegeben, dass der Nachmittagssnack für die Kinder fertig sei, während sie die blauen Gardinen des weitläufigen Hauses in Saint-Tropez aufzog, das ihre Eltern in diesem Sommer gemietet hatten und Christophe und ihr im Juli überließen, da es sicher erschien, dass das Paar von nun an den Gürtel würde enger schnallen müssen. Letzteres ängstigte Lucie mit einer Intensität, die sie sich nicht eingestand, obwohl ihre eigene Familie keineswegs bedürftig war und sie, wie dieses Anwesen bewies, in jener Zeit unterstützen konnte, in der Christophe Chevreux seine Midlife-Crisis durchmachte, sich als Unternehmer versuchte und die Männerfreundschaft genoss. Sie fühlte sich ausgeruht und glücklich, während sie in diesem nach Lavendel duftenden Gebäude den zweiwöchigen Urlaub vorbereitete, der vor ihnen lag und den sie diesmal mit ihren Freunden verbringen würden. Außerdem war sie nicht allein: Éva, noch immer in Elternzeit, war ihre Nachbarin – ihre Eltern besaßen ein herrliches Anwesen in der Gegend – und würde ihr für einige Tage Gesellschaft leisten. Voller Glück hatte sie die Freuden der ununterbrochenen, mit Wein begossenen Gespräche unter den sonnensatten Olivenbäumen wiederentdeckt, während die Kinder in jenem tiefen Schlaf lagen, der auf ganze Tage im Schwimmbad folgte.

Lucie ging ins Badezimmer, zog einen der schicken Bikinis an, die sie sich gerade gekauft hatte, und überprüfte im Spiegel, ob die Sonne auch nicht ihr schönes, diskret mit Behandlungen jugendlich erhaltenes Gesicht ruiniert hatte. Dann legte sie eine neue Schicht Sunblocker auf. Die Zeit, in der sie noch kokette Sommersprossen hatte und sich keine Gedanken um die Hautalterung machte, war definitiv vorüber. Augenschutzschild, Hut und Schutzfaktor 50 – Lucie war gewappnet. Voller Entsetzen hatte sie mit angesehen, wie Éva sich in der heißen Sonne grillen ließ, während der kleine Jef sein langes Mittagsschläfchen hielt. Vor allem, weil Jacques, so verliebt er auch in sie sein mochte, fünf Jahre jünger war als sie und sich der Altersunterschied zwangsläufig irgendwann zeigen würde. Es war kein Zufall, dass Lucies Bekannte größtenteils Männer geheiratet hatten, die zehn bis zwanzig Jahre älter waren als sie, weil sie glaubten, neben ihnen mit relativ wenig Aufwand relativ lange jung wirken und die optische Illusion ewiger Jugend aufrechterhalten zu können. Dein Ehemann ist so jung, Liebes, und so begehrt, flüsterten sie ihr boshaft zu, selbst mit einem Auge auf Christophe. Und obwohl es so gut wie sicher war, dass er Lucie trotz aller Versuchungen nie betrogen hatte, hatte Lucie zugegebenermaßen ihre Schwierigkeiten mit den jüngsten Veränderungen, die ihr Mann in seinem Leben vorgenommen hatte. Wenn er früh nach Hause kam, störte er sie oft und brachte ihre Routinen und ihren Alltag durcheinander, den sie mit der

Akribie eines Uhrmachers durchorganisiert hatte. In Turnschuhen, den Laptop aufgeklappt auf dem Schoß, konnte Christophe jederzeit anwesend sein, manchmal in Begleitung von Jacques und ihrem gemeinsamen Sklaventreiber Raph. Inzwischen bedauerte Lucie, zugestimmt zu haben, ihn mit ihrem Ehemann zu teilen, da sie Raph mittlerweile förmlich anflehen musste, einen Termin für sie zu finden.

»Madame, dürfen die Mädchen Schokocreme essen?«, rief ihr durch das Fenster Winnie zu, ihre Kinderfrau, die schon ewig bei ihnen war und sie wie jeden Sommer an ihren Urlaubsort begleitet hatte.

»Aber Winnie, was fällt Ihnen ein? Sie wissen ganz genau, dass es so etwas bei mir nicht gibt! Als Zwischenmahlzeit erlaube ich nur Kompott und Honigbrot.«

»Aber Madame Éva hat heute Morgen extra für sie diesen Schokoaufstrich gekauft.«

Mist! Das war das Problem im Urlaub: Es war schier unmöglich, seinen Erziehungsprinzipien treu zu bleiben. Die anderen wollten einfach nicht verstehen, dass sie sich da gefälligst nicht einzumischen hatten. Schokocreme! Ihre Mädchen würden niemals dick werden, auf gar keinen Fall! Nicht so ein Pummel, wie sie als Kind gewesen war. Wie hatte ihre in jeder Hinsicht perfekte Mutter Catherine sie gequält und ihr die Zukunft in den düstersten Farben ausgemalt, wenn es ihr nicht gelänge, diesen unförmigen Körper in den Griff zu kriegen, für den sie sich schämte. Bei anständigen Leuten ist man nicht dick. Man isst bei Tisch, ordentlich gekleidet, die Kinder reden nicht beim Essen, und die Mädchen sind hübsch. Bei der Erinnerung an diese dunklen Jahre schüttelte Lucie ihre elegante, perfekt gekämmte Frisur, spannte die Bauchmuskeln an, band sich einen hübschen, zum Bikini passenden Pareo um, wölbte ihre für eine astronomische Summe neu modellierten Brüste heraus und ging hinunter, um das teuflische Schokozeug aus dem Feriendomizil zu verbannen.

»Und dann hat eure Mutter dem Mann die ganze Schüssel über den Kopf gestülpt, das hättet ihr mal sehen sollen!«

»Nein! Unsere Mutter? Mit Tomatensauce und allem?«

»Genau! Und Hackfleisch! Sodass der Inhalt überall runtergetropft ist, auf seine Haare, auf sein Hemd. Alle haben ihn angestarrt.«

»Igitt!«, kreischten Charlotte und Marguerite ganz außer sich, gefesselt von Évas Geschichten, von denen sie immer zu viele erzählte.

Sie wird sich noch umgucken, dachte Lucie, wenn ihr Sohn mal groß ist. Es gibt Anekdoten für alle Altersstufen.

»Was erzählst du ihnen denn jetzt schon wieder für dummes Zeug?«

»Mama!«

Die beiden Mädchen, zart gebräunt und beide in der gleichen eleganten Rüschenbluse, klatschten in die Hände bei der Ankunft ihrer Mutter, die sie sichtlich anhimmelten – genau wie Lucie Catherine angebetet hatte, die autoritäre Matriarchin, die sie im Übrigen an diesem Abend besuchen kommen würde. Sie zitterte bereits wie ein kleines Mädchen bei der Vorstellung an dieses seltsame Wiedersehen unter ungewohnten Umständen. Sie würden ausnahmsweise einmal unter sich sein anstatt in großer Runde an einem Tisch mit mehr oder weniger bekannten Gästen, die kaum etwas gemeinsam hatten außer ihrem finanziellen Wohlstand.

»Allez hopp, in den Mülleimer mit dem süßen Zeug!«

»Oh nein, Mama! Bitte nicht! Éva hat es uns mitgebracht!«, flehte Marguerite mit schokoverschmiertem Mund.

»Wir sind im Urlaub, Lucie. Da können sie sich doch ruhig mal was gönnen«, entgegnete Éva, die dabei war, eine dicke Scheibe Brot mit der teuflischen Substanz zu bestreichen.

Also ehrlich, in ihrem Alter und mit dieser dicken Wampe, die ihr heute Morgen auf dem Markt einige gerührte Glückwünsche der Händler eingetragen hatte, sollte sie sich lieber etwas zusammenreißen, sagte sich Lucie.

»Ich verstehe nicht, was Urlaub damit zu tun hat, sich mit Palmöl, Zucker und Fett vollzustopfen. Das lagert sich bei den Mädchen auf den Hüften ab und geht nie wieder weg. Und was dich angeht, meine Liebe, wenn ich mir die Bemerkung erlauben darf …«

»Nein, darfst du nicht.«

Éva sah sie mit einem festen Blick an, der unmissverständlich verriet, dass sie ihre Figur, so unmöglich sie momentan sein mochte, überhaupt nicht interessierte. Sie war durch und durch glücklich. Zum ersten Mal seit langer Zeit kam es für sie nicht infrage, dass sie sich auch nur im Mindesten dieses berückende Gefühl der inneren Ruhe verderben lassen würde, das sie jeden Morgen erfüllte, wenn sie allmählich aus ihrem – wenn auch oft unterbrochenen – Schlaf erwachte und über die Veränderungen in ihrem Leben nachdachte: ihre Trennung von Vincent und ihre wunderbare Begegnung mit Jacques, diesem Mann, der so unverhofft ihren Weg gekreuzt hatte und den sie inzwischen so sehr liebte, dass ihr schon diese wenigen Tage der erzwungenen Trennung fast den Atem raubten. Sein Duft, seine mit hunderten von Sommersprossen gesprenkelte Haut, seine dichten Locken, seine für ihn typische etwas brüchige Stimme ... Alles an ihm faszinierte sie. Seine Küsse, seine feurigen Liebeserklärungen, seine mit jedem Mal leidenschaftlicheren Umarmungen. Und dann die Art, wie er sie ansah, als sei sie eine Göttin. Natürlich trug sie immer noch etwas Schwangerschaftsspeck mit sich herum, aber sie hatte sich noch nie so wohl in ihrer Haut gefühlt. Und seit Jef auf die Welt gekommen war, waren mit einem Schlag die vielen leidvollen Monate hinweggefegt, in denen sie auf dieses Kind gewartet hatte, das sich einfach nicht ankündigen wollte.

»Éva! Er weint!«

Na schön, nicht alles war idyllisch, und die ersten Wochen nach der Geburt waren eine größere Herausforderung gewesen, als sie es sich vorgestellt hatte. Alle drei Stunden verlangte der Kleine seine Milch, manchmal noch viel öfter, und nachts wachte er in vollkommen unregelmäßigen Abständen auf, was sich bisher immer noch nicht gebessert hatte. Dabei hatte er inzwischen das magische Alter von drei Monaten erreicht, in dem sich angeblich alles einrenken würde, wie ihr ihre Freundinnen, der Gynäkologe, die Frau von der Rückbildungsgymnastik und all die anderen wohlmeinenden Menschen versprochen hatten, die sie ungefragt mit ihren Ratschlägen bombardierten. Denn falls Éva geglaubt hatte, dass sie nach Jefs Geburt endlich diese aufdringlichen Besserwisser los gewesen wäre, die zu allem ihren Senf gaben – ihr als Person, ihrer Figur und dem werdenden Kind –, so hatte sie sich getäuscht. Ganz im Gegenteil: Stillen Sie? Ach, Sie geben auch Fläschchen? Warum? Muttermilch ist doch das Beste für ihn. Unersetzlich. Haben Sie etwa Angst, Ihren Busen zu ruinieren? Ach, diese modernen Frauen, die denken eher an ihre Figur als an das Wohlergehen ihrer Kinder. Na ja, jeder, wie er will. Sie lassen ihn schreien? Das ist nicht gut, wissen Sie. Das frustriert ihn. Das macht ihm Angst. Und bloß nie auf den Bauch legen! Man muss die Babys auf den Rücken legen! Was, du legst ihn auf den Rücken? Also, zu meiner Zeit ... Mehr als einmal hätte Éva nicht übel Lust gehabt, diesen wohlmeinenden Plagegeistern eine Kackwindel ins Gesicht zu werfen. Jede Mutter machte doch alles, so gut sie es konnte, oder nicht? Lucie zum Beispiel, die den Schlüssel zu einer perfekten Erziehung in der Hand zu halten schien. Ihre Mädchen sagten Guten Tag und Auf Wiedersehen zu den Erwachsenen, gingen ohne Fisimatenten pünktlich zu Bett und erschienen ohne Murren zu ihren zahllosen Kursen im Schwimmen, Tennis, Tanzen oder Chinesisch. Doch erzog Lucie ihre Sprösslinge besser als Mathilde? Wer konnte mit Sicherheit behaupten, dass diese Paradepferdchen ausgeglichener waren als Théo und Martin, die ganze Vormittage lang Süßigkeiten vor dem Fernseher futterten und sich mit ihrer Mutter fröhliche Kissenschlachten auf dem Ehebett lieferten? Sie gingen ihr wirklich alle auf die Nerven mit ihren Predigten! Also sah Éva weiterhin Lucie tapfer in die Augen, nahm das Glas mit dem Schokoaufstrich, schraubte es zu und marschierte, mit hoch erhobenem Kopf und das Gesicht mit Schokocreme verschmiert, ihrem Schicksal der erschöpften Mutter entgegen.

Madame war mit den Nerven fertig, weil ihre Mutter heute Abend im Feriendomizil vorbeischauen würde und bis dahin alles perfekt sein musste. Ihre Mutter war die Einzige, die Madame Chevreux noch in Angst und Schrecken versetzen konnte. Doch Winnie hatte Verständnis für sie, da sie selbst ihr Handwerk bei Catherine de Magny gelernt hatte, die von ihrem gesamten Personal wegen ihrer übertriebenen Ansprüche gefürchtet wurde. Einmal diskret mit dem Finger über ein vergessenes Regal – ein Reflex, den Madame Magny von ihrer eigenen Mutter übernommen hatte – bedeutete die garantierte Entlassung. Alles musste perfekt sein. Und zu Recht, da Madame und Monsieur die Elite der Gesellschaft empfingen. Es war schließlich undenkbar, einem Minister auf einer fleckigen Tischdecke das Abendessen zu servieren oder ihm zuzumuten, sich auf einem nicht korrekt abgesaugten Sofa niederzulassen. Dennoch, dieses Gebäude in Saint-Tropez, das für Winnie unbekanntes Terrain war, verlangte Herkulesarbeit von ihr. Die Besitzer waren keine anständigen Leute, das sah man dem Haus an. Sie stapelten alte Zeitschriften auf der Treppe, hatten schlecht gefaltete Kleidungsstücke in die Schränke gelegt, obwohl sie die Räumlichkeiten an Madame vermietet hatten, und sie hatten ihren Mietern ein Geschirr zugemutet, das Winnie als minderwertig betrachtete. Nein, eines war sicher, bei diesem Haus hatte sich Madame übers Ohr hauen lassen. Aber Winnie hatte einen Ruf als Hauptangestellte der Familie zu verteidigen, und sie würde der Mutter keine Gelegenheit geben anzunehmen, sie würde diese Stellung nicht mehr verdienen. Daher mistete sie seit dem Morgengrauen dieses Drecknest aus und nahm sich die Freiheit, alles wegzuwerfen, was ihr alt, schmutzig oder von den Besitzern seit vielen Jahren unbenutzt erschien. Daran konnte man die wirklich feinen Leute von Krethi und Plethi unterscheiden. Die konnten noch so aufgebrezelt auf feinen Partys herumstolzieren, es reichte ein Blick in den Wäschekorb, um festzustellen, was das für Ferkel waren. Die gaben ein Vermögen für Abendkleider aus und trugen dafür zwei Tage hintereinander denselben Slip und kümmerten sich nicht um die maroden Stromleitungen ihres Familiensitzes. Aber Winnie hatte sie durchschaut, dank ihrer Bekannten, die in anderen Häusern arbeiteten, oben hui, unten pfui, und auf die konnte sie verzichten. Aus diesem Grund war sie lieber bei der Familie Chevreux, trotz der hohen Arbeitsbelastung, da sich Madame und Monsieur vermehrten wie die Karnickel. Sie hatte jedenfalls vor, dort ihr ganzes Berufsleben zu verbringen, und sie war sich auch nicht zu schade, die Putzfrau zu spielen. Als Hilfe für sie hatte Madame Chevreux ein junges Mädchen engagiert, eine Kinderfrau für die Kleinen, für die eigentlich Winnie im Sommer verantwortlich war. Das junge Ding war zwar nicht frech, aber man konnte auch nicht behaupten, dass sie sich besonders anstrengte, und außerdem hatte sie die Weisheit nicht mit Löffeln gefressen. Daher teilte sie nicht ihre Pausen mit ihr. Außerdem verbrachte Fanny, das Kindermädchen, ihre Pausen lieber mit dem Handy, verschickte SMS, spielte idiotische Spiele oder chattete mit ihrem Freund. Falls sie nur einen hatte. Gott sei Dank hatte Madame ihr verboten, ihr Handy in Gegenwart der Kinder zu benutzen. Was würde sie für ein Beispiel geben! Und wenn der kleine Jef weinte, wie er es zum Beispiel jetzt gerade tat, gab Fanny vor, ihn nicht zu hören, da in ihrem Arbeitsvertrag kein viertes Kind erwähnt wurde, schon gar nicht ein Baby, um das sie sich einige Tage hätte kümmern sollen. Sie überließ es der armen Éva, sich ganz allein durchzuschlagen. Diese jungen Leute besaßen einfach keine Berufsehre. Man musste sich fragen, ob sie ihren Beruf überhaupt mochten. Also war Winnie ins Zimmer von Jef gegangen, hatte das schreiende tomatenrote Baby in die Arme genommen und es an ihren üppigen Busen gedrückt, genau wie sie es bei Charlotte, Marguerite und dann mit Lou getan hatte, die sie ein bisschen zu sehr verwöhnte, weil es gewiss ihr letztes Baby sein würde – obwohl man es bei Madame nie wissen konnte. Sie hatte dem Säugling in die Augen geschaut, der von diesem fremden Trost beruhigt war, diesen leisen geflüsterten Worten, der frischen Luft, die ihm sanft ins Gesicht gepustet wurde, und hatte sich allmählich beruhigt und unwillkürlich seine schweren Lider wieder geschlossen und mit seinen kleinen Fingern den Zeigefinger dieser Unbekannten umklammert, die schon mit anstrengenderen Kindern fertig geworden war. Ja, Kinderfrau zu sein, das konnte nicht jede aus dem Stegreif.

Durch das Fenster des beengten, zum Kinderzimmer umgewandelten Büros sah Winnie die Mädchen, die fröhlich lachend in den Pool sprangen, während Lucie nebenan unter dem Sonnenschirm lag – sie ließ nie vor achtzehn Uhr Sonne an ihre Haut – auf ihrem Handy herumtippte und entnervte Blicke um sich warf. Was war denn nun schon wieder los? Und diese Fanny, die gähnend in der Ecke saß, was machte die? Hoffentlich schlief der Kleine schnell wieder ein, damit Winnie hinausgehen konnte, bevor sich Madame von dem Stress durch die baldige Ankunft ihrer allmächtigen Mutter überwältigen ließ.

Zart legte sie das Baby wieder in sein Tragekörbchen auf Évas Bett und ließ den Blick über den Nachttisch voller Schnuller, Feuchttücher und zerknüllter Taschentücher wandern. Die Papiere, die darunterlagen, mussten wichtig sein, wie der Briefkopf in auffälligen Lettern verriet: zugelassen bei der Pariser Anwaltskammer. Scheidung. Madame Éva Lopez und Monsieur Vincent Lopez.

»Alles in Ordnung, Winnie?«

Winnie zuckte zusammen und schämte sich, bei diesem Akt der Neugier erwischt worden zu sein wie eine vulgäre Hotelangestellte. Man durfte die Nase nicht in das Leben seiner Arbeitgeber stecken, das gab nur Ärger. Selbst wenn eine Scheidung doch sehr tragisch war mit einem so kleinen Baby.

3.

»Wissen Sie eigentlich, dass Sie eine Quelle der Inspiration für die Frauen Ihrer Generation sind?«

Da hatte sie den Salat. Egal, wie sehr sie sich inzwischen an die anstrengenden Interviews gewöhnt hatte, so ließ sie sich doch noch zu leicht von diesen hirnrissigen Fragen aus dem Gleichgewicht bringen. Sie, eine Quelle der Inspiration? Wieso mussten diese Journalistinnen sie bloß immer auf einen Sockel heben? Der Vater ihrer Tochter hatte sie für eine Bloggerin im Teeniealter verlassen. Sie selbst fing beim geringsten Missgeschick an zu stottern, stieß sich an Möbelstücken, hatte nie gelernt, sich vernünftig zu frisieren, und war immer noch fassungslos darüber, dass trotz allem ein derart charismatischer Mann wie Frédéric Bardin sie als Traumfrau betrachten konnte. Kurzum, trotz der Lorbeeren, die sie von der Presse erntete, seitdem sie zur Star-Fernsehköchin avanciert war, trotz der schönen Fotos von ihr – sämtlich retuschiert –, die hier und da erschienen waren (und die Laura eingerahmt und überall bei ihnen in der Wohnung aufgehängt hatte) –, und obwohl sie von ihren zahlreichen Fans oft auf der Straße erkannt wurde, fühlte sie sich noch immer wie eine Hochstaplerin.

»Eine Quelle der Inspiration? Übertreiben Sie nicht ein bisschen?«

»Nein, ich glaube nicht. Denken Sie daran, wie viele Mütter in Ihrem Alter genau wie Sie mit einer Scheidung fertigwerden müssen, und Sie beweisen ihnen, dass man sich trotz allem weiterentwickeln und eine bewundernswerte Karriere machen kann, noch dazu in einem sogenannten Männerberuf, dass man die Liebe wiederfinden kann und sogar … Dürfen wir darüber reden? Alice?«

Wortlos deutete die Journalistin mit einer leichten Kinnbewegung auf den kleinen, bisher kaum sichtbaren Bauch von Alice, die gegen ihren Willen errötete. Zwar hatten sich ihre Brüste gerundet, zum größten Entzücken von Fred, der nicht müde wurde, jeden Abend sein Gesicht darin zu vergraben, aber ihr war nicht klar gewesen, dass man ihr ihren Zustand bereits ansah. Sie schüttelte leicht den Kopf. Nein, das möchte ich nicht, noch nicht. Es ist noch zu früh. Dieses so fragile Glück wollte sie für sich behalten, für sich und Frédéric. Und außerdem war eine Schwangerschaft mit knapp vierzig nicht mehr so unproblematisch und selbstverständlich wie damals bei Laura. Diesmal musste sie sich einer ganzen Reihe von Untersuchungen unterziehen, wie der unsympathische Gynäkologe gemahnt hatte, an den sie sich gleich nach den ersten Schwangerschaftsanzeichen gewandt hatte. Die Speisen hatten plötzlich ihren Geschmack verändert, schon der Anblick von manchen rief Übelkeit hervor, und ihre Brüste schmerzten.

»Madame, Sie sind schwanger«, hatte er mit ernsthafter Miene festgestellt, als spräche er mit einer undisziplinierten Schülerin, die ihre Grenzen überschritten hatte. Also wirklich, wie leichtsinnig die Frauen heutzutage waren. Mit fast vierzig Mutter zu werden, das war doch geradezu unnatürlich! Aber nein, sie wollten den Stars nacheifern, eine zweite Jugend herausschinden und in einem Alter ein Baby vorzeigen, in dem ihre eigenen Mütter damals der wohlverdienten Menopause entgegenfieberten. Für die Männer war das natürlich etwas ganz anderes, die konnten noch im hohen Alter Vater werden, man denke bloß an Charlie Chaplin. Ja, vielleicht waren sie sogar eher dafür geschaffen, eine gelassene Vaterschaft in einem Alter zu akzeptieren, in dem sie endlich ihren Ehrgeiz aufgegeben haben. Aber diese Frauen, was dachten die sich? Alice hatte all diese Vorwürfe aus dem Blick und den übertriebenen Seufzern des alten Arztes herausgelesen, der in seiner Praxis im 16. Arrondissement thronte. Was war ihr nur eingefallen, fünfzehn Jahre nach dem ersten Kind noch einmal ein zweites zu bekommen? Würde sie überhaupt die Kraft haben, noch einmal eines großzuziehen? Nachts aufzustehen, das Geschrei zu ertragen, die Koliken, den nächtlichen Terror, die endlose Zeit bis zum Einschlafen, den Kindergarten, die Schule, das stundenlange Warten, wenn sie abends ausgingen, mit wie viel, mit über fünfzig? Würde sie damit umgehen können, ihren Kinderwagen neben den jungen Müttern im Park herzuschieben, die sich wahrscheinlich fragen würden, ob sie die Mutter, die Tante, oder vielleicht die sehr junge Großmutter des Babys war? Nein, jetzt übertrieb sie! »Spinnst du, Alice?«, hatten ihre Freundinnen erwidert, als sie ihre Zweifel mit ihnen geteilt hatte. Éva hatte gerade Jef bekommen, und alle Welt fand das normal. Aber Éva war ein wenig jünger als sie und die anderen – nur um drei Jahre, aber es war ein Unterschied.

Und außerdem war es ihr erstes Kind, sie machte nicht so einen Unsinn und fing noch einmal von vorn an, in einem Alter, in dem ihre eigene Tochter schon zur Frau wurde. Daher hatte Alice lange gewartet, bis sie es Fred sagte, der, wie sie wusste, davon träumte, Vater zu werden. Sie hatte gesehen, wie er mit seinem Neffen Jérémy umging, dem Sohn seiner Schwester Anouk. Aus diesem Grund hatte sie beschlossen, dem Schicksal die Entscheidung zu überlassen, ob sie schon zu alt für Kinder war oder nicht. Los, entscheide du! Und es hatte für sie entschieden. Außerdem musste man hinzufügen, dass sie und Fred diesem Schicksal kräftig nachgeholfen hatten, indem sie sich mit wiederentdeckter jugendlicher Leidenschaft dem Sex hingegeben hatten, in ihrem Fall nach einer langen Durststrecke und ehelicher Langeweile. Im Blick dieses Mannes, der verrückt nach ihr war, hatte Alice eine Lust wiedergefunden, von der sie geglaubt hatte, sie sei für immer eingeschlafen. Doch dann war die brennende Leidenschaft uneingeschränkt wiedererwacht, so wie sie mit vierzehn in ihr aufgeflammt war, als die Jungs im Sommer zum ersten Mal Flirtversuche unternommen hatten.

Ungehemmt stürzten sie sich aufeinander, wenn sie sich abends in Freds Wohnung trafen, die schon nach kurzer Zeit zum Schauplatz ihrer großen Liebe geworden war, dem Refugium ihrer erneuerten Beziehung. Während der Arbeit im Restaurant kam es manchmal vor, dass sie sich kneifen musste, um dieses brennende Feuer zu zügeln. Sie begnügten sich damit, sich vielsagende Blicke zuzuwerfen und die glimmende Begierde anzufachen, die sie nicht mehr verließ, bis sie sie endlich stillen konnten. Vor lauter

Ungeduld hatten sie es sogar schon in der Speisekammer, auf der Toilette des Restaurants und einmal sogar im Hotel am Ende der Straße getrieben, einem nicht besonders ordentlichen Etablissement, wo sich niemand darüber gewundert hatte, als sie nur eine Stunde nach dem Einchecken ihr Zimmer wieder verlassen hatten, kichernd wie in flagranti ertappte Jugendliche. Infolgedessen war Alice schnell schwanger geworden und hatte sich unweigerlich schuldig gefühlt, als sie die Bestätigung erhalten hatte. Sie würde erneut Mutter werden, mit allem, was dazugehörte. Zumindest, wenn sie nicht abtrieb und sich dazu entschloss, ihre Romanze so weiterzuführen wie bisher. Denn so glücklich Fred auch sein würde, wenn er die Neuigkeit erfuhr – würde dieses Kind nicht unweigerlich das Ende der Harmonie einläuten, so wie es den meisten Paaren ging, die eines Tages beschlossen hatten, ihr Glück und ihre Sorglosigkeit mit einem Neugeborenen zu teilen? Sollte sie nicht lieber das Glück genießen, zu zweit zu sein, genug Geld zu haben, beruflich erfolgreich zu sein, und, in ihrem Fall, eine zweite, diesmal unbeschwerte Jugend zu erleben? Nein, das wäre zu egoistisch. Und wenn sie darüber nachdachte, wusste sie genau, dass sie jetzt, wo es passiert war, niemals das Risiko eingehen würde, dieses Baby zu verlieren und es hinterher zu bedauern, denn in ihrem Alter so natürlich und schnell schwanger zu werden, grenzte an ein Wunder. Also hatte sie es Fred bei der Einweihung von Max' Restaurant erzählt. An diesem Abend waren sie alle in einem bunten Haufen mehr oder weniger harmonisch vereinter Freunde und Bekannter beisammen gewesen, und nachdem sie es einmal ausgesprochen hatte, gab es kein Zurück mehr. Wenn sie an dieses vergangene Jahr dachte und wie es ihrer aller Leben durcheinandergewirbelt hatte, streichelte Alice ihren Bauch, während die Journalistin ihr gegenüber allmählich ungeduldig wurde.

»Nein, ich möchte lieber nicht darüber reden«, beschloss Alice. »Einige meiner Freundinnen wissen noch nicht Bescheid, und ich möchte nicht, dass sie es aus der Zeitung erfahren.«

»Natürlich«, antwortete ihre Gesprächspartnerin mit enttäuschter Miene. »Aber würden Sie mir denn das Recht der Erstveröffentlichung einräumen? Unsere Leserinnen verehren Sie, Alice, und noch mehr: Sie verehren Sie und Fred als Paar. Sie haben ja keine Ahnung, wie viele E-Mails und Briefe hereinströmen, sobald wir Ihnen einen Artikel widmen. Dieses Baby ist das i-Tüpfelchen einer wunderbaren Geschichte. Das Publikum ist begierig auf solche ›normalen‹ Leute wie Sie, denen sie sich nahe fühlen, als gehörten sie zu ihrer Familie. Also dieses Baby, in Ihrem Alter – nehmen Sie es mir nicht übel, Sie sind noch sehr jung, natürlich, das wollte ich nicht damit sagen, aber ...«

Alice lächelte ihr beschwichtigend zu. Natürlich wusste sie, was die Journalistin sagen wollte, und im Gegensatz zu dem, was die junge Frau behauptete, war es ihr sehr unangenehm, dass sich die Öffentlichkeit ihr so nah fühlte, in einem Maße, dass sie sich ohne jede Scham in ihre Privatsphäre drängte, mit ihr für Selfies posierte, ihr Ratschläge erteilte, sie mit Komplimenten überschüttete und manchmal sogar mit Vorwürfen, was ihre Kleidung oder die Wahl ihrer Rezepte betraf. Dieser Starrummel, der sie seitdem daran hinderte, außerhalb des Stoßbetriebs in Ruhe durch Paris zu flanieren. Sie hatte sich seit jeher bemüht, ihre fast krankhafte Schüchternheit zu verbergen, die ihr einen guten Teil ihrer Jugend verdorben hatte, und daher war dieser neue Status, um den sie zahlreiche junge Wannabe-Starlets aus den Realityshows garantiert beneideten, anfangs für sie eine Qual gewesen. Aber so war es nun mal, sie mochte es wirklich nicht, und wenn das Fernsehen sie auch zweifellos befreit hatte, so fragte sie sich doch allen Ernstes, ob sie nicht einfach den ganzen Rummel aufgeben und wieder in die friedliche Anonymität zurückkehren sollte, in der sie jahrzehntelang glücklich gelebt hatte. Aber war es nicht schon zu spät? Jeden Tag erhielt sie auf ihrem Instagram-Account neue Abonnementanfragen, und ihr Account quoll über mit Kommentaren. Ständig wurde sie auch um Interviews gebeten, wie dieses heute Morgen. All das war absurd. Während sie das ganze Spektakel bisher amüsiert hatte, beobachtete Alice dieses Leben, nämlich ihres, inzwischen mit der Distanz einer mehr als ängstlichen Zuschauerin.

»Salut, meine Schöne!«

Fred war ohne Vorwarnung erschienen, umarmte Alice von hinten und begrüßte sie mit einem Kuss auf den Hals, der sie sofort zum Erröten brachte. Er war wirklich unmöglich, er sah doch, dass sie nicht allein war! Die Journalistin dagegen war im siebten Himmel und kritzelte fieberhaft einige Worte in ihr Heft, während sie mit den Augen die beiden berühmten Köche verschlang – oder vielleicht doch wohl nur Fred, der unglaublich verführerisch auf die weibliche Klientel wirkte, die heutzutage ebenso sehr für

Köche schwärmte wie früher für Rockstars. Als er nach vorn trat, um die Dame zu begrüßen, konnte sich Alice von der unwiderstehlichen Anziehungskraft überzeugen, die der neue Mann in ihrem Leben ausübte. Gekleidet in ein kariertes Hemd, das sie noch nicht kannte, eine abgetragene Jeans und mit diesem kurzen, struppigen Bart, den er seit einigen Wochen trug, ließ sie der Vater ihres Kindes erneut vor Leidenschaft erzittern. Und vor Stolz.

»Frédéric Bardin«, stellte er sich ohne falsche Bescheidenheit der jungen, hingerissen lächelnden Journalistin vor und reichte ihr seine kräftige Hand.

Obwohl sie so jung und schön war, gönnte Fred ihr nichts weiter als einen abwesenden, höflichen Blick, bevor er sich wieder zu Alice umdrehte, ihr zärtlich die Schulter streichelte und strahlend verkündete: »Wir haben es!«

»Was?«

»Das neue Lokal, ich habe es gefunden, das meine ich! Es wird dir gefallen. Es ist absolut klasse! Es hat eine riesige Theke, und du müsstest erst mal die Terrasse sehen, draußen in einem ganz ruhigen Hof hinter dem Haus. Das Viertel ist top, und der Besitzer will den Laden so bald wie möglich loswerden. Deswegen musst du es dir ganz schnell ansehen. Ich möchte nicht, dass dieser Mistkerl von Chazelle es uns wegschnappt, du weißt doch, wie der ist.«

»Können wir bitte später darüber reden, Fred?«, bat Alice, peinlich berührt von diesem Ausbruch der Begeisterung vor der Journalistin, die alles haargenau verfolgte.

Indem sie verzweifelt die Augen in Richtung dieser störenden Dritten rollte, versuchte sie, Fred den Grund für ihr Unbehagen zu übermitteln. Glücklicherweise beschloss die Journalistin jetzt von sich aus, dieses wunderbare Paar in Frieden zu lassen, von dem sie natürlich ein großer Fan war.

»Ich muss jetzt los«, verkündete sie, »sonst killt mich mein Chef. Alice, tausend Dank für die wertvolle Zeit, die Sie mir gewidmet haben.«

Als sie allein im Speisesaal des Restaurants zurückgeblieben waren, stürzte sich Fred leidenschaftlich auf Alice und berührte ihre Brüste.

»Die sind schon wieder größer geworden, oder?«

»Fred!«

»Na so was, deine katholische Erziehung meldet sich doch immer wieder. Also wirklich, Alice, nächtelang treiben wir es wie die Tiere, und du wirst immer noch rot, wenn ich von deinen Brüsten spreche?«

»Ja, das tue ich. Und ich habe dich auch nicht im Unklaren darüber gelassen, wie ich bin, bevor wir zusammenkamen. Ich habe mich nicht verändert, weißt du.«

Alice schmollte und verdrehte ein kleines Taschentuch, das sie seit dem Beginn des Interviews mit der Hand umklammert hielt.

»Bist du nicht auch wahnsinnig aufgeregt?«

»Doch, natürlich«, erwiderte sie mit gespielter Verzückung.

»Alice, ich kenne dich. Ich sehe dir an, dass dich etwas bedrückt.«

»Nicht wirklich, aber ... Diese ganzen Veränderungen. Das Baby, wir, und jetzt das Restaurant ...«

»Aber es kommt gar nicht infrage, dass wir uns das durch die Lappen gehen lassen. Jedenfalls nicht im Moment. Wir können die Leitung Florent überlassen, er wird das sehr gut machen.«

»Aber … Durch meine Schwangerschaft werde ich dir irgendwann nicht mehr helfen können. Jedenfalls nicht so sehr, wie ich es möchte. Und wenn das Baby auf der Welt ist und wir nachts aufstehen müssen, wenn wir kaputt sind, denn schließlich sind wir nicht mehr jung … Kannst du dir dann vorstellen, auf die Baustelle zu gehen, Fliesen, Geschirr und Wandfarben auszuwählen und Angestellte zu suchen?«

»Mit dir schaffe ich alles, mein Liebling«, unterbrach er sie. »Ich habe mehr Energie als ein kleiner Junge, der aus der Schule kommt. Du hast ganz recht, ich bin nicht mehr jung. Und gerade deswegen werde ich ganz bestimmt nicht länger warten, um meine Träume zu realisieren. Ich will alles, und alles zugleich, und mir ist es egal, ob mich das schafft. Ich habe nicht vor, auf dem Sofa hocken zu bleiben, auf gar keinen Fall!«

Genau das gefiel Alice so an ihm. Dass er so zupackend war, immer guter Laune, begeisterungsfähig, solide, bereit, Berge zu versetzen, ohne sich durch die Anstrengungen, die Schwierigkeiten und die Müdigkeit von etwas abbringen zu lassen. Nach den zwanzig Jahren mit Adrien, der jeden Feierabend darüber geklagt hatte, wie erschöpft er sei, und der müde seinen Aktenkoffer in die Diele geworfen hatte, dann unterwegs ins Wohnzimmer die Schuhe auszog, um dann aufs Sofa zu sinken und dort stundenlang liegen zu bleiben, empfand sie den grenzenlosen Enthusiasmus ihres neuen Partners als überaus erfrischend. Zärtlich küsste Alice seine weichen Lippen und ließ sich von seinem

Bart kitzeln. Plötzlich, als hätte er ihre Gedanken gelesen, rief Fred aus: »Ach, weißt du, was ich dir noch gar nicht erzählt habe? Du errätst nie, wen ich getroffen habe!«

»Äh … Nein. Sagst du's mir?«

»Vincent!«

»Ach, wirklich? Aber ich dachte, er wäre beruflich unterwegs. Bist du sicher, dass du dich nicht geirrt hast?«

»Hundertprozentig sicher. Es war gestern Morgen, ganz in der Nähe des Restaurants. Ich war mit Liliane verabredet. Keine Ahnung übrigens, was er da gemacht hat. Aber ich habe so meine Vermutung. Er sah aus, als wäre er noch vom Abend zuvor übrig geblieben. Ich glaube, dass er bei irgendeiner Tussi in der Gegend übernachtet hat und auf dem Weg nach Hause war. Der Arme, er hat sich geschämt! Aber was interessiert mich das? Er kann doch machen, was er will. Vor allem, wo Éva jetzt in guten Händen ist.«

»In guten Händen? Was du nicht sagst. Das gilt wohl eher für Jacques.«

»Ach, du weißt schon, was ich meine. Hör doch auf mit deinen feministisch kämpferischen Parolen, meine Schöne. Denn mein Sohn wird sich nicht von den Weibern dominieren lassen wie die anderen Unglücklichen seiner Generation.«

»Wie bitte?«

»Ich mach doch nur Witze, Alice. Und schon gehst du hoch.«

Alice gab vor zu schmollen, die Hände auf dem Bauch, mit diesem gleichzeitig beleidigten und schelmischen Ausdruck, der Fred verrückt machte. Sie fuhr fort:

»Und wieso übrigens *mein Sohn*? Wer sagt, dass es ein Junge wird? Und außerdem ist er nicht nur deiner.«

»Natürlich wird es ein Junge. Schau mal, dein Bauch läuft vorne spitz zu.«

Diesmal konnte sie nicht mehr an sich halten und platzte vor Lachen heraus.

»Und wer ist jetzt hier das Weib? Wo hast du denn das gelesen? Im *Goldenen Blatt*?«

Gespielt beleidigt antwortete Fred prompt:

»Nein. Aber das weiß doch jeder. Bei mir war es genauso. Meine Mu ... Liliane hat es mir erzählt.«

Alice war überrascht, dass Fred Liliane als seine Mutter bezeichnete. Nachdem sie sich im letzten Frühjahr zum ersten Mal seit Jahren wiedergesehen hatten, wovon er ihr erst vor wenigen Wochen erzählt hatte, hatte er endlich akzeptiert, sich jener Frau wieder anzunähern, die ihm so sehr wehgetan hatte.

Sie hatten sich inzwischen mehrmals im Morgengrauen im Hof des Hotels getroffen, wo sie sich einquartiert hatte, um miteinander zu reden. Da es um ein heikles Thema ging, hatte Alice das Gefühl, dass es besser sei, Fred nicht direkt darauf anzusprechen. Sie hatte diese Schwiegermutter, die aus der Vergangenheit aufgetaucht war, bisher noch nicht kennengelernt, aber das war ihr auch nicht unrecht. Sie hatte sehr schlechte Erinnerungen daran, wie die unsichtbare Anwesenheit von Lauras Großmutter im Leben ihres geliebten Sohnes sie belastet hatte, und auf eine weitere derartige Erfahrung konnte sie gut verzichten. Umso mehr, da sie ein Kind erwartete und keine Lust darauf hatte, erneut mit einer Flut an Ratschlägen und hinter mütterlichem Wohlwollen versteckten Gemeinheiten konfrontiert zu werden.

»Entschuldige, Fred. Du weißt, wie glücklich ich darüber bin, dass du deine Mutter wiedergefunden hast, und wie ich darauf brenne, sie kennenzulernen.«

»Lügnerin«, entgegnete Fred zärtlich.

»Na schön, aber ich bin ehrlich glücklich, dass du sie wiederhast. Trotzdem kann ich einen Spitzbauch haben, ohne dass das etwas bedeuten muss, denn bei Laura hatte ich den auch, und dieses ganze dumme Altweibergeschwätz von Babys, die sich in die Nabelschnur verwickeln, wenn man die Arme reckt, und diesen ganzen Humbug, daran glaube ich einfach nicht. In zwei Wochen habe ich meinen Ultraschall, kurz vor den Ferien, und dann hat das Rätselraten sowieso ein Ende. Kommst du mit?«

»In die Ferien?«

»Nein, zum Ultraschall.«

»Natürlich! Ich will als Erster den kleinen Pipimann sehen.«

»Du bist der mit dem Pipimann.«

»Also, so was!«

Sie liebten dieses Spiel, sich zärtlich zu necken.

»Aber was hat Vincent denn bloß hier gemacht? Éva hat mir erzählt, er sei im Ausland. In New York oder Neu-Delhi.«

»Was ja so ungefähr dasselbe ist«, neckte sie Fred.

»Aber darum geht es doch gar nicht«, grummelte Alice. »Er müsste laut Évas Aussage diese Woche unterwegs sein.«

»Du musst da etwas verwechseln. Ich versichere dir, er war da. Und er kam von einer Tussi. Ich kenn mich da aus.«

»Mit Tussis? Aha? Und es schien ihm peinlich zu sein, dir zu begegnen? Hat er dich gegrüßt?«

Fred dachte einen Augenblick nach und sagte dann:

»Jetzt, wo du mich fragst, ja, das hat er. Aber er sah wirklich so aus, als würde er am liebsten im Erdboden versinken. Dabei kennen wir uns nicht mal besonders gut. Also dachte ich, dass er als bester Freund des Ex einfach keine Lust hatte, mit mir zu plaudern.«

»Merkwürdig … Aber sicher hast du recht, das liegt bestimmt daran, dass er mit Adri befreundet ist. Weißt du was, ich ruf ihn an und frage ihn, ob er weiß, warum Vincent in Paris war.«

Während Alice das sagte, mehr zu sich selbst, nahm Fred glücklicherweise gerade einen Anruf auf dem Handy an, bei dem es um eine Lieferung ging. Er hasste es, wenn sie mit Adrien redete, ja, ein mögliches Gespräch mit ihm überhaupt erwähnte, und sei es am Telefon. Aber das war ihr egal. Es kam nicht infrage, dass sie den Kontakt zum Vater ihrer Tochter abbrach, nur weil sie jetzt in einer neuen Beziehung lebte. Und diese Geschichte mit Vincent beschäftigte sie. Da war doch irgendetwas faul.

4.

»Okay, Jungs, uns bleiben sechs Monate. Lucie lässt mir keinen Tag länger Zeit, also müssen wir ein bisschen Gas geben.«

Christophe war ganz in seinem Element. Seitdem er mit Jacques zusammen das Projekt einer gemeinsamen Musik-Website in Angriff genommen hatte, schliefen die beiden kaum noch. Die erste Zeit war von Aufregung geprägt gewesen, von beruflicher Herausforderung und der Kameradschaft der gemeinsamen Anstrengung. Jeden Tag trafen sich die beiden Männer in der Pépinière 27, einem Gebäude mit zahlreichen Büros für Start-up-Unternehmen, wo sie Räumlichkeiten unter einem der vielen Glasdächer gemietet hatten. Christophe hatte zunächst überlegt, einen neuen Chauffeur einzustellen, doch schließlich hatte er sich entschlossen, fortan mit dem Roller oder dem Rad zur Arbeit zu fahren, zum Entsetzen von Lucie, die zunehmend um ihr Luxusleben fürchtete. Christophe hingegen war aufgeblüht, ja, fühlte sich geradezu wie neugeboren in ein Dasein, das er bisher kaum gekannt hatte. Es war, als hätte er unter einer Käseglocke gelebt, die ihn durch eine unsichtbare Wand von den Normalsterblichen abgeschirmt hatte. Wie viel Zeit hatte er verloren, indem er so fremdbestimmt existiert hatte? All die Jahre hatte er den altmodischen Anzug der Geschäftsleute getragen, eingepfercht in seine Limousine, unterwegs in den protzigen Büros der reichen CEOs, die zumeist alle aus denselben Kaderschmieden für zukünftige Führungspersönlichkeiten hervorgegangen waren. Hatte er sich bewusst für seine Laufbahn entschieden, oder hatte die Familientradition sie ihm aufoktroyiert? Wie dem auch sei, er hatte großes Glück, dank Jacques und Raph noch rechtzeitig das Ruder herumgerissen zu haben.

Seit der Abreise von Lucie und den Kindern genoss Christophe das Alleinsein und eine Freiheit, wie er sie bisher nicht gekannt hatte. Als kleiner Junge war er in ein Internat gegangen und nur an den Wochenenden zu Hause bei seinen Eltern und seinem fünf Jahre älteren Bruder gewesen. Dieser hatte die École polytechnique besucht und war dann zum Militär gegangen, doch bis dahin hatten sie sich ein Zimmer geteilt, trotz ihres Altersunterschieds und obwohl es in der großen Wohnung mehr als genug Räume gab. Doch bei den Katholiken schliefen die Kinder in einem Zimmer und trugen die abgewetzten Hosen ihrer älteren Geschwister auf, die an den Knien geflickt wurden, und ebenso die Luxusschuhe, die so teuer waren, dass sie mehrere Generationen lang halten mussten. Von den großen Schlafsälen des Internats, in denen er die Albträume und nächtlichen Gelüste der Kameraden mitbekommen hatte, über das Zimmer ohne Privatsphäre bis zu den Gemeinschaftszelten der Pfadfinder im Sommer: Christophe hatte in seiner Jugend kaum einmal eine Nacht allein verbracht. Später hatte er Lucie kennengelernt, und obwohl er sehr verliebt in sie gewesen war und froh, sein nicht gerade herzliches Elternhaus verlassen zu können, hatte ihn dieser abrupte Übergang dennoch frustriert. Er hatte einfach nie die Gelegenheit gehabt, das Junggesellenleben in einer Studentenbude zu genießen, die nur ihm allein gehörte.

Nachdem also Lucie ihre riesigen Koffer gepackt hatte, hatte er sie mit aufrichtiger Zärtlichkeit umarmt und ihr versichert, dass sie ihm fehlen würde, hatte Charlotte und Marguerite geküsst und die kleine Lou noch einmal geknuddelt, und schließlich hatte er hinter Winnie die Tür zugemacht, die das wackere Schlusslicht der Frauenkarawane bildete. Und dann war er endlich von Stille umgeben gewesen. Er hatte sich im großen Wohnzimmer umgeblickt, durch dessen blank gewienerte Fenster die zarten Strahlen der Morgensonne hereinfielen. Schon bald würde die Hauptstadt unter der drückenden Hitze ächzen und die meisten Bewohner geflohen sein, jedenfalls die Kinder mit ihren Kindermädchen, was auch nicht das Übelste war. Gut gelaunt war er in Shorts und T-Shirt geschlüpft, das seine festen Muskeln betonte. Durch das Krafttraining der letzten Monate hatte er seine jugendliche Figur zurückgewonnen.

Einen Moment lang überlegte Christophe, Raph anzurufen und ihn zu fragen, ob er mitkommen wolle. Aber was sollte das? Seitdem sie die Grenze ihrer Freundschaft überschritten hatten, wusste Christophe nicht mehr so recht, wie er sich ihm gegenüber verhalten sollte. Wenn sie zu dritt waren, Jacques, Raph und er – was meistens der Fall war, da Christoph es vermied, mit seinem Trainer allein zu sein –, konnten sie als Kumpel miteinander umgehen, doch er wusste, dass die Verlegenheit wieder zurückkehren würde, sobald Jacques in ihrer Runde fehlte. Aber er war nicht verliebt, und auch nicht schwul, da war er sich sicher. Bisher hatte er andere Männer lediglich als Schicksalsgenossen betrachtet, als nichts anderes.

Unten an der Seine begegneten ihm einige Touristen, die der Jetlag früh aus den Federn getrieben hatte, Kellner mit Armen voll frischem Brot, gehetzte Geschäftsleute und Schichtarbeiter, die so schnell wie möglich nach Hause ins warme Bett wollten, wo sie sich vielleicht wenigstens noch für ein paar Minuten an ihre Frau schmiegen konnten. Christophe bewunderte die Lichtreflexe der hellen Sonne auf dem Fluss, die majestätisch am knallblauen Himmel stand, und dachte erneut an ihn. An Raph. An seinen knackigen Körper, an diese Umarmung, die nur wenige Sekunden gedauert hatte, aber seine Gewissheiten hinweggefegt hatte. Schließlich war er ein Alphamann, den man zur Verachtung der Homosexualität erzogen hatte. Doch da er sich nur zu Raph hingezogen fühlte und nicht zu Männern im Allgemeinen, bedeutete das wohl nicht, dass er homosexuell war? Er hatte doch nichts gemein mit diesen tuntigen Typen, die man manchmal beim Ausgehen in der Stadt oder im Fernsehen sah. Außerdem begehrte er nach wie vor Lucie. Und sie war etwas Besonderes. Sie glich in nichts den schlecht gekleideten Frömmlerinnen, die sonntagvormittags vor der Kirche Small Talk hielten. Nein, Lucie und er waren rebellischer, als ihre Freunde vielleicht glauben mochten. Obwohl sie sehr konservativ erzogen worden waren, hatten sie das sonntägliche Getue aufgegeben. Eines Tages hatten sie beschlossen, sich nicht weiter mit diesem hohlen Ritus aufzuhalten, der ihnen das Wochenende raubte, ihnen in seiner Absurdität nur auf die Nerven ging und nichts mehr mit ihrem heutigen Glauben zu tun hatte. Zwar waren sie beide gläubig und hatten ihre Kinder taufen lassen. Doch es war nun einmal so, dass die Kirche inzwischen zu einem Ort geworden war, an dem es um den Erhalt und die Erweiterung des sozialen Netzwerks ging, und dazu brauchten sie die Gemeinde nicht.

Christophe ging bei Rot über die Ampel, um nicht den Schwung zu verlieren, und wäre beinahe überfahren worden.

»Geht's noch, oder was? Blöde Schwuchtel!«

Die ordinäre Beschimpfung des Lkw-Fahrers machte Christophe sprachlos. Der Fahrer streckte den Kopf aus der Kabine, zeigte ihm wütend den Stinkefinger und raste in Richtung Palais Royal davon.

Nachdem er verschwitzt nach Hause gekommen war, nahm Christophe eine Dusche, zog eine Jeans und ein graues T-Shirt an, das er für hundert Euro in einer sehr schicken Boutique in seinem neuen Büroviertel erstanden hatte, und schlüpfte in seine Stan Smiths, die er unbedingt hatte haben müssen, obwohl Raph und Jacques ihn damit aufgezogen hatten, dass praktisch alle Väter in seinem Alter sie trugen. Gleichgültig hatte er erwidert, dass er von diesen Schuhen seit seiner Jugend geträumt hatte, als man ihn dazu gezwungen hatte, winters wie sommers unbequeme Weston-Mokassins zu tragen. Er würde sich jetzt nicht mehr gängeln lassen. Im Gegenteil. Er war fest entschlossen, endlich das Leben zu genießen, und selbst wenn er sich der Lächerlichkeit preisgab, indem er das gleiche

Paar Sneakers trug wie alle anderen auch. Er nahm ein gesundes Frühstück zu sich, ganz nach Vorschrift seines neuen Ernährungsgurus, gab den Saft einer ausgepressten Zitrone in ein Glas lauwarmes Wasser, trank es angewidert, bereitete sich ein Brot mit Avocado zu, das er mit Kürbiskernen und Chiasamen bestreute, und ließ hinterher das schmutzige Geschirr auf der Anrichte stehen, obwohl Winnie nicht da war und er seinen Teller abends bei seiner Heimkehr an der gleichen Stelle wiederfinden würde. Dann schloss er die Tür hinter sich und ging hinunter. Er konnte es kaum erwarten, seine Kopfhörer für seine tägliche Bewegungsmeditation aufzusetzen. Mit dieser Übung hatte er vor einigen Wochen begonnen und schwärmte seiner Familie vor, sie habe sein Leben verändert.

Während er sich bereit machte, sein Fahrrad aus dem Schuppen zu holen, sah sich Christophe auf einmal Madame Chavez gegenüber.

»Guten Morgen, Monsieur Christophe, Sie sind also jetzt ganz allein?«

»Bonjour, Madame Chavez. Ja, wie Sie sehen. Lucie und die Mädchen sind in den Süden gefahren, ich bin Strohwitwer.«

Madame Chavez errötete leicht. Christophe hatte diese Wirkung besonders auf Frauen mittleren Alters, und so manche erträumte sich diesen noch sehr knackigen, attraktiven Mittvierziger als Objekt ihrer letzten Liebe. Christophe nutzte Madame Chavez' Verehrung aus, um in den Schuppen zu schlüpfen, der mit Rollern, Kinderwagen und teuren Hollandrädern vollgestellt war, die sich die wohlhabenderen Bewohner des Hauses aus einer Laune heraus gekauft hatten und nur einmal im Jahr benutzten, um am Sonntag auf den Stadtteilflohmarkt zu fahren. Die Hausmeisterin folgte ihm und wischte imaginären Staub von der Türklinke.

»Langweilen Sie sich denn nicht? So ganz allein, ohne Ihre Familie?«

»Keineswegs, Madame Chavez! Ich langweile mich nie. Wie könnte ich? Das Leben bietet so viele Möglichkeiten, dass wir doch gar nicht genug Zeit dafür haben. Finden Sie nicht auch?«

Die kleine Frau schien einige Momente nachzudenken und runzelte die Stirn.

»Sie haben recht, im Grunde hat man immer zu wenig Zeit. Die Gebäudeverwaltung macht viel Arbeit, und dazu noch die Mieter im fünften Stock, für die ich den Haushalt erledige. Eigentlich sollte es ja nur für zwei Stunden täglich sein, aber die machen einen solchen Dreck, kann ich Ihnen sagen ...«

»Und wovon träumen Sie, Madame Chavez?«

»Wie meinen?«, fragte sie, überrascht, derart bei einer ihrer üblichen Tiraden über die Bewohner des Hauses unterbrochen worden zu sein.

»Wie ich gesagt habe, Madame Chavez, wovon träumen Sie? Was möchten Sie gern am Ende Ihres Lebens erreicht haben?«

»Wovon ich träume?«

Sie wirkte verunsichert und fragte sich wahrscheinlich, ob der schöne Christophe Chevreux jetzt vollkommen durchdrehte. Vielleicht hatten die Leute aus dem zweiten Stock, die sie vor ihrer Hausmeisterwohnung hatte flüstern hören, tatsächlich recht. Chevreux steckte in einer Midlife-Crisis. Niemand würde sich wundern, vor allem, weil seine Frau nicht gerade einfach war. Ein solcher Mann, dem sollte man doch nicht derartig die Stirn bieten, wie sie es tat. Die sollte lieber jeden Tag dem Himmel danken, dass er nicht schon längst mit einem jungen Model durchgebrannt war. *Wovon sie träumte!* Was redete der denn da mit seinen neumodischen Ideen? Glaubte er etwa, darum drehte es sich im Leben, um die eigenen Träume?

»Als Sie ein junges Mädchen waren, was haben Sie sich da zusammen mit Ihren Freundinnen für die Zukunft erträumt?«

Während er sie ausfragte, hatte er mitten auf dem Hof sein Fahrrad auf Lenker und Sattel gestellt und zur Fahrradpumpe gegriffen. Die Hausmeisterin goss inzwischen die Zierbepflanzung.

»Na ja – ich wäre gern Sängerin geworden. Wie meine Mutter. Sie konnte so schön singen! Ich übrigens auch. Es hat mir solchen Spaß gemacht!«

»Na bitte. Und warum nehmen Sie keinen Gesangsunterricht?«

»Gesangsunterricht? In meinem Alter? Also bitte, Monsieur Chevreux.«

»Nein, nein! Man sollte niemals ›in meinem Alter‹ sagen, Madame Chavez. Sonst unternimmt man gar nichts mehr. Warum glauben die Leute nur, dass es ein Alter gibt, in dem man auf all seine Wünsche verzichten muss? Und welches Alter wäre das, ab dem das Träumen verboten wäre? Dreißig, fünfunddreißig?«

»Aber … Singen, ich? Sie sind ja verrückt.«

»Absolut nicht! Die Welt, die uns umgibt, ist verrückt, die zwängt uns schon viel zu früh in eine Rolle, ohne uns zu fragen, ob wir das überhaupt wollen. Sie wollen singen? Also singen Sie, Madame Chavez, singen Sie! Schreiben Sie, tanzen Sie, erforschen Sie Ihren Stammbaum, widmen Sie sich der Malerei, werden Sie Buchhalterin, Grafikerin, Verwalterin, wenn Ihnen das Spaß macht, aber ich bitte Sie, setzen Sie sich keine Altersgrenzen. Wir haben es doch alle verdient, ein erfülltes Leben zu führen, denn so viel Zeit haben wir nicht, oder? Und fangen Sie mir nicht von der Religion an«, fügte er hinzu, als die Hausmeisterin das Kreuz befingerte, das sie diskret um den Hals trug. »Ich bezweifle, dass Gott für jeden von uns einen individuellen Werdegang vorherbestimmt hat. Wenn Sie nichts tun, wird es niemand an Ihrer Stelle tun. Wobei ich natürlich nicht sagen will, dass Ihr Beruf nicht das ist, was Sie brauchen, und auch nicht weniger ehrbar als ein anderer, bitte missverstehen Sie mich nicht. Doch wenn Sie in Ihrem Inneren noch einen Traum hegen, geben Sie ihn bloß nicht auf.«

Noch im Reden schob Christophe sein Fahrrad zur Kutschertür, während die Hausmeisterin nachdenklich den Kopf schüttelte, sichtlich hin- und hergerissen zwischen ungläubigem Lachen und dem Impuls, ihr Leben noch einmal zu überdenken.

»Denken Sie darüber nach, Madame Chavez! Sehen Sie mich an, ich bin noch nie so glücklich gewesen! Wollen wir noch mal darüber reden? So, und jetzt noch einen schönen Tag.«

Und die schwere Tür schloss sich vor der kleinen Frau, die jetzt vor sich hin summte.

Auf dem Weg durch die Rue des Martyrs betrachtete Christophe mit einem Lächeln auf den Lippen die Händler in der Gegend, die gerade ihre Geschäfte öffneten oder vor ihrer Tür kehrten. An der Ampel wurde er langsamer, setzte einen Fuß auf und beobachtete, ohne sie wirklich zu sehen, eine nachlässig gekleidete Frau um die dreißig, die dabei war, Anzeigen auf Laternenpfähle zu kleben. Sie warben für ein Theaterstück, von dem Christophe noch nie gehört hatte und das in einem der kleinen, in die Jahre gekommenen Säle des Viertels aufgeführt werden sollte. Plötzlich sah er aufmerksamer hin: Es schien ihm, als hätte er die junge Frau schon einmal gesehen. Und er hatte recht, denn als sie ihn erblickte, lächelte sie ihn an und kam auf ihn zu.

»Bonjour! Ich hätte nicht gedacht, dass ein Mann wie Sie Fahrrad fährt.«

»Der Schein trügt«, erwiderte Christophe, der sich vergeblich das Gehirn zermarterte, wo er dieser Frau schon einmal begegnet war.

Aus der Nähe betrachtet sah sie doch eher wie um die vierzig aus, wie ihre schlaffe Haut und die vom starken Rauchen gelben Zähne verrieten. Dennoch war sie nicht hässlich. Im Gegenteil. Sie verströmte einen fast kindlichen Charme, der noch von ihren in den Nasolabialfalten verborgenen Grübchen und einer Aufmachung betont wurde, die auch zu den Studierenden der Kunstgeschichte gepasst hätte, die Christophe jeden Tag vor seinem Bürogebäude rauchen sah. War sie eine von ihnen? Aber es musste doch eine Altersgrenze geben, nicht wahr? Es sei denn …

»Sie können sich nicht an mich erinnern, oder?«

Christophe versuchte gar nicht erst zu lügen. Die Ampel wurde grün, und ihm war klar, dass er zu spät kommen würde.

»Ich bin Anouk.«

Nein, er konnte sie immer noch nicht einordnen. War sie die Crêpeverkäuferin vom Square du Luxembourg? Eine Babysitterin der Kinder? Er achtete so wenig auf diese jungen Frauen, die auf ihrem Sofa hockten, wenn Lucie und er ausgingen, dass er ihnen zehnmal hätte begegnen können, ohne sich an sie zu erinnern.

»Ich bin die Schwester von Fred, dem Chef von Alice. Also, inzwischen Alices Freund. Dem Vater ihres Kindes. Wir haben letzte Woche zusammen im Restaurant gegessen. Es war eine große Tischrunde, und wir haben nicht miteinander gesprochen, keine Sorge. Und außerdem bin ich daran gewöhnt, dass man mich nicht wiedererkennt, ich habe ein Gesicht, das sich nicht so leicht einprägt. Was übrigens ein Problem ist in meinem Beruf.«

»Ja, natürlich! Jetzt, wo Sie es sagen. Anouk, genau! Haben Sie nicht neben meiner Frau Lucie gesessen?«

»Genau! Was für eine schöne Frau Sie haben. Ihre Boutique liegt ganz in der Nähe des Restaurants, nicht wahr?«

»Ja, ein Stück weiter die Straße hinunter. Aber sie hat momentan geschlossen. Lucie ist mit den Kindern in den Süden gefahren.«

»Ach ja, natürlich, es sind ja Ferien. Mein Sohn ist im Hort. Ich habe noch nicht die Mittel, ihn gleich von Anfang an zu Hause zu behalten. Aber bald, so hoffe ich.«

»Sind Sie Regisseurin?«, fragte Christophe, der es immer unangenehm fand, wenn man auf seinen Reichtum anspielte.

»Nein, Schauspielerin. Wir haben mit einer Gruppe von Freunden ein Stück einstudiert. Wirklich toll und sehr lustig. Wollen Sie es sich nicht einmal ansehen?«

»Äh … Doch, warum nicht?«

Wie kam er jetzt aus dieser Einladung wieder heraus? Er hatte keine andere Möglichkeit, als sein Kommen ein wenig offenzulassen, zu behaupten, er schaue gern eines Tages vorbei, und dann schnell zu verschwinden. Schließlich war die Wahrscheinlichkeit nicht sehr groß, dass sie sich so bald wieder begegnen würden.

»Toll! Geben Sie mir Ihre Telefonnummer. Dann rufe ich Sie an, um mit Ihnen einen Tag auszumachen. Sie müssen sich beeilen, denn die Karten verkaufen sich wie warme Semmeln. Außerdem machen wir von Mitte Juli bis Mitte August Pause. Erst fahre ich zu meinem Bruder in die Bretagne und danach nach Avignon. Kommen Sie nicht auch dorthin? In die Bretagne?«

Da hatte er den Salat. Sie hat ihn in die Ecke getrieben.

»Doch, ach ja, wunderbar. Dann sehen wir uns also dort.«

»Ja, und im Theater. Kommen Sie nach der Aufführung hinter die Bühne und sagen mir, wie es Ihnen gefallen hat. Ganz offen und ehrlich. Bringen Sie Ihre Freunde mit, wenn Ihre Frau nicht da ist. Also … Christophe … 06 …?«

Christophe musste sich geschlagen geben. Mit gefälschter Begeisterung – gelernt war gelernt – gab er ihr seine Nummer, die richtige, obwohl er im ersten Moment versucht war, eine Ziffer zu vertauschen – das konnte schließlich jedem mal passieren. Dann verabschiedete er sich von dieser lästigen neuen Bekannten, überließ sie wieder ihrer Plakatkleberei und sauste ins Büro. Ständig vibrierte das Handy in seiner Tasche; Jacques musste schon ungeduldig sein, weil sie an diesem Morgen ein wichtiges Treffen mit neuen Investoren vorbereiten wollten. Jacques konnte natürlich nicht wissen, dass er in den nächsten Tagen auch bei einem lustigen Theaterabend dabei sein würde, denn es kam gar nicht infrage, dass Christophe allein hingehen würde. Er brauchte mindestens ein bis zwei Freunde, am liebsten solche, die gern noch einen heben würden nach dieser Aufführung, die sich Christophe dröge, langatmig und schwer erträglich vorstellte. Für einen Moment dachte er an die weichen, bequemen Sitze seiner Limousine, während ihn der Sattel seines Rennrads an empfindlichen Stellen quälte, doch dann nahm er sich wieder zusammen. Ein neues Leben, mein Alter, ein neues Leben!

Er zog das Handy heraus, und es lief ihm kalt über den Rücken. Es war Raph.

5.

Sie hatte die Annonce beim Bäcker an der Straßenecke gelesen. »Gebe Klavierunterricht, abends, am Wochenende und in den Schulferien. Auch zur Auffrischung.« Sie musste noch einen Monat lang in Paris ausharren und in der Zeit lediglich ein paarmal im Restaurant aushelfen, um sich ein bisschen Taschengeld für den August zu verdienen. Vierzehn Tage würde sie mit ihrer Mutter verbringen, eine Woche mit ihrem Vater und die letzte mit der Familie von Marine, ihrer besten Freundin, die auf die blöde Idee gekommen war, noch einmal für zwei Wochen nach England zu fahren, und ihr jetzt ständig auf Snapchat eklige Bilder von dem schickte, was man ihr in ihrer Gastfamilie zum Essen vorsetzte. Warum nicht?, hatte sich Laura gesagt. Als kleines Mädchen hatte sie das Klavierspielen geliebt und sogar das Musikbuch, nach dem ihre Mutter sie gezwungen hatte, Abende lang zu üben. Geduldig hatte sie ihr die ganzen und halben Noten, die Achtelnoten und die punktierten erklärt. Mit einem Bleistift hatte sie den Takt geklopft, dem Laura ernst mit dem Kopf nickend versuchte zu folgen. Jede Woche ging sie zu einer alten Lehrerin mit strengem Dutt und setzte sich an den riesigen Flügel in einem Wohnzimmer, das eigentlich viel zu klein dafür war. Der Duft von Chanel No. 19, dem Parfüm von Madame Pilar, die Sonne, die ihre letzten Strahlen durch die stets zugezogenen Vorhänge schickte, und die zarten Melodien, die das kleine, mit Nippes dekorierte Apartment erfüllten, als sie endlich ein Stück spielen konnte, hatten bei ihr eine verklärte Erinnerung hinterlassen, die sie gern noch einmal hervorgezaubert hätte. Außerdem verplemperte sie ganze Tage auf Instagram, Facebook und Twitter, las idiotische Artikel, quatschte mit ihren Freundinnen über Jungs, begutachtete fasziniert die Looks der Stars, und wenn sie auch auf diese oberflächlichen, alterstypischen Beschäftigungen nicht verzichten mochte, so fehlten ihr doch die altmodischen und fast klösterlichen Exerzitien ihres ehemaligen Hobbys. Also löste sie vorsichtig einen der kleinen perforierten Zettel mit der Nummer des Lehrers ab und rief nach ein paar Tagen dort an. Alice und Fred waren ganz begeistert von ihrem Vorhaben gewesen und hatten ihr entzückt versprochen, den Sommer-Musikkurs zu finanzieren. Alice hatte schließlich keine finanziellen Sorgen mehr, seitdem sie fürs Fernsehen arbeitete. (Was umso besser war, da Adrien immer öfter Schwierigkeiten hatte, den Unterhalt zu bezahlen.)

Und so hatte Laura eines Nachmittags vor einem Haus nicht weit von ihrem gestanden, mit klopfendem Herzen, und war sich ihrer Sache nicht mehr so ganz sicher gewesen. Dann hatte sie den Sicherheitscode eingegeben und die Tür aufgedrückt. Schon im Hof hörte sie das Klavier. Jemand übte Tonleitern. Zwischendurch brach die Notenfolge ab, und der Lehrer erklärte etwas mit sanfter Stimme. Laura blieb stehen und lauschte der unermüdlichen Wiederholung dieser wenigen Noten, die mit der korrekten

Technik gespielt werden mussten, und dem melodiösen Murmeln des Lehrers, das fast in den übrigen Geräuschen des Hauses unterging – klappernden Töpfen, Kindern, die schreiend vor den Hausaufgaben flohen, Fernsehern, die trotz des schönen Wetters und der frühen Stunde aus Gewohnheit liefen. Das junge Mädchen näherte sich der Glastür zum Übungsraum. »Klavier-, Tanz- und Gesangsunterricht. Bitte nicht klopfen.« Sie drehte den kleinen, ovalen Türknauf, öffnete knarrend die Flügeltür und betrat dieses Refugium, das einen Hauch ihrer Kindheit atmete. Der überhitzte Raum enthielt zahlreiche Instrumente, Partituren, Mäntel und Plakate, die längst vergangene Konzerte und andere Aufführungen ankündigten. Da die verglaste Seite des Raumes mit einem verschossenen roten Samtvorhang abgedunkelt war, hatte man trotz des heruntergekommenen Zustands und der abblätternden Farbe das Gefühl, in einem alten Theater zu sein. Vor einem breiten lackierten Klavier saßen die Schülerin, ein hübsches junges Mädchen mit dicker Brille, und der Lehrer. Ein wartender Mann warf Laura einen freundlichen Blick zu und bedeutete ihr mit einer knappen Kinnbewegung, sich zu ihm auf das alte, mit Noten und Kleidungsstücken bedeckte Sofa zu setzen. Laura sank tief ein und ließ sich von der sanften Stimmung einlullen. Als sich das Mädchen schließlich erhob, seinem Lehrer in einem Atemhauch dankte und mit seinem Vater ging, musste sich Laura mit Gewalt aus ihren Träumereien reißen.

»Laura?«

Der Mann war nicht besonders attraktiv. Er war sehr groß und dünn und hatte lange, schmale Finger und eine

Nase, die ihm ein vogelähnliches Aussehen verlieh. Seine weit auseinanderstehenden eindringlichen Augen verstärkten diesen Eindruck noch. Er musste slawischer Abstammung sein, jedenfalls stellte sich Laura das vor, die von den Ländern im Osten nur eine vage Ahnung hatte. Sie sah ihn vor sich, wie er in unwegsamen Landstrichen durch den Schnee stapfte, in diesem ausgeleierten Pulli, der jetzt im Juli überhaupt keinen Sinn ergab und ihm das Aussehen eines gealterten Studenten verlieh, der auf ewig in den Fluren der Uni umherirrte.

»Dimitri. Sehr erfreut. Also, Sie möchten Klavier spielen lernen?«

»Ich möchte meine Kenntnisse auffrischen. Ich hatte als kleines Mädchen Unterricht, und das Klavierspielen fehlt mir.«

»Als kleines Mädchen ... Sehr groß sind Sie immer noch nicht. Wie alt sind Sie?«

Laura warf sich in die Brust, nahm ihren ernstesten Gesichtsausdruck an und beschönigte, ohne zu wissen, warum, die Wahrheit ein wenig: »Achtzehn!«

»Aha ... Ich hätte Sie jünger geschätzt. Obwohl es heutzutage ja schwierig ist, die Kinder richtig einzuschätzen, oder besser: die jungen Leute. Haben Sie zu Hause ein Klavier?«

»Ja, bei meiner Mutter.«

»Wohnen Sie bei ihr? Ich will nicht neugierig sein, ich möchte nur wissen, wie oft Sie üben können, wenn wir beschließen, gemeinsam diesen Kurs zu beginnen und vielleicht nächstes Jahr weiterzumachen, wenn Sie es wünschen.«

»Ja, ich wohne bei ihr. Meinen Vater sehe ich nur an den Wochenenden. Und er hat eine ganz kleine Wohnung. Es ist nicht mal seine, sondern die seiner Freundin.«

Da der Pianist wortlos lächelte, fühlte sich Laura sehr schnell wohl in seiner Gegenwart und war bereit, ihm noch mehr anzuvertrauen, obwohl sie normalerweise ihre Gefühle am liebsten für sich behielt und sie nicht einmal ihren besten Freundinnen verriet. Sie war eben diskret, meinte sie. Aus Rücksicht, wie sie annahm. Um andere nicht mit ihren Problemen zu belasten.

»Möchten Sie sich ans Klavier setzen?«, schlug er vor, ging zu dem Instrument und setzte sich auf eine kleine Bank, die man mithilfe von runden Drehknöpfen an der Seite in der Höhe verstellen konnte. Laura setzte sich neben ihn, wobei sie beinahe seine Beine berührte. Sie bedauerte jetzt schon, diesen Rock angezogen zu haben, der ihre zu dicken Schenkel und ihre noch nicht von der Urlaubssonne gebräunte Haut entblößte. Doch der Musiker, der bereits in seine Noten vertieft war, schien sich gar nicht dafür zu interessieren.

»So, und jetzt zeigen Sie mir erst mal, was Sie können.«

»Oh, aber ich habe alles vergessen! Deswegen bin ich ja hier. Ich will das Spielen wieder lernen und die Freude daran wiederfinden.«

»Wen mögen Sie?«

»Wie bitte?«

»Welchen Komponisten. Wen mögen Sie?«

»Ach so. Na ja … Chopin. Beethoven. Mozart und … Bach!«

Laura schämte sich für ihre mangelnde musikalische Bildung und zählte einfach ein paar Namen auf, an die sie sich noch erinnerte, wobei sie sich ihrer Dummheit bewusst war – es war, als fragte man einen Erwachsenen nach seinen Lieblingsinterpreten aus der aktuellen Musikszene und er antwortete Rihanna, Beyoncé, Jean-Jacques Goldman. Dimitri schien es jedoch nicht zu bemerken. Im Gegenteil, er wirkte fast bewundernd, jedenfalls tat er so, als sie die großen Namen nannte, die seinen so reichen künstlerischen Alltag bestimmten, während sie armselig in der Banalität ihres jugendlichen Lebens umhertappte. Laura war es plötzlich peinlich. So jung zu sein und sich für nichts zu interessieren. Keine Leidenschaft zu haben wie dieser Mann, der offenbar gegen die Mittelmäßigkeit der Außenwelt immun war.

Seine großen Hände strichen mit einer fast femininen Zartheit über die abgenutzte Partitur, während er mit leiser Stimme die Melodien summte, die er daraus ablas, wobei er mit dem rechten Fuß den Takt schlug. Wie alt er wohl sein mochte? Dreißig, sagte sie sich. Älter? Nein, er konnte noch nicht so alt wie ihre Eltern sein, so viel war sicher. Denn auch wenn Laura ein enges Verhältnis zu Alice und Adrien hatte und sie so freundschaftlich und zärtlich miteinander umgingen, dass viele sie darum beneideten, war sie sich doch des Generationengrabens bewusst, der sie trennte.

»Gut, dann nehmen wir erst mal dieses hier, damit ich feststellen kann, auf welchem Niveau Sie spielen.«

»Ach, wissen Sie … ich weiß nicht … ob ich das schaffe.«

»Nein, natürlich nicht. Aber wie sollen wir denn sonst

feststellen, ob es noch klappt? Ich spiele mit der linken Hand, Sie spielen die Melodie vom Blatt.«

Sie setzte ihre Brille auf, verlegen, weil sie mit diesem ungeliebten Objekt rumlaufen musste, von dem sie fand, dass es ihre Augen verkleinerte und sie aussehen ließ wie eine Idiotin. Dann schlug sie zögerlich mit dem Zeigefinger eine der Tasten an. Dimitri begleitete sie sofort mit der Ernsthaftigkeit eines Konzertpianisten, für die sie ihm dankbar war, obwohl es sich nur um ein einfaches kleines Stück für siebenjährige Kinder handelte.

Nach und nach verlor Laura ihre Scheu und ihre Ängste, und die Freude von früher stieg wieder in ihr auf, die Erinnerung an die Sonntagabende, an denen sie mit Alice zusammen in ihrem kleinen Wohnzimmer im 19. Arrondissement geübt hatte.

»Und eins, zwei, drei. Leise. Ja, so ist es gut.« Er flüsterte konzentriert. Als ein Nachbar ihm durch die Glastür des Studios ein kleines Zeichen gab, antwortete er mit einer fast unmerklichen Kopfbewegung. Laura wusste, dass sie hier unbedingt diesen Kurs machen wollte, vielleicht auch noch mehr. Sie hatte das Gefühl, endlich angekommen zu sein.

»Danke«, murmelte sie, als sie gemeinsam den letzten Akkord des Menuetts gespielt hatten.

»Wofür?«

»Na ja, danke, dass Sie mich nicht kritisiert haben. Meine Finger sind etwas eingerostet. Ach, das ist noch untertrieben. Ich weiß gar nichts mehr. Ich werde viel üben müssen.«

»Ich würde nicht sagen, dass Sie gar nichts mehr wissen. Sie sind zu streng zu sich. Und das Wichtigste ist doch die Freude am Spielen, nicht wahr?«

»Meine Mutter war damals nicht dieser Meinung; sie ist sehr anspruchsvoll. Deswegen habe ich auch aufgehört. Ich gehörte nicht zu den Besten, und darüber war sie traurig.«

»Ach, diese Eltern … Sie hätten mal meine erleben müssen.«

»Aber sie müssen doch stolz auf Sie sein, oder? Sie geben doch Konzerte?«

Der Lehrer wurde plötzlich ernst, lächelte ihr aber dann wieder mit der ihm eigenen höflichen Eleganz zu.

»Sehe ich Sie morgen wieder? Um die gleiche Zeit?«

»Gut. Morgen um die gleiche Zeit. Ich bringe Ihnen dann auch das Geld mit.«

Als sie ihre Tasche holte, hatte Dimitri bereits die kleine Tür des schmalen Proberaums geöffnet und begleitete sie hinaus, während der nachfolgende Schüler, ein kleiner ernster Junge, grußlos eintrat und direkt auf das Klavier zusteuerte.

»Bis morgen, Laura.«

Erstaunt, dass er sich an ihren Vornamen erinnerte, gelang es ihr nicht, ihm zu antworten, und sie winkte ihm nur kurz zu, während er die Tür hinter ihr schloss.

Hatte sie ihm gerade zugewinkt? Oh, mein Gott! Laura war knallrot vor Scham, als sie wieder hinaus auf die lebendige Straße trat. Doch sie freute sich, jetzt eine schöne Beschäftigung für die Wochen in der Stadt vor dem Urlaub gefunden zu haben. Aufgeregt griff sie nach ihrem Smartphone und rief Marine an.

»Hi! Alles klar bei dir? Ach, alles wie immer. Aber ich muss dir unbedingt etwas erzählen!«

6.

»Mist, wo sind denn jetzt die Schwimmflügel? Martin! Maaaartin!«

Völlig entnervt versuchte Mathilde, aus den Kleiderstapeln die Sachen ihrer Söhne für insgesamt sechs Wochen Urlaub zusammenzusuchen: Erst fuhren sie zwei Wochen mit ihrem Vater weg, und danach würde sie sie abholen und den ganzen August mit ihnen verbringen. Es war fürchterlich heiß an diesem Vorabend des 14. Juli, und trotz des alten Ventilators, den Mathilde aufgestellt hatte und der die bemalten Blätter auf den Schreibtischen der Jungs durcheinanderwirbelte, war die Schwüle drückend. Auf dem Boden hatte Mathilde die Sommersachen ausgebreitet, die sie nach den letzten Ferien in große Plastiktüten vakuumverpackt hatte, sodass sie flach genug waren, um oben auf die überfüllten Schränke zu passen.

Nach Max' Auszug hatte Mathilde sich gefreut, mehr Platz für sich zu haben. Ruckzuck hatte sie die Schrankfächer mit ihren Sachen gefüllt, jedenfalls, nachdem sie den ersten Schock darüber überwunden hatte, dass sie plötzlich halb leer gewesen waren. Wohlig hatte sie sich über das ganze Bett ausgestreckt und es genossen, beim Baden ihre Mails zu checken, morgens im Radio die Nachrichten zu hören, sich ausgiebig vor dem einzigen Waschbecken im

Badezimmer zu schminken und in Ruhe ihre Kleidung auszusuchen. Seit der Geburt von Théo war es vorher nämlich so gewesen, dass sie morgens, ohne groß darüber nachzudenken, in das erstbeste Kostüm geschlüpft war, rumgeschrien hatte, weil die Jungs ihre Socken noch nicht angezogen hatten und sie verdammt noch mal schon wieder zu spät waren. Nebenbei hatte sie bissige Bemerkungen über diesen nichtsnutzigen Vater gemacht.

Man musste wirklich sagen, dass das Leben ruhiger und weniger stressig war, seit Max ausgezogen war und sie sich eingestanden hatten, dass ihre Ehe nichts mehr außer Unbehagen und beiderseitiger Verzweiflung brachte. Auch wenn die beiden Jungs bei ihr waren und sie den Laden ganz allein schmeißen musste, reagierte Mathilde viel gelassener als früher, als Max sie mit seiner Unentschlossenheit und seiner schlechten Laune gestört und sie damit in die Rolle der Xanthippe gedrängt hatte. Dabei war sie gar nicht so!

Inzwischen hatte sie ein neues Leben angefangen. Sie ging allein oder mit ihren Freundinnen ins Kino, sah sich Ausstellungen an, hatte wieder Kontakt zu früheren Bekannten aufgenommen, die sie auf Facebook gefunden und mit denen sie bisher ein Wiedersehen immer wieder aus Zeitgründen hinausgeschoben hatte. Ihre Fingernägel waren stets tadellos lackiert, ihre Haut glatt epiliert – sie würde eher vor Scham sterben, als sich so vor Antoine zu zeigen, wie sie es vor Max getan hatte, dem sie damals so egal gewesen war, dass sie sich kein bisschen mehr angestrengt hatte, sich für ihn hübsch zu machen.

»Mamaaa, Telefon!«

Mist! So würde sie es nie schaffen, diese verdammten Koffer zu packen.

»Bringst du mir bitte mein Handy, Schatz?«

»Ja? Nein, hier ist Théo. Ja, Mama ist da. Kommst du zu uns? Und bringst du Arthur mit?«

»Théo! Gib mir das Handy!«, schimpfte Mathilde und sah ihn böse an.

Ihre Söhne durften eigentlich nicht ans Telefon gehen. Erstens hasste sie es, wenn andere Erwachsene ihre Kinder ans Telefon ließen, weil sie wohl glaubten, man fände das Gebrabbel der Kleinen süß, ohne Rücksicht darauf zu nehmen, dass man es womöglich eilig hatte. Und zweitens wollte sie selbst entscheiden, ob sie einen Anruf beantwortete oder nicht. In diesem Fall hätte sie sich gern diese Unterhaltung mit Antoine erspart, aber jetzt musste sie wohl oder übel mit ihm reden. Jedenfalls, wenn Théo mal fertig wurde.

»Jetzt gib mir endlich das Handy!«

Mathilde fuhr sich drohend mit der Hand über die Kehle wie mit einem Messer, und sie flüsterte: »Ansonsten: keine Süßigkeiten bis auf Weiteres!« Entsetzt warf Théo das Smartphone in die Hände seiner Mutter, ohne sich von seinem Gesprächspartner zu verabschieden, rannte mit spitzen Schreckensschreien davon, sprang auf sein Bett und hüpfte verbotenerweise darauf herum. Mit ihren Nerven am Ende, ging Mathilde in die Küche und zündete sich eine Zigarette an.

»Hallo, Antoine.«

»Hallo, meine Schöne. Na, lebst du noch?«

»Nicht mehr lange. Ich packe gerade die Koffer der Kinder.«

»Ach? Ihr fahrt weg?«

»Nein, sie fahren doch mit Max und seiner Tussi an die Côte d'Azur. Ausgerechnet! Dabei dachte ich, Ariane käme aus einer kultivierten Familie. Wie altmodisch! Aber zumindest wohnen sie in einem Haus ihrer Eltern, soweit ich verstanden habe, sodass Max wenigstens kein Geld für eine Unterkunft in dieser blöden und überteuerten Gegend ausgeben muss. Und die Kinder freuen sich: Das ist die Hauptsache.«

»Das bedeutet also, dass du ein paar Tage Zeit für dich hast?«

Verdammt! Mathilde fühlte sich auf frischer Tat ertappt, denn sie hätte diese schöne, vor ihr liegende freie Sommerwoche im verlassenen Paris am liebsten ganz allein verbracht. Natürlich war Antoine nett, attraktiv, aufmerksam und so weiter. Doch allein die Vorstellung, fest mit ihm zusammen zu sein, ihm Rechenschaft ablegen zu müssen, ihn jeden Tag am Telefon zu haben, weil er wissen wollte, was sie abends machte, mit wem und bis wann, sich rund um ihn organisieren zu müssen, erschöpfte sie. Sie hatte nicht über ein Jahrzehnt anstrengenden Ehelebens hinter sich gebracht, um sich gleich darauf wieder partnerschaftliche Pflichten aufzuhalsen, wo sie im Moment doch nur eines wollte: mal nur ihren eigenen Wünschen nachgeben und niemandem Rechenschaft schulden. Letzten Endes liebte sie Antoine nicht und hatte sich zu schnell auf eine Beziehung mit ihm eingelassen. Doch jetzt konnte sie nicht einfach so Schluss machen, da sie ihn jeden Morgen im Kindergarten sah und Théo mittlerweile der beste Freund seines Sohnes war. Mit allen Vor- und Nachteilen.

»Ja, endlich allein. Aber ich habe wahnsinnig viel zu tun. Ich muss das Zimmer der Jungs aufräumen, bei der Arbeit alles für meinen Urlaub vorbereiten und aufpassen, dass dieser Mistkerl von Romain mir keinen reinwürgen kann, wenn ich im August nicht da bin. Außerdem habe ich mich mit Alice und mit meiner Schwester verabredet. Ach ja, und meinen Nichten habe ich versprochen, mit ihnen ins Euro Disney zu gehen. Lange Rede, kurzer Sinn: Ich werde mal wieder keine Sekunde für mich haben.

»Mathilde. Ich übe überhaupt keinen Druck auf dich aus, verstehst du?«

»Wie meinst du das?«

Mathilde kannte diese Momente, die sie ganz besonders hasste. Die, in denen man offen miteinander reden und sich dazu durchringen musste, den schönen Schein fallen zu lassen und tiefer zu graben, um zu überprüfen, ob die Fundamente solide genug waren, um das Bauwerk zu tragen, oder ob man besser aufgeben sollte. Am liebsten hätte sie aufgelegt, an all das später gedacht, das Leben so genommen, wie es war, und Antoine an den Abenden gesehen, an denen sie Lust dazu hatte, ganz unverbindlich und spontan, weil sie zu viel getrunken hatte, weil das Wetter schön war oder weil sie Lust auf Sex hatte.

Aber nein, alles musste gleich ernst sein. Sie musste sich entscheiden, an sie beide denken, an ihre Zukunft, an ihr Verhalten ihm gegenüber. In diesem Augenblick verachtete sie sich dafür, solche Gedanken zu haben, die man in der Regel den Männern zuschrieb, die ihr aber keineswegs unbekannt waren. Sie wäre gern feige gewesen, in das nächste Mauseloch geschlüpft, hätte aufgelegt und ihn nicht mehr angerufen, um dieser stressigen Zuspitzung zu entgehen, die der bittende und ungläubige Ton ihres Partners sie vorausahnen ließ.

Aus dem Fenster sah Mathilde die Leute draußen fröhlich vorbeischlendern, auf dem Weg zu Freunden auf einer Caféterrasse, in der Sorglosigkeit dieses Juliabends, mal ohne die Kinder, sodass die Eltern endlich wieder ein paar Stunden jugendlicher Unbeschwertheit genießen konnten. Vor der Bar unten im Haus rauchten die Studis und lachten zu laut. Die Kellner liefen hin und her, um die Bestellungen entgegenzunehmen. Und dieses von Gelächter unterbrochene Stimmengewirr würde sich bis in die Nacht hineinziehen …

»Mathilde? Möchtest du lieber, dass wir uns nicht mehr sehen?«

O mein Gott …

»Wie bitte? Nein! Warum sagst du das? Ich behaupte doch nicht einfach nur, dass ich viel zu tun habe, weil ich nicht mehr mit dir zusammen sein möchte. Was hat das eine mit dem anderen zu tun? Ich will dir nur lieber schon mal vorher Bescheid sagen, dass wir uns nicht jeden Abend sehen können.«

Mathilde zwang sich, ihren Worten den süffisanten Unterton zu nehmen, während sie dieses unangenehme Gespräch weiterführte. Sie hörte, wie sein Atem ging, und fühlte sich an damals erinnert, als Pierre und sie Tag und Nacht das Familientelefon blockiert hatten, um ihre Beziehungsprobleme zu klären, die sie für ebenso einzigartig wie unlösbar hielten. Da waren sie fünfzehn gewesen. Sie hatte ihm das Herz gebrochen.

»Gut. Wie du willst. Aber … sehen wir uns denn heute Abend?«

»Nein. Wie gesagt, ich muss gerade die Koffer der Jungs packen. Deswegen muss ich jetzt leider auch Schluss machen, ich höre sie nicht mehr, und du weißt, dass das nichts Gutes verheißt«, scherzte sie mit falscher Fröhlichkeit.

»Entspann dich, Mathilde. Ich will dir nichts als Gutes, weißt du? Ich möchte mit dir essen gehen, dir sagen, dass du schön bist, dich in die Arme nehmen. Ruf mich an, wenn dich mal zufällig die Vorstellung reizt, die Nacht mit einem verliebten Mann zu verbringen.«

»Klar, mach ich. Natürlich. Ich … Ich bin mit Alice zum Abendessen verabredet, aber ich rufe dich an, wenn es nicht zu spät wird. Einverstanden? Ich drück dich.«

»Ich dich auch.«

Sie hatte ihn verletzt, das wusste sie. Sie warf das Handy auf den Stapel Brotscheiben, die sie unbedingt noch schmieren wollte. Max würde in weniger als einer Stunde da sein, und sie war nicht fertig. Also wirklich, nichts lief so, wie sie es geplant hatte, und das hasste sie. Sie würde Antoine verlieren, diesen wunderbaren Mann, um den sie alle ihre Freundinnen und die blöden Kühe aus dem Kindergarten beneideten, und sie würde wochenlang von ihren Kindern getrennt sein, was sie ganz schön belastete. Was stimmte bloß nicht mit ihr? Am liebsten hätte sie Lucie angerufen, um das alles zu entwirren, aber sie hatte keine Zeit. Auf ihrem Smartphone blinkte der kleine Umschlag, der eine SMS ankündigte. Ein kleines Männchen mit Augen in Form eines Herzens. Antoine. Sie verdrehte unwillkürlich die Augen zum Himmel und kehrte ins Zimmer von Théo und Martin zurück.

»Na schön, ihr kleinen Stinktiere, packen wir jetzt die Koffer fertig?«

Aufgekratzt hüpften die kleinen Jungs herum und kugelten sich durch ein Wirrwarr von Klamotten, die noch vor einigen Minuten ordentlich gefaltet gewesen waren. Dazu hatten sie ihr ganzes Spielzeug aus den Kisten geholt und überall verstreut. Legosteine hatten sich in Unterhosen verirrt, Knete klebte am Koffergriff, Puzzleteile lagen bis unter die Etagenbetten verstreut, halb aufgeblasene Schwimmflügel hingen von den Armen ungläubiger Plüschtiere herunter. Mathilde war fassungslos über den Anblick, und dann trat sie auch noch auf ein Spielzeugauto und legte sich der Länge nach mitten in dem bunten Durcheinander hin.

»Verdammte Scheiße, verdammte!«

»Das sagt man nicht, Mama!«

Es war das absolute Chaos.

7.

Was machte sie bloß? Sie hätte längst da sein müssen!

Nie hatte Vincent geglaubt, sich noch einmal so sehr an eine Frau binden zu können, und das erstens in so kurzer Zeit und zweitens, obwohl seine Trennung von Éva erst wenige Monate her war. Zwar war die Leidenschaft zwischen seiner Ex und ihm schon seit einigen Jahren erloschen gewesen, wenn sie überhaupt einmal lebendig gewesen war. Aber als sie sich in gegenseitigem Einvernehmen und trotz der Geburt von Jef entschieden hatten, nach einem Jahrzehnt einer eher angenehmen Partnerschaft ohne Streitigkeiten oder offensichtlichen Zerrüttung auseinanderzugehen, hatte er zunächst vorgehabt, sich erst mal richtig auszutoben. So wie es die Typen in seinem beruflichen Umfeld machten, wenn sie ihre auf die vierzig zugehenden Ehefrauen auf dem Standstreifen zurückgelassen hatten. Dann gönnten sie sich eine zweite Jugend, weil sie ihre erste durch das anstrengende Studium im Grunde verpasst hatten. Also mischten sie sich unter das Volk auf der Suche nach der Gesellschaft anderer Junggebliebener. Sie schmissen die Krawatte in den Koffer ihres Rollers und gingen in Bars, wo sie Frauen aufrissen, die ihnen vorgaukelten, sie wären noch unglaublich begehrenswert. Na schön, Vincent hatte ja auch Vanessa gehabt.

Sie hatte ihn mit ihrem Körper schier verrückt gemacht. Wie oft hatte er sie in ihrer kleinen Zweizimmerwohnung besucht und sie genommen, nachdem sie kaum die Tür geschlossen hatte! Doch dann hatte sich Vanessa in ihn verliebt und damit alles verdorben. Es hatte diesen Silvesterabend gegeben, an dem er in einem Augenblick der Schwäche und des Schuldbewusstseins mit ihr in ein schickes Hotel gegangen war, um ihr einmal ein luxuriöseres Neujahr zu spendieren, anstatt sie nur auszubeuten, bevor er wieder in sein normales Leben zurückkehrte. Doch in den Wochen darauf hatte Vanessa gedroht, Éva alles zu erzählen. Sie hatte ihn mit SMS terrorisiert und ihn abwechselnd bedroht und angefleht, ihm pornografische Bilder und kleine, kindische Smileys geschickt. So waren die Tage vergangen, und je mehr sich der Bauch von Éva rundete und sich Vincents Zukunft als Familienvater abzeichnete, verflüchtigte sich auch nach und nach sein perverses Double, das von vulgären Mädchen besessen war. Vanessa hatte dies bemerkt und daraufhin den Druck noch erhöht. Glücklicherweise war Éva viel zu beschäftigt damit gewesen, jedes Mikroereignis ihrer Schwangerschaft zu protokollieren, auf die sie so lange gewartet hatte. Sie war vollkommen auf das Baby konzentriert, das in ihr wuchs, und so hatte sie seinen chaotischen Seitensprung gar nicht registriert. Vincent hatte schließlich einen radikalen Schlussstrich gezogen, Vanessa gesagt, dass sie sich nicht mehr sehen würden, dass es vorbei war und sie ihn vergessen müsse. Dass er Vater werden würde, endlich, und reinen Tisch machen wolle. Und dann hatte er einen Anruf von Adrien erhalten, der von Juliette alarmiert worden war. Sie hatte Vanessa bewusstlos in ihrem Bett gefunden, eine leere Medikamentenschachtel neben ihr auf dem Boden. Die Sanitäter von der Feuerwehr waren gekommen und hatten ihr versichert, dass die Dosis viel zu gering sei, um Vanessas Leben zu gefährden. Das passiere oft, die Leute wüssten einfach nicht, wie man sich ordentlich umbringt, hatte einer von ihnen gelästert. Sie würden irgendwas schlucken, wie in den Fernsehserien, überzeugt davon, dass das genügen würde, um sie sanft ins Jenseits zu befördern, ohne Schmerzen und bitte so schnell wie möglich, vielen Dank. Sie hatten Vanessa ins Krankenhaus gebracht, wo Juliette so lange bei ihr wachte, bis es ihr wieder besserging. Vincent war auf Dienstreise, konnte nicht kommen. Er hatte ihr Pralinen geschickt und lange mit ihr telefoniert, wobei sie kaum miteinander gesprochen hatten, denn im Grunde hatten sie das niemals getan und hatten sich auch eigentlich ohnehin nicht viel zu sagen. Und dann war es endlich aus gewesen.

Nach seiner Trennung von Éva hatte Vincent überlegt, dieses rein körperliche Verhältnis wieder aufzunehmen, aber er hatte sich nicht mehr bei Vanessa gemeldet. Er hatte schon genug Schaden angerichtet. Danach hatte er es so gemacht wie alle: Er hatte sich bei Tinder registriert und viele Stunden damit verbracht, die Profile der lächelnden Frauen zu sortieren, die in der Nähe seiner neuen Wohnung lebten. Er hatte sich mit einigen getroffen, die so wenig wie möglich mit seinen wahren dunklen Trieben zu tun hatten. Ökos, Geschiedene, Töchter aus reichem Hause, Haschischraucherinnen und Dreißigjährige aus der Werbebranche. Er hatte mit ihnen geschlafen, jedoch ohne Leidenschaft. Um sich lebendiger zu fühlen, weniger allein in seiner kahlen Wohnung, falls Adrien ihm nicht gnädigerweise einen Abend widmete und seine schöne Juliette allein ließ, um seinem alten, deprimierten Kumpel Gesellschaft zu leisten. Eine Frau nach der anderen war durch sein Bett gewandert, ohne dass er die eine so recht von der andern unterscheiden konnte, obwohl einige von ihnen kleine Souvenirs hinterließen, um sich einen Grund zu geben, zu ihm zurückzukehren. Einen Slip, einen Schal, einen Lippenstift, eine Mütze. Er sammelte alles in einer kleinen Schuhschachtel, die er hervorzog, wenn eine von ihnen das vergessene Stück zurückhaben wollte. Sie klingelten mit geröteten Gesichtern, überzeugt davon, ihn noch einmal verführen zu können, und dann mussten sie zwischen all den anderen Trophäen herumwühlen und verließen ihn wieder, ohne weitere Forderungen zu stellen.

Doch dann war *sie* in sein Leben getreten, zu einem Zeitpunkt, als er gar nicht damit rechnete. Es war idiotisch, es so auszudrücken, eine schwachsinnige Phrase, die man jedes Mal vorgehalten bekam, wenn man gerade solo war. Sie klang wie aus den Horoskopen von Arztzeitschriften. *Es passiert, wenn Sie es am wenigsten erwarten!* Als müsse er jeden Moment vorbereitet sein und dürfe sich nicht ablenken lassen, damit er nicht verpasste, wenn ihm das Schicksal endlich das Geschenk überreichte, das es für ihn bereithielt. Und trotzdem geschah es eines Morgens.

Um schnellstmöglich eine seiner Eroberungen loszuwerden, die blöderweise in seinem Bett eingeschlafen war und keine große Lust zu haben schien, wieder zu verschwinden, hatte er demonstrativ seinen Anzug angezogen, sich glatt rasiert und schwungvoll die Fenster aufgerissen, um ihr zu verstehen zu geben, dass er arbeiten gehen musste. Er wollte sie loswerden, und zwar schnell, diese Klette.

»Ich muss gehen. Ich habe jetzt gleich ein Meeting. Aber ich habe noch fünf Minuten, um dir unten einen Kaffee auszugeben.«

Entzückt hatte sie das Angebot eines Frühstücks mit diesem beinahe Unbekannten angenommen, das sie für eine romantische Geste hielt. Als er gerade überlegte, wie er sie in Richtung Metro bugsieren konnte, um ganz diskret wieder in seine Wohnung zurückzuschleichen – in Wirklichkeit war er nämlich mit einem Käufer für den kleinen japanischen Druck verabredet, den er von Évas Vater geerbt hatte –, da hatte er *sie* gesehen. Sie saß im hintersten Eck des Cafés und schien in Gedanken versunken zum Horizont zu blicken. Sie trug ein figurbetontes Wickelkleid und rollte eine nicht brennende Zigarette zwischen den Fingern. Ihre langen schwarzen Haare mit leichten Wellen umspielten ihr gebräuntes Gesicht, das schon die Spuren des Alters trug, dessen Zartheit aber durch die rührenden Fältchen nur noch betont wurde. Sie hatte ihre hohen Schuhe unter dem Tisch ausgezogen und spielte mit den rotlackierten Zehen. Vincent war sofort von ihr fasziniert gewesen. Er, der eigentlich nur die ganz jungen Mädchen mit zu großen Brüsten liebte, konnte seine Augen nicht von dieser Unbekannten abwenden, deren bisheriges Leben ihren so besonderen Charme geformt zu haben schien. Von ihr gingen eine Gelassenheit und eine Art friedlicher Traurigkeit aus, die die Leute um sie herum zum Schweigen brachte.

»Was?« Offenbar hatte die Frau von letzter Nacht mit ihm geredet. Sie sah ihn fragend an und schien auf eine Antwort zu warten.

»Entschuldige. Das Meeting beschäftigt mich wohl zu sehr. Ich gehe jetzt. Ich muss aber vorher noch mal nach Hause, mir ist gerade eingefallen, dass ich eine wichtige Akte vergessen habe.«

»Kein Problem, ich warte auf dich. Ich habe gerade nichts anderes vor.«

Es war zum Verzweifeln.

»Nein, bitte warte nicht auf mich. Kann sein, dass ich zu Hause erst noch ein paar wichtige Anrufe erledige. Das kann lange dauern. Du bist selbstverständlich eingeladen. Ich ruf dich an.«

Natürlich war das eine Lüge. Er hatte aus der Affäre mit Vanessa rein gar nichts gelernt.

Die junge Frau war aufgestanden, hatte sich quälend langsam den Helm aufgesetzt, sich davon überzeugt, dass sie alles hatte – Portemonnaie, Brille und das kostbare Handy, ohne das sie keinen Kontakt halten konnten –, und hatte endlich ihren Roller gestartet, unter den Blicken von Vincent, der genervt war, weil er diese Szene schon zu oft erlebt hatte.

»Noch einen Milchkaffee, bitte.«

Ihm blieben noch zwanzig Minuten bis zum Treffen mit Lillian22, der potenziellen Käuferin des Drucks. Auf Adriens Ratschlag hin hatten er und Éva alles, was sie wegen ihrer Trennung verkaufen wollten, in Internet-Kleinanzeigen angeboten. Adrien hatte Erfahrung, denn wenn er finanziell klamm war, hatte er selbst bereits mehrmals etwas verkauft. Vincent hatte mit der Zeit Spaß an diesem Spiel gefunden. Er liebte den Moment, in dem das Objekt dem unendlich großen Publikum im Internet angeboten wurde, wenn es jemandem gefiel und die ersten Fragen hereinkamen. Kurzum, ihn hatte das Jagdfieber gepackt, und er freute sich diebisch, wenn er ein Geschäft abschließen konnte und es ihm ein paar Euro einbrachte, die er nicht zu versteuern brauchte und in der Bar oder am Zeitungskiosk ausgab. Manchmal versteckte er heimlich einige zerknitterte Geldscheine in der Wohnung seiner Mutter Marie, die sie dann wie durch ein Wunder zwischen den Seiten eines Buches oder hinter einem gerahmten Foto an der Wand fand. Vincent brauchte kein Geld, jedenfalls nicht solche kleinen Summen. Er verdiente recht gut; schließlich hatte er seinen Beruf von vornherein mit dem Ziel ausgewählt, dadurch reich zu werden. Er wollte Geld ausgeben können, ohne darüber nachzudenken, und keine Angst vor der Zukunft haben müssen wie in seiner Kindheit. Dennoch boten ihm die kleinen Summen einen gewissen Nervenkitzel, die er dank seiner Geschicklichkeit als Verkäufer verdiente. Der Druck war für einen guten Preis weggegangen, und er war ganz froh, dieses Bild loszuwerden, das ihm früher einmal gefallen hatte, ihn aber inzwischen an die bedrückenden Abende der letzten Jahre erinnerte, während derer er darauf gewartet hatte, dass sich sein Leben in der Alltäglichkeit einer lieblosen Wohnung vollzog. Bei Lillian22 würde das Bild wieder angemessen gewürdigt werden, und das war wesentlich besser.

Sie hatten sich hier unten in dem Café verabredet. Vincent ließ nie Unbekannte in seine Wohnung und zog es vor, sie an öffentlichen Orten zu treffen. Er hatte keine Lust, nur wegen eines kleinen Geldbetrags in den Schlagzeilen zu landen. Seine Käuferin hatte ihm ihre Telefonnummer gegeben, und er beschloss, sie anzurufen, um ein letztes Mal ihren Termin zu bestätigen. »Hallo? Sie … Ich rufe wegen des Drucks an, aber …« Und dann hörte er ihre Stimme, sowohl im Café als auch im Ohr. Überrascht und verlegen hatten sie sich angesehen und dann angefangen zu lachen. Danach hatten sie mehrere Stunden lang zusammengesessen und sich unterhalten. Erst im Café, dann in der Stadt, wohin sie sich ohne konkretes Ziel auf den Weg gemacht hatten. Sie fanden einfach kein Ende bei ihrer Unterhaltung. Sie aßen Pralinen in den Tuilerien und bewunderten die Stadt von oben aus dem Riesenrad. Mehrmals hatten sie darüber gelacht, wie verrückt das war, sich über eine Internet-Kleinanzeige kennenzulernen.

Von da an war nicht ein Tag vergangen, an dem sie ihre ehemalige Einsamkeit nicht in ihrem unerwarteten Glück vereint hätten, und auch keine Nacht, außer jenen Zeiten, die Vincent mit Jef verbrachte. Eng aneinandergeschmiegt flüsterten sie sich zärtliche Worte zu, von denen sie geglaubt hatten, sie wären für immer verflogen.

Liliane hatte ihm alles erzählt. Von ihrer Vergangenheit, ihrer Flucht und ihrem früheren Leben. Sie habe ein Restaurant betrieben, oder besser eine Herberge, einen gut gehenden Familienbetrieb.

Früh am Morgen lagen sie in dem zu großen Bett des kleinen Hotelzimmers unterm Dach, in dem Liliane wohnte. Sie erwachten gemeinsam und genossen das Glück eines neuen Tages. Jeden Morgen erhob sich Liliane geräuschlos, nachdem sie zärtlich Vincents schlafendes Gesicht gestreichelt hatte, zog dann rasch ein hübsches Kleid und Sandaletten an – stets mit hohen Absätzen – und öffnete leise die Tür in dem Glauben, er schliefe noch. Vincent tat jedoch nur so, um ihr nicht die Freude der Überraschung zu verderben, die eigentlich gar keine war. Einige Augenblicke später kehrte Liliane dann mit zwei dampfenden Tassen Milchkaffee zurück, ließ das Kleid zu Boden gleiten und schlüpfte erneut unter die Decke, während die Sonne allmählich durch die Jalousie über dem Bett fiel. Dann umarmte sie Vincent, der noch immer die Augen geschlossen hatte, aber lächelte, und sie lachte, jedes Mal überrascht von den heftigen Gefühlen, die sie übermannten. Sie hielten sich ganz fest, fast bis zum Ersticken, wobei sie sich der Zerbrechlichkeit dieser neuen, unverhofften Liebe bewusst waren, die vielleicht keine Zukunft hatte. Denn was sollte aus dieser Beziehung werden? Was sollte eine Frau von achtundfünfzig Jahren mit einem Vierzigjährigen anfangen, der für einen Säugling verantwortlich war?

»Du riechst gut.«

»Ach Quatsch. Ich rieche nach Schlaf und Milchkaffee.«

»Das meine ich ja. Ich bete dich an. Du bist schön.«

An diesem Morgen nahm Vincent Lilianes Gesicht zwischen beide Hände, um sie besser betrachten zu können.

»Hättest du Lust, eine Woche mit mir zusammen wegzufahren?«

»Aber … Und was ist mit deinem Sohn?«

» Éva ist mit Jef in der Bretagne. Wir können fahren, wohin du möchtest. Komm schon, sag ja!«

»Und deine Arbeit?«

»Ist mir doch egal! Ich ärgere mich schon lange genug mit diesem verdammten Job rum, katzbuckle und nehme jede Dienstreise an, während die anderen sich in der Sonne aalen. Mir reicht's. Ich habe ja wohl das Recht, von der schönsten Frau der Welt zu profitieren, die mir ihre spektakuläre Anwesenheit an meiner Seite schenkt.«

»Du bist doof.«

»Nein, du bist doof. Wie kann sich nur eine Frau wie du für einen Versager wie mich interessieren? Einen kleinen, langweiligen Anzugträger, der eine PowerPoint-Präsentation und ein langweiliges Meeting nach dem anderen hinter sich bringt, um die Leere seines Lebens auszufüllen.«

»Wenn du es so sagst, klingt es tatsächlich nicht besonders attraktiv«, erwiderte sie lachend, gerührt von dieser Liebe, mit der sie nicht mehr gerechnet hatte.

Gab es eine Grenze für die Liebe? Einen bestimmten Zeitpunkt, an dem man Vernunft annehmen und erkennen musste, dass das Hochgefühl einer erwachenden Leidenschaft von da an der Vergangenheit angehörte? An dem man sich sagen musste, dass man sich ab jetzt mit der lauwarmen Schlaffheit verwelkter Freundschaften, der Zuneigung der Verwandten und dem Engagement für die Kultur, die Enkelkinder und Süßigkeiten begnügen musste? Vincent war ihr dritter und letzter Geliebter, das wusste Liliane. Der erste war Bertrand gewesen, den sie schon ganz jung kennengelernt hatte. Darauf folgten das Leben mit ihm, das Restaurant, die Freunde, die Kinder und der Alltag, der allmählich die Leidenschaft der ersten Tage erstickte. Dann das Schweigen, der lange Bruch mit der Realität, den sie einerseits selbst herbeigeführt und andererseits erlitten hatte, und der sie sieben Monate lang in eine merkwürdige Starre und danach in eine damals lebensnotwendige Einsamkeit hatte fallen lassen. Dann hatte sie Michel kennengelernt und sich gefühlt wie neu geboren. Brüsk und heftig war sie in diese zerstörerische Liebe hineingestolpert, die alles andere hinweggefegt hatte. Die Erinnerung an Fred und Anouk, den Entschluss, nach ihrer Gesundung zu ihnen zurückzukehren und ihnen die Mutter zu werden, die sie nie aufgehört hatte zu sein, trotz des Verrats und dieser plötzlichen Flucht, die die Kinder zweifellos schwer traumatisiert haben musste. Ganz sicher. Und die Schwärze, die Tage und Jahre, die darauf gefolgt waren, hatten unversehens ein ganzes Jahrzehnt ihres Lebens verschlungen: die Märkte, das Aufstehen im Morgengrauen in kleinen, trostlosen Marktflecken, der Standaufbau, die morgendliche Kälte, der harte Blick von Michel, welcher sie nicht aus den Augen ließ. Was machst du denn da? Trödelst du absichtlich? Pass bloß auf, meine Geduld hat Grenzen. Ihr Rücken hatte sich gekrümmt, Unterwerfung schien die einzig mögliche Reaktion, damit er sich beruhigte. Es tut mir leid, Michel. Und die Abende mit ihm zusammen, nur mit ihm allein, weil sie niemand anderen treffen durfte, nicht mal die Frauen, die sie unterwegs kennengelernt hatte. Genüge ich dir nicht? Was willst du den blöden Weibern denn überhaupt erzählen? Dass ich dich misshandle? Dass dir dein Exmann fehlt? Willst du dich als Opfer darstellen, wie üblich?

Und dann die Schläge.

8.

»Da, Papa, da ist einer! Ein McDonald's, ich seh ihn!«

»Unglaublich! Der Dreikäsehoch kann noch nicht lesen, erkennt aber das M von McDonald's auf zehn Kilometer Entfernung. Die Kinder von heute ...«

Max war guter Laune. Noch jedenfalls. Sie waren früh aufgebrochen in der Hoffnung, die Ferienstaus zu vermeiden, nachdem sie mit Ach und Krach die Gepäckberge im Auto verstaut hatten, die Mathilde für Théo und Martin mitgegeben hatte. Völlig übertrieben, wie immer, wenn sie die Sachen für die Jungs vorbereitete. Sie schleppten so viel mit wie Hollywoodstars für einen mehrmonatigen Dreh am Ende der Welt. Beim Anblick der vielen Taschen und Koffer hatte Max sich bemüht, seine Verzweiflung zu verbergen, wie ihm sein Psychiater beigebracht hatte. »Versuchen Sie, sich Ihre Exfrau als zwei getrennte Persönlichkeiten vorzustellen. Auf der einen Seite die Mutter Ihrer Kinder, mit der Sie sich entschieden haben, diese kleinen Wesen zu zeugen, die zu Ihnen beiden gehören. Sie ist diejenige, die sich um sie kümmert und sich um ihr Wohlergehen sorgt. Und dann die andere, Ihre Frau oder besser: Ihre Exfrau, die, von der Sie sich getrennt haben und der Sie immer noch böse sind, denn Ihre Wut ist immer noch Ihr wunder Punkt, nicht wahr, Max?« Wie der sich aufblasen konnte, dieser Oberlehrer. Was wusste der denn schon? Er war seit dreißig Jahren mit derselben Frau verheiratet, wie es die Familienfotos erzählten, die in seiner dunklen Praxis standen, die Max seit mehreren Monaten zweimal pro Woche aufsuchte. Doch so nervtötend dieser Mann auch war und so grotesk diese Methode, bei der man sich einem Unbekannten gegenübersetzte und diesem in allen Einzelheiten von der armseligen Existenz des geschiedenen Mannes erzählte, so konnte er doch nicht abstreiten, dass ihm das guttat. Und auch Mathilde und Ariane profitierten von seiner Therapie. Beide hatten ihm eröffnet, dass sie ihn seither umgänglicher und angenehmer fanden.

»Hallo, ihr kleinen Stinker!«

»Papa!«

Inzwischen durfte er wieder zu ihnen rauf in die Wohnung kommen. In der ersten Zeit, nachdem Mathilde ihn rausgeschmissen hatte, hatten sie sich draußen auf der Straße getroffen und sich kaum gegrüßt, während sie sich die Kinder übergaben wie eine Handelsware. Wann bringst du sie zurück? Okay. Pass gut auf sie auf. Inzwischen gestaltete sich ihr Umgang weitgehend friedlich. Er konnte sich ihr Zimmer ansehen, wo sie ihm aufgeregt ihre vielen Bilder und ihre Aufgabenhefte zeigten, und manchmal warf er einen Blick in jenen Raum, der so lange sein Schlafzimmer gewesen war. Mathilde hatte ihn komplett umgestaltet. Sie hatte ihr altes Bett, das sie auf dem Speicher seiner Mutter gefunden hatten, durch ein moderneres mit einem Kopfende aus geflochtener Weide ersetzt, das er ziemlich lächerlich fand. Die meisten der vielen Möbel und Bilder hatte sie rausgeschmissen, und dadurch sah das Zimmer so anders aus, dass es schien, als hätte er dort nie gelebt.

»Möchtest du etwas trinken?«

»Nein danke. Ariane erwartet uns. Wir müssen auch noch unsere Koffer packen und das Restaurant schließen.«

»Läuft es gut?«

»Was?«

Mathilde fing laut an zu lachen, ein Lachen, das er gefühlt seit Jahrhunderten nicht mehr gehört hatte.

»Nicht deine Beziehung, so weit bin ich noch nicht. Das Restaurant, meine ich.«

Er hatte sie zärtlich angesehen und Lust gehabt, sie in die Arme zu schließen, denn egal, was in der Vergangenheit geschehen war, sie blieb seine Mathilde, die Frau, mit der er ein gutes Stück Wegs zurückgelegt hatte. Doch natürlich hatte er es nicht getan und stattdessen ein wenig verlegen erwidert:

»Ja, es läuft wirklich gut! Na ja, warten wir mal den Winter ab. Im Moment ist es warm, und die Leute sitzen lange draußen auf der Terrasse. Außerdem ist es neu und interessant …«

»Neu und interessant …«

Wieder hatte sie wortlos gelächelt, stolz auf ihre unterschwellige Anspielung, mit der es ihr gelungen war, ihn in Verlegenheit zu bringen. Nein, er war noch nicht bereit, mit seiner Ex über ihre Beziehung zu scherzen, genauso wenig, wie sie über den jetzigen Zustand reden mochte. Ob sie wohl noch mit diesem Antoine zusammen war? Sie sah gut aus, fröhlich, entspannt. Ja, bestimmt war sie verliebt.

»Na schön, meine Blues Brothers, wollen wir jetzt mal los? Habt ihr eure Badehosen?«

»Mist, die Badehosen!«

»Mathilde! Sag mir nicht, dass in diesen Riesenkoffern keine Badehosen drin sind!«

»Das nächste Mal packst du, okay?«

Ruhig bleiben. Max atmete tief durch, schloss die Augen und lächelte glücklich beim Gedanken an das herrliche Anwesen von Arianes Vater, das sie am nächsten Tag erwartete und wo er sich endlich würde erholen können nach den stressigen Monaten, die der Eröffnung seines Geschäfts vorausgegangen waren.

»Streitet ihr euch?«

»Nein, mein Schatz, wir streiten uns nicht. Papa und Mama machen nur Spaß. Habt ihr eure Kuscheltiere? Nein? Mathilde, willst du mich verarschen?«

»Nein, die sind da in den Tragetaschen.«

»Gut, sagt ihr Mama jetzt auf Wiedersehen?«

Sie umarmten ihre Mutter, flüchtig, denn in ihrem Alter war ihnen noch nicht bewusst, wie lange sie getrennt sein würden, und sie freuten sich sehr darauf, ans Meer zu fahren. Mathilde dagegen musste sich zusammenreißen, um nicht in Tränen auszubrechen.

»Ich pass gut auf sie auf, das verspreche ich dir«, flüsterte Max ihr zu und küsste sie auf die Wange.

»Schickt ihr mir Fotos?«

»Ja, ganz viele M&Ms!«

»MMS, mein Schätzchen, und jetzt los.«

»Küsschen, Mama!«

Dann hatten sie die Tür hinter sich zugeschlagen und

waren zur Wohnung an der Place des Ternes gefahren, wo Théo und Martin inzwischen ihr eigenes Zimmer hatten, zwar klein, aber hell und schön. Max hatte den Wecker auf frühmorgens gestellt – eine unnötige Vorsichtsmaßnahme, da Martin ganz aufgeregt um 5 Uhr erwachte und sich kategorisch weigerte, wieder einzuschlafen. Da Ariane hochschwanger war, hatte Max ganz allein das Auto gepackt, die Wohnung abgeschlossen und die Kinder runtergebracht. In seinem vorherigen Leben war es Mathilde gewesen, die in aller Herrgottsfrühe aufgestanden war, schon Brote geschmiert hatte, Taschen gepackt, die Jalousien runtergelassen, der Hausmeisterin Bescheid gesagt und die Kleider für die Kinder bereitgelegt hatte, und dann hatte sie gewartet, bis er endlich erwachte und auf der Bildfläche erschien, um ihn spüren zu lassen, dass er mal wieder keinen Finger krumm gemacht hatte. Inzwischen musste sich Max auch im Alltag oft frühmorgens um alles kümmern. Dabei vergaß er schon mal den Schulranzen zu Hause oder schickte einen seiner Söhne mit ungleichen Strümpfen in die Schule. Aber er übernahm Verantwortung, und das tat ihm unglaublich gut, auch wenn es strapaziös war.

»Sind alle fertig?«

»Ja, Papa!«

»Haben wir alles?«

»Aggi!«, rief Martin.

»Nein, es gibt jetzt keinen Nucki. Dafür bist du schon zu groß.«

»Aggi!«, wiederholte er und deutete nach draußen, wie es schien, in Richtung Bäckerei.

»Du meine Güte«, hatte Max lächelnd geseufzt. »Der

denkt auch immer nur ans Essen, der Kleine. Warum futtern die Jüngeren immer doppelt so viel wie die Älteren?«

Dann hatte er Ariane einen Kuss auf die Schläfe gedrückt, die keine Ahnung von alldem hatte. Ihre Wangen hatten sich in letzter Zeit mit kleinen roten Pickeln bedeckt, über die sie sehr unglücklich war. Schwangerschaftsakne, hatte sie unter Tränen erklärt, nachdem sie schnell einen Termin bei ihrem Gynäkologen vereinbart hatte, um ihm die plötzliche Hautirritation zu zeigen. Seitdem hatten auch noch seltsame Flecken ihr Dekolleté erobert, die sie verzweifelt versuchte, vor den Blicken anderer zu verbergen.

»Bist du bereit, hübsche Mama?«

»Werdende Mama. Das ›hübsch‹ lassen wir mal weg. Ach, Max, findest du mich denn trotz allem noch hübsch?«

»Natürlich«, hatte er gelogen.

Er hatte zwei Schwangerschaften miterlebt und damit im Gegensatz zu anderen werdenden Vätern genügend Erfahrung gesammelt, um nicht wahrheitsgetreu auf solche verzweifelten Fragen einer Schwangeren zu antworten, die durch die Hormone seelisch aus dem Gleichgewicht geraten war und sich vom Aussehen her täglich mehr vom modernen Schönheitsideal entfernte.

Max hatte das Radio eingeschaltet, und sie waren fröhlich aufgebrochen, ohrenbetäubend laut singend in der mit tausenderlei Sommeraccessoires vollgestopften Familienkutsche. Moderne Familien waren offenbar dazu verdammt, so viel mitzuschleppen. Einige Stunden später war es mit der Fröhlichkeit vorbei. Martin war eingeschlafen, den Schnuller im Mund, während sich allmählich ein widerlicher Geruch im Innenraum ausbreitete. Théo, hibbelig durch zu viel Gedaddel am Tablet, ließ dieses ständig fallen und zwang Ariane, es mit gespielter Geduld immer wieder aufzuheben. Schließlich musste sie sich als Stiefmutter zusammenreißen, auch wenn sie ihren unförmigen Körper verrenken musste, um blind auf dem von suspekten und ekelerregenden Krümeln übersäten Boden herumzutasten. Max dagegen war sauer auf sein Navigerät, das ihn seiner Meinung nach absichtlich auf die Straßen mit den dicksten Staus, dem größten Umweg oder den meisten »Bullen« führte. Ariane hatte das Gefühl, ihr würde jeden Moment die Blase platzen, da Max immer dann aufs Gaspedal trat, wenn eine Tankstelle oder ein Rastplatz in Sicht kam. Bei der nächsten halte ich an, behauptete Max jedes Mal, wenn Théo und Ariane unisono aufstöhnten und der Geruch nach voller Windel noch unerträglicher wurde. Max schlug schließlich vor, einen McDonald's zu suchen. Théo stieß Freudenschreie aus, und Ariane verzog das Gesicht, schwieg aber lieber, um nicht den Fahrer aus seiner Konzentration zu reißen, der ihr endlich Erlösung verschaffen würde.

»Da, Papa, da ist der McDonald's!«

Sie parkten in der einzigen Lücke, die auf dem überfüllten Parkplatz noch frei war, obwohl sie früh dran waren. Von fern erschien ihnen das Restaurant als Hort der Ruhe; ein Gebäude in dieser schönen ländlichen Gegend, trotz der breiten Autobahn, die sie hierhergeführt hatte.

»Wo hast du den Buggy hingetan?«, fragte Max Ariane und hielt den halb schlafenden Martin mit ausgestreckten Armen von sich. Dem Geruch nach zu urteilen, musste seine Windel wirklich bis oben hin voll sein.

»Welchen Buggy?«

»Welchen Buggy – natürlich den von Martin. Ich sehe ihn nicht im Kofferraum«, erwiderte Max entnervt und suchte zwischen Taschen, Eimern und Schaufeln herum. »Hast du ihn vorne bei dir hingestellt?«

»Aber Max, ich habe doch gesagt, dass ich nichts eingeladen habe.«

»Aber wir haben ihn doch mit runtergenommen und den halben Aufzug damit blockiert. Ich habe ihn wohlüberlegt mitgenommen, denn Mathilde hat mir immer wieder versichert, dass wir ohne Buggy aufgeschmissen sind. Der kann doch nicht weg sein. Unter den Koffern vielleicht?«

Daraufhin hatte Max den gesamten Kofferraum ausgeladen und alles auf den Parkplatz gestellt.

»Aber wo ist nur der verdammte Buggy? Das kann doch nicht wahr sein!«

»Aggi!«

»Martin, fang jetzt nicht schon wieder an. Ich habe es dir heute Morgen schon gesagt.«

»Aggi. Hause!«

»Papa, jetzt weiß ich, was er meint. Der Buggy ist zu Hause. Also, jedenfalls vor dem Haus. Auf dem Bürgersteig.«

Max und Ariane sahen sich verzweifelt an, als sie endlich verstanden, was Martin ihnen schon seit Beginn der Fahrt in der Avenue des Ternes versucht hatte mitzuteilen.

»Wir haben den Buggy auf dem Bürgersteig stehen gelassen. Wie kann man nur so blöd sein! Mathilde wird mich umbringen!«

»Ach, komm, das kann doch jedem mal passieren. Wir rufen einfach den Hausmeister an. Mit ein bisschen Glück hat er ihn schon reingeholt, und alles wird gut. Außerdem können wir im Urlaub einen billigen Buggy kaufen.«

»Wie auch immer. Los, ihr beiden Großen, gehen wir was futtern. Das wird uns guttun.«

Max reihte sich mit Théo in eine der unendlich langen Schlangen vor der Kasse ein, während sich Ariane und Martin vor der Toilette anstellten.

»Können die sich nicht vorher überlegen, was sie wollen?«, motzte Max, ohne die Stimme zu senken, als er beobachtete, wie die Leute bei jeder Bestellung erst ewig lange nachdachten.

Endlich waren sie an der Reihe, und danach mussten sie noch einmal an der Essensausgabe warten. Dort fanden Verbrüderungsszenen zwischen Erwachsenen statt, deren noch winterblasse Beine aus Shorts ragten. Sie schienen sich hier jedes Jahr zu treffen und waren schon alte Bekannte, wie Max beim aufmerksamen Zuhören feststellte, während Théo mit einem Luftballon spielte, den er später nicht mit ins Auto würde nehmen können.

»Papa, Nummer 44, das sind wir!«

Théo sprang aufgeregt auf und ab, die kleinen Finger um die Marke geklammert, und stolz streckte er sie der gelangweilten jungen Frau in der McDonald's-Uniform hin, die nicht mal das übliche Lächeln für Kinder übrig hatte. Missgelaunt ergriff Max das überquellende Tablett und machte sich auf die Suche nach Ariane und Martin.

Ariane stand immer noch in der langen, lärmenden Schlange vor der Toilette, zwischen erschöpften Eltern und Kindern mit überkreuzten Beinen, die so dringend mussten.

Sie hielt Martin fest an der Hand, der unentwegt um sie herumsprang und bei jeder Runde einem kleinen Mädchen hinter ihnen die Zunge herausstreckte. Max hatte Mitleid mit ihr. Sie musste ihn schon sehr lieben, um all die Kompromisse in Kauf zu nehmen, die sich daraus ergaben, dass sie sich in einen geschiedenen Vater verliebt hatte. Er war sich nicht sicher, ob er die Kinder eines anderen akzeptiert und sich um sie gekümmert hätte wie um seine eigenen, ob er ihre Launen, ihre vollen Windeln, das frühmorgendliche In-den-Kindergarten-Bringen und all die kleinen täglichen Unannehmlichkeiten von Eltern ertragen hätte, die man hinnahm, wenn es um das eigene Fleisch und Blut ging, die einem aber ganz objektiv das Leben vermiesten. Er beobachtete Ariane einen Augenblick lang mit ihrem gerundeten Bauch, wie sie Martin sanft zurechtwies, und mit diesem entschlossenen Zug, der ihm so an ihr gefallen hatte, weil er bedeutete, dass sie stark für zwei sein würde. Sie drehte den Kopf zu ihm um und lächelte sofort.

»Soll ich dich mal ablösen? Komm, nimm du das Tablett, ich nehme dir den Quälgeist ab. Wir gehen zu den Männern, da ist immer weniger los. Ich habe nie verstanden, warum ihr Frauen so lange auf der Toilette braucht.«

»Was meinst du denn, woran das liegt? Guck dir mal die Schlange vor dem Männerklo an, da ist nicht ein einziges Kind dabei. Von euch nimmt sie doch keiner mit aufs Klo, wechselt ihnen die Windeln und wäscht ihnen die Hände. Aber lass nur, ich würde deinen Vorschlag gern annehmen, doch leider muss ich selbst unglaublich dringend.«

»Aber geh doch vor, Liebling, du bist schließlich schwanger!«

Die Frau vor ihnen warf ihnen einen finsteren Blick zu. Sie starrte Arianes dicken Bauch an und wusste, dass wertvolle Minuten für sie verloren gehen würden. Max lächelte zufrieden.

»Könnten Sie meine Frau bitte vorlassen?«

»Max!«

»Was denn? Wenn dich niemand von selbst vorlässt, muss man eben fragen.«

»Natürlich muss sie fragen, man kann es ja nicht ahnen«, erwiderte die Frau vor ihnen gereizt und überließ Ariane schließlich ihren Platz, als würde sie dazu gezwungen.

»Vielen Dank, Madame«, säuselte Max heuchlerisch, während Ariane schamrot in der Schlange vorrückte.

»Frauen! Kommt Jungs, wir müssen einen Platz für M … für uns finden. Und bevor wir essen, wickle ich meinen Sohn bei den Männern, wenn's sein muss auf dem Boden, denn bei uns gibt es leider keinen Wickeltisch. Und das ist nicht unsere Schuld!«

Er hatte das sehr laut gesagt, und einige Frauen in der Umgebung lächelten ihn an. Und dann verließen er, Théo und Martin auf den Fersen, die gerührte Frauentruppe.

»Warum hast du ›meine Frau‹ gesagt, Papa? Ist das nicht mehr Mama? Seid ihr jetzt auch verheiratet?«

»Nein, Schätzchen, wir haben nicht geheiratet. Ich habe nur deswegen ›meine Frau‹ gesagt, damit die Leute kapieren, dass sie zu mir gehört.«

»Zu dir gehört?«

»Ja, dass Ariane und ich ein Paar sind und dass ich sie begleite.«

»Ach so. Aber du hättest doch sagen können: Meine Freundin ist schwanger, können Sie sie vorbeilassen?«

»Ach, Schatz, jetzt lass doch. Entschuldigen Sie, Madame. Stehen Sie auf? Mist, wo ist Martin? Théo, geh Martin suchen, ah, er ist da hinten am Spielplatz.« Dann rief er seinem jüngeren Sohn laut zu: »Martin! Komm sofort her! Wir wollen essen. Oh nein, zieh sofort deine Schuhe wieder an! Bitte, Théo!«

»Du musst mir erst antworten, Papa.«

»Schatz, wir sprechen gleich weiter darüber. Sei lieb, Großer. Du bist doch mein Großer, oder? Ich muss mich auf dich verlassen können.«

»Ich bin zwar noch nicht so groß, aber von mir aus«, erwiderte der kleine Junge sichtlich widerstrebend. Dann nahm er seinen Bruder am Arm, der ihm auf Socken folgte, ohne sich weiter über die bizarre Situation aufzuregen.

Als sie die Schuhe geholt und unter Einsatz ihres Lebens einen Tisch erobert hatten, konnte die Familie endlich in diesem lärmenden, nach Frittierfett riechenden Speisesaal Platz nehmen.

»Ich habe gerade mit meinem Vater gesprochen. Er bleibt heute Abend noch da, um uns alles zu erklären«, sagte Ariane, die eine Nachricht auf ihrem Handy las.

»Wie bitte?«

»Mein Vater bleibt einen Tag länger. Es gibt ein Problem mit seiner Villa auf Korsika, was genau, habe ich nicht richtig verstanden. Das ist gar nicht so schlecht, so kann er uns alles zeigen, den Pool, die Alarmanlage … Es ist das erste

Mal, dass er mir das Haus überlässt. Ich bin etwas ängstlich, und es ist mir lieber so. Außerdem ist das doch eine gute Gelegenheit, euch endlich kennenzulernen. Schließlich könnte man sagen, dass er jetzt dein Schwiegervater ist, wo wir doch eine gemeinsame Tochter erwarten.«

Max spürte, wie sich sein Herzschlag beschleunigte und seine Handflächen feucht wurden. Das hatte gerade noch gefehlt. Ein Schwiegervater. Ein reicher. Und einflussreicher. Bestimmt würde er ihn herablassend behandeln. Max hatte nie gern mit der älteren Generation zu tun gehabt. Schon als Kind war es ihm zuwider gewesen. Er hatte es in der Regel abgelehnt, das Wochenende bei Freunden zu verbringen, aus Angst, sich einschüchternden Erwachsenen vorstellen zu müssen, die ihm garantiert zahlreiche Fragen über seine Familie, seine Schulnoten, seine Berufswünsche und seine Meinung über den Irakkrieg stellen würden. Er hatte nie gewusst, was er auf solche Fragen antworten sollte. Er hat es nie verstanden, den hübschen, netten Jungen zu mimen, den man anderen als Vorbild hinstellt. Als Erwachsener hatte er in dieser Hinsicht keine großen Fortschritte gemacht. Und jetzt würde er einen ganzen Abend mit dem Vater seiner Partnerin durchstehen und gleich am Abend der Ankunft schauspielern müssen, wo er ohnehin die ersten Tage in einer neuen Unterkunft hasste, egal, in welcher.

»Was guckst du so komisch? Freust du dich nicht, meinen Vater kennenzulernen?«

»Doch, natürlich, ich freue mich sehr«, log er. »Und wir dürfen schließlich sein Haus benutzen. Dann haben wir gleich Gelegenheit, ihm zu danken. Ist er allein da?«

»Machst du Witze? Das ist der reinste Taubenschlag, diese Hütte. Da ist immer jemand! Du wirst auch Mimoune kennenlernen, meine Stiefmutter. Na ja, jedenfalls die Frau, mit der mein Vater seit zwanzig Jahren zusammenlebt. Du wirst sehen, sie ist vollkommen verrückt. Sie ist Kunstliebhaberin, total exzentrisch und aufgekratzt. Du wirst sie lieben.«

Wenn du dich da mal nicht irrst, dachte Max, der jetzt sein Essen stehen ließ und mit ahnungsvollem Blick seine schale Limonade schlürfte.

»Und ich glaube, meine Cousinen kommen auch für ein paar Tage. Marie-Caroline und Estelle. Ich sage Marie-Caroline, aber alle nennen sie Marika. Sie hasst ihren Vornamen, sie findet ihn zu spießig. Ich freue mich schon sehr darauf, sie zu sehen!«

»Aber … Du hast mir gar nicht gesagt, dass so viele Leute da sind. Ich dachte, wir wären allein.«

»Aber Max, das ist ein Familiensitz. Meine Cousinen wussten, dass ich kommen würde, und da haben sie Papa natürlich gefragt, ob sie auch ein paar Tage kommen könnten. Wir haben früher jeden Sommer zusammen verbracht. Aber ich glaube, die zweite Woche wird ruhiger. Du wirst schon sehen, das Haus ist so riesig, dass du gar nicht so viel mitbekommst. Es wird uns da richtig gut gehen, und den Kindern wird es auch gefallen. Na, Jungs, was meint ihr, habt ihr Lust, mit den Mädchen zu spielen?«

»Welchen Mädchen?«, fragten Théo und Martin im Chor.

»Welchen Mädchen?«, echote Max seinerseits mit zitternder Stimme.

»Na, Gwenaëlle, Marie-Astrid und Louise, den Töchtern von Estelle. Die sind so süß, ihr werdet sie lieben. Ich kann es gar nicht erwarten, die Maittes mit den Marsacs zusammenzubringen!«

Und dann gab Ariane Max einen dicken Kuss auf die Wange, der in einem Ozean widersprüchlicher Gefühle schwamm und gar nicht merkte, dass er mit dem Strohhalm in seinem leeren Glas herumschlürfte, so laut, dass er damit die Jungs zum Lachen brachte.

»Papa, du schlürfst, das darf man nicht!«

»Er hat Angst!«, scherzte Ariane und griff rasch nach dem Pappbecher, um ihn auf das Tablett voller Abfälle zu werfen.

»Ich soll Angst haben? Meine liebe Ariane, Ihr müsst wissen, dass ich an Eurer Seite jedem Abenteuer trotze!«, behauptete Max, der so vernünftig war, sich von seiner riesengroßen Enttäuschung nichts anmerken zu lassen.

Mit aufgesetztem Schwung und Munterkeit packte er seine beiden Jungs unter die Arme, forderte seine Schöne mit einer Verbeugung zum Gehen auf und rief ohrenbetäubend laut, ohne dass jemand darauf achtete: »Aus dem Weg, hier kommen die Marsacs!«

9.

»Ihre Pässe, bitte.«

Die mürrische junge Frau am Schalter wirkte plötzlich etwas freundlicher, und ihre leise Mäusestimme kontrastierte erstaunlich mit dem strengen Aussehen, die ihr der vorschriftsmäßige Dutt verlieh. Adrien war freudig erregt. Nachdem er in den letzten Monaten ziemlich gut verdient hatte, hatte er genug Geld zusammensparen können, um seine Juliette für eine Woche nach Thailand einzuladen. Das Hotel, das er gebucht hatte, war herrlich, und er konnte nicht aufhören, sich die Fotos anzusehen, nachdem er endlich auf »Bezahlen« geklickt hatte. Die Zeit, in der es finanziell eng gewesen war, war Gott sei Dank vorbei. Er konnte Chevreux nicht genug dafür danken, dass er ihm zinslos das nötige Geld geliehen hatte, um die Konsumentenkredite abzubezahlen, die er zu leichtsinnig aufgenommen hatte. Er hatte alles darangesetzt, um Juliette an sich zu binden, und er wusste, dass Komfort und Luxus sie weit mehr interessierten als die Aussicht auf einen zärtlichen Abend mit Fertigpizza bei ihrem ältlichen Geliebten. Tatsächlich schien die Leidenschaft seiner schönen Freundin ein wenig abgekühlt zu sein, nachdem er den unüberlegten Ausgaben einen Riegel vorgeschoben hatte. Sie amüsierte sich lieber auf Partys von Designerfirmen, die sie umschwärmten, seitdem ihr Blog profitabel geworden war. Es war lächerlich, und Adrien fragte sich, was aus einer Gesellschaft werden würde, die junge Mädchen hofierte und sie mit Gold überschüttete, damit sie ihre Marke auf Instagram bewarben oder ihre neueste Kollektion in den sozialen Netzwerken erwähnten. Aber Juliette war glücklich, und ihre aktuelle finanzielle Unabhängigkeit ermöglichte es ihnen, ihren Lebensstandard aufrechtzuerhalten. Schließlich war er ja nur ein Zahnarzt, der darüber hinaus für den Unterhalt und die Ausbildung seiner jugendlichen Tochter bezahlen musste.

Adrien machte sich Sorgen um Laura, sein Ein und Alles, die wohl sein einziges Kind bleiben würde – was ihm im Übrigen sehr recht war. In den letzten Wochen hatte sie sich von ihm entfernt. Sie beantwortete nicht mehr so oft seine Anrufe und schickte nur noch selten SMS, obwohl sie sich sonst täglich Dutzende geschrieben hatten. Sie hatten Fotos von Speisen und Zeitschriftenartikeln, lustige Sprüche oder einfach nur ein paar Emojis als Zeichen ihrer Zuneigung geteilt. Als Laura ihrem Vater von ihrem Vorhaben erzählt hatte, nach vielen Jahren Pause wieder Klavierstunden zu nehmen, war Adrien ganz begeistert und vor allem stolz auf seine Tochter gewesen, die sie offenbar so gut erzogen hatten, dass sie lieber den Juli über mit der Musik flirtete als mit Touristen, die sie in den Bars im Osten von Paris kennenlernte. Doch die Wochen vergingen, und obwohl Laura ihren Eltern erzählt hatte, wie begeistert sie war, ihre alte Leidenschaft wiederentdeckt zu haben, war ihrem alten Vater, als würde ihm irgendetwas entgehen, ohne dass er genau wusste, woher dieser Eindruck kam.

»Bestimmt hat sie einen Freund«, hatte Juliette über ihr Handy gebeugt bemerkt, als Adrien sich ihr anvertraut hatte. Sofort hatte er es bereut, seine Sorgen mit seiner jungen Freundin geteilt zu haben. Es ging über seine Kräfte, sich vorzustellen, dass sein kleines Mädchen verliebt war, ja möglicherweise sogar Sex hatte. Außerdem verbrachte sie doch sehr viel Zeit beim Unterricht und übte abends zu Hause bei Alice die Stücke, wie seine ebenfalls erstaunte Exfrau ihm bestätigt hatte. Daher konnte er sich nicht vorstellen, wie Laura es schaffen sollte, irgendeine Beziehung zu haben. Vielleicht bildete er sich auch nur etwas ein. So war das Leben – langsam entfernten sich die Kinder von ihren Eltern, und selbst wenn sie eine gute Beziehung zueinander hatten, konnte man das nicht verhindern.

»Kommst du?« Die strahlende Juliette mit ihrem Strohhut auf dem Kopf hielt stolz die Flugtickets in die Luft, schoss ohne Vorwarnung eines ihrer berüchtigten Selfies und riss ihn damit abrupt aus seinen Gedanken.

»Du siehst nicht so aus, als ob du dich freust. Aber das Foto ist gar nicht schlecht, ich behalte es. Du siehst aus wie Mark Ruffalo.«

»Juliette, der ist mindestens fünfzig!«

»Ach, sei doch nicht beleidigt, viele würden sich freuen, mit ihm verglichen zu werden. Und alle meine Freundinnen finden ihn toll.«

Dann drückte sie ihm einen schallenden Kuss auf die Nase und erschreckte damit die anderen am Schalter. Adrien hatte sich inzwischen daran gewöhnt. Im Gegensatz zu vielen anderen Männern, die sich eine wesentlich jüngere Frau gesucht hatten, war er sich des offensichtlichen

Altersunterschiedes zwischen ihnen bewusst, der häufig die Spießbürger und seine Exfrau schockierte. Doch inzwischen war es ihm scheißegal. Er würde sich jetzt erholen, offline gehen, am Infinitypool faulenzen und auf die Vorurteile pfeifen. Und diese alten Männer in der Schlange, von denen man sich denken konnte, was die in Thailand wollten, die hatten schon gar nicht über ihn zu urteilen.

Nachdem sie in hervorragender Laune einige Gläser Champagner getrunken hatten, gingen Juliette und Adrien zum Gate. Sie waren angenehm beschwipst und kicherten wie Teenager, und zwischendurch küssten sie sich leidenschaftlich. Adrien schien es, dass das Leben gar nicht schöner sein konnte als in diesem Moment, so leicht fühlte er sich, befreit von allen Zweifeln und Qualen, die ihn in den letzten Monaten beschwert hatten. Er konzentrierte sich ganz auf die unmittelbare Zukunft, die zweifellos fantastisch sein würde.

Als die Stewardess ihre Bordkarten durch den Automaten zog, klingelte das Gerät. Da lächelte die junge Frau, als sie ihre konsternierten Gesichter sah, zerriss ihre Karten, hielt ihnen neue hin und verkündete dabei: »Sie sind die Glückspilze des Tages. Bitte schön, zwei Karten für die Business Class.«

»Wie bitte?«

Adrien traute seinen Ohren nicht. Er hatte immer davon geträumt, was ihm seine Freunde oder Freunde von Freunden erzählt hatten, die schon einmal ein Upgrade in die erste Klasse oder Businessklasse erhalten hatten, weil das Flugzeug überbucht war oder weil sie genügend Meilen gesammelt hatten. Er dagegen hatte sich bisher stets auf einen einfachen Platz in der Economy Class beschränken müssen, in der er stundenlang seine langen Beine einknicken musste. Juliette, die vor ihm begriffen hatte, welches Wunder geschehen war, stieß einen kleinen ekstatischen Schrei aus und küsste die Angestellte auf beide Wangen, bevor sie lachend den Korridor zum Flugzeug hinunterstürzte.

»Komm schon! Sonst nehmen sie sie uns wieder ab! Komm!«

Sie hüpfte herum, schüttelte sein Handgelenk, schwang ihren Strohhut und lud ihn mit einer Bewegung ihres charmanten Kinns ein, ihr zu folgen, während er sein Handy vor dem Betreten des Flugzeugs ausschaltete.

»Kommst du? Komm schon, sonst behauptest du doch immer, ich würde ständig am Handy hängen!«

Adrien schaltete sein Mobilgerät aus und dankte der guten Fee dafür, gleich in diesen luxuriösen Sitzen Platz nehmen zu dürfen. Zwar hatte Adrien jedes Mal Angst beim Abflug und umklammerte die Armlehnen, bis seine Knöchel weiß wurden, aber sobald sie ihre Flughöhe erreicht hatten und die Anschnallzeichen erloschen waren, würden Juliette und er bequem die Sitze zurückklappen, ihre Bordsocken anziehen, die Schlafmasken aufsetzen und Stöpsel in die Ohren stecken.

Das Leben war herrlich.

Und so überschritt Adrien fröhlich und voller Vertrauen die Grenze vom festen Boden hinein in das neueste Flugzeugmodell von Singapore Airlines.

EIN KOMMEN UND GEHEN

1.

»Bring mir mal den Eimer, dann zeig ich dir, wie man eine Sandburg baut!«

Fred war mit einem Satz von seinem Handtuch aufgesprungen. Er konnte es nicht mehr mit ansehen, wie Christophe sich mit den semiprofessionellen Werkzeugen abmühte, die er für seine Töchter besorgt hatte. Der Kerl war zwar nett, geschäftstüchtig und, wenn er sich Mühe gab, sogar lustig, aber wie ungeschickt er sein konnte! Charlotte und Marguerite umringten ihn sofort. Rasch drückte Fred Alice noch einen Kuss auf den Mund. Ihr Babybauch war unter dem Einteiler kaum erkennbar, und trotzdem bedeutete er für diesen eingefleischten Junggesellen, dessen neues Leben gerade erst begonnen hatte, schon die ganze Welt.

Er ließ den Blick über ihre kleine Gruppe wandern, die sich einträchtig in der winzigen bretonischen Bucht niedergelassen hatte. Alice las, auf die Ellbogen gestützt und mit einem Lächeln auf den Lippen. Éva faulenzte unter dem Sonnenschirm, während der kleine Jef neben ihr unter einer sehr hässlichen, aber angeblich durchaus praktischen Strandmuschel schlief. Mathilde tippte frenetisch auf ihrem Handy herum, was sie schon seit Anfang der Ferien ständig tat, denn sie flirtete mit ihrem Wasserskilehrer, für den sie jeden Morgen schon in aller Herrgottsfrühe aufstand. Lucie hatte es vorgezogen, zu Hause zu bleiben, und ihre beiden älteren Töchter kurzum und ohne sie groß zu fragen ihrem emanzipierten Vater anvertraut. Aber das war ja auch in Ordnung, denn schließlich mussten hier alle bei schönem Wetter die Kinder beschäftigen.

Fred hatte sich rasch in die Gruppe der vier Freundinnen und ihrer besseren Hälften integriert, die ohnehin in diesem Jahr ganz neu gemischt worden war. Ihm war es lieber so; es hätte ihn eher gestört, mit diesem Vincent zu tun haben zu müssen, dessen Status als bester Freund von Alices Exmann ihr Verhältnis nur verkompliziert hätte. Sie hatten inzwischen alle ihren Rhythmus gefunden, und jeder genoss diese zauberhafte Auszeit am Ende eines emotional schwierigen Jahres. Bald würden auch noch seine Schwester Anouk und ihr Sohn hinzustoßen, ebenso wie Jacques, den Fred wegen seiner Natürlichkeit noch mehr als die anderen schätzte.

»Los, schleich dich, du Großstadtamateur! Lass mal den Künstler ran.«

»Ich wusste gar nicht, dass die Bourgogne am Meer liegt«, schnaufte Christophe gespielt beleidigt.

»Ein Meer gibt es nicht, aber eine Hotelfachschule, an der man lernt, wie man Löcher in Mehl gräbt und meterhohe Torten auftürmt! Kinder, schaut gut zu und lernt! Eimer, bitte!«

Und die Kleinen befolgten seine Befehle und spielten gern mit, als er sie streng herumkommandierte.

»Schaufel!«

»Ja, hier, hier!«

»Es heißt: Hier, Chef!«

»Ja, Chef!«, wiederholten sie im Chor, unter dem amüsierten Blick von Éva, die aus ihrem Mittagsschlaf erwacht war.

»Na, Frau, willst du uns helfen?«, warf er ihr scherzhaft zu.

»Ich tue nichts ohne die Erlaubnis meines Herrn«, erwiderte sie mit zuckersüßer Stimme.

Und während sie vor Glück seufzte und sich angenehmen Tagträumen hingab, klingelte plötzlich das Handy in ihrer Tasche.

»Mist, ich hab vergessen, es stumm zu schalten. Gleich weckt es noch den Kleinen auf!«

Und tatsächlich fing Jef an zu brüllen, so laut, dass Fred nicht mehr verstand, was gesagt wurde. Éva hielt sich mit der freien Hand das Ohr zu, um den Anrufer besser verstehen zu können, und schrie fast in den Hörer.

»Wann ist es passiert? Aber … Wie denn? Ich verstehe das nicht. Drücken Sie sich klarer aus, um Himmels willen! Sind Sie sicher?«

Dann trat wieder Stille ein, wobei sich Mathilde ihrer Freundin beunruhigt näherte, um sie in die Arme zu nehmen. Alice saß da wie versteinert, zitternd und ohne sich rühren zu können.

»Ja. Unter dieser Nummer. Alles klar«, sagte Éva mit leiser Stimme und legte vorsichtig das Handy auf das Handtuch.

Jef hatte aufgehört zu weinen, als hätte er gespürt, welches Drama sich in seiner Nähe abspielte. Mathilde war die Erste, die das Schweigen brach:

»Liebes? Was ist denn passiert?«

Da hob Éva den Kopf, sah sie benommen an, als würde sie sich jetzt erst ihrer Anwesenheit bewusst, und antwortete mit monotoner Stimme:

»Er ist tot.«

»Wer ist tot?«

Die Frage kam von Charlotte, und dann gesellte sich auch Marguerite hinzu, genauso neugierig wie ihre Schwester, und sah die Erwachsenen forschend an.

»Niemand. Das ist nichts für Kinder.«

Éva geriet in Panik und forderte Mathilde mit einer Kinnbewegung auf, die Kinder wegzubringen, die besser nichts mitbekommen sollten.

»Soll ich sie nach Hause bringen?«, schlug Fred vor.

»Nein, du musst hierbleiben«, flüsterte Éva.

Dann blickte sie alle der Reihe nach an und schien im Geiste zu überlegen, wem sie die Aufgabe übertragen könnte. Dann fuhr sie mit fester Stimme fort:

»Christophe, vielleicht wäre es besser, wenn du mit den Mädchen vorgehst. Mathilde, möchtest du ihn begleiten oder hierbleiben?«

»Ich weiß nicht. Éva, du machst mir Angst.«

»Bitte bleib hier, wir brauchen dich«, murmelte Éva.

Während Christophe hektisch die Sachen der Kinder packte, bückte sich Mathilde, die sich heldenhaft zusammenriss, und zog den Kindern die Sandalen über die sandverkrusteten Füße. Das Ganze vollzog sich in bedrückendem Schweigen. Als hätten auch sie den Ernst der Lage erfasst, zogen sich allmählich die Wolken am Himmel zusammen und verbargen schließlich die Sonne. Es wurde kühl. Éva fröstelte, ebenso wie Alice, die sich in Freds Arme schmiegte. So gut es ging versuchte er, sie zu wärmen.

Wen konnte dieser Tod betreffen? Alice hatte mit fünfzehn ihre Mutter verloren. Ein Anruf, der sie mitten im Hochsommer erreichte und der sie brutal zum Erwachsenwerden gezwungen hatte. Von dem Tag an war sie überzeugt, dass sie ihr Glück nur einer Reihe zufälliger Umstände verdankte, für die sie nichts konnte. Ein Lkw mit überhöhtem Tempo konnte ihr Laura für immer entreißen, eine Krebserkrankung sie in wenigen Monaten dahinraffen und ihrem eigenen Kind die Mutter rauben, wie es bei ihr gewesen war. Und Fred, den sie endlich gefunden hatte – auch bei ihm bestand die Gefahr, dass er von einem Tag auf den anderen plötzlich verschwinden würde. Ein Herzinfarkt – das kam häufig vor in seinem Alter, vor allem bei Bonvivants –, ein Bissen in der Speiseröhre, ein Kreislaufkollaps im Schlaf … Diese tragischen Szenarien spielten sich oft vor ihrem inneren Auge ab und machten ihr Angst. Und jetzt war sie sich sicher, dass die Nachricht sie betraf. Alice versenkte ihren vorwurfsvollen Blick in den von Éva, als ob die Botin die Schuld am Unglück träfe. Dennoch würde sie es sein, die es ihr sagen würde, das wusste sie. Die Bestätigung erhielt sie, als ihre Freundin ihren Blick nicht länger aushalten konnte und ihr stille Tränen über die blassen Wangen rollten.

»Kommt, Kinder. Sagt tschüss! Bis gleich!«, rief ihnen Christophe gespielt fröhlich zu, konnte damit aber die beiden Mädchen nicht täuschen, die er mühevoll über die Felsen drängte, über die man klettern musste, um zum Auto zu gelangen.

Regentropfen fielen, erst nur wenige, doch dann öffneten sich auf einmal die Himmelsschleusen. Keiner reagierte darauf.

»Wer ist gestorben?«, fragte Alice mit zitternder Stimme.

Aufsteigende Wut schnürte ihr die Kehle zu.

Von Schluchzen geschüttelt, ging Éva langsam auf Alice zu, während Fred und Mathilde ungläubig diese vollkommen irrationale Szene beobachteten, die jäh ihre unbeschwerten Sommerferien unterbrach.

»Alice … Es ist Adrien. Er … Er war mit Juliette in Thailand. Sie waren tauchen. Alles war in Ordnung, es ging ihm gut. Doch als sie zum Abendessen gehen wollten, wurde ihm plötzlich übel. Probleme mit der Dekompression. Die Taucherkrankheit. Ich … Sie konnten nichts mehr für ihn tun –«

»Was redest du denn da? Ich verstehe kein Wort!«

Alices Stimme war um eine Oktave gestiegen, erfüllt von einer Wut, der Éva nichts entgegenzusetzen hatte.

»Was soll das heißen, sie konnten nichts für ihn tun?«

»Er ist beim Tauchen zu schnell aufgestiegen. Das hat sein Körper nicht ausgehalten. Das passiert offenbar manchmal. Es wurde ein Arzt gerufen, aber der konnte nur noch … Viel mehr weiß ich nicht. Es tut mir so leid. Oh, meine Alice!«

Doch als sie sich ihr näherte, um sie in die Arme zu nehmen, stieß Alice sie gewaltsam zurück:

»Warum? Warum benachrichtigt man dich? Ich bin schließlich noch seine Frau, oder?«

Fred fuhr zusammen. Aber niemand achtete auf diesen Reflex der Eifersucht, den er sich auch sofort verbot.

»Juliette hat Vincent informiert, aber er war nicht fähig, dich anzurufen. Er ist am Boden zerstört. Ich habe auch nicht mit ihm gesprochen. Es war eine Frau. Seine Freundin, wenn ich recht verstanden habe. Sie war bei ihm, als Vincent den Anruf erhalten hat.«

»Nein. Das ist ein Albtraum, gleich wache ich auf. Das ist doch Wahnsinn! Adrien? Tot?«

Alice stieß mit Mühe hervor, was alle empfanden. Das ergab irgendwie überhaupt keinen Sinn.

»Und warum ruft diese Unbekannte, die den Tod von Vätern verkündet, nicht mich an? Was? Warum nicht? Warum ruft die Gespielin deines Exmannes dich an, um zu sagen, dass mein Ehemann ...«

Alice brüllte jetzt. Regentropfen mischten sich in die Tränen, die ihr über das Gesicht liefen. Sie war jetzt knallrot vor Wut, Unglauben und Zorn auf das Schicksal, das sich gegen sie verschworen zu haben schien. Warum ich?, wollte sie sagen. Denn was bedeutete es denn am Ende schon, ob die Unbekannte sie oder Éva angerufen hatte? Nein, was sie wirklich wissen wollte, war: Warum schon wieder sie? Warum nicht du?, hätte sie ihr am liebsten ins Gesicht geschleudert. Éva hatte in ihrem ganzen Leben immer nur Glück gehabt. Sie war bei liebevollen und gesunden Eltern in Wohlstand aufgewachsen. Ja, wie leicht sie es immer gehabt hatte! Doch plötzlich schämte sie sich wegen ihres Neides. Wie konnte sie nur so etwas denken? Wie konnte sie nur den Tod von Adrien gegen den von Vincent oder Jacques eintauschen wollen, selbst mit dem Argument, dass es doch eine Gerechtigkeit auf Erden geben müsse?

»Ich weiß es nicht, Liebes. Ich kann mir nur vorstellen,

dass Vincent glaubte, es sei besser, wenn ich es dir sage anstatt dieser Frau. Aber das ist doch ganz egal, oder?«

»Ich weiß nicht. Ich … Laura!«

Alice riss entsetzt die Augen auf und erfasste plötzlich das ganze Ausmaß dieses Dramas, obwohl sie aufgrund der Trennung streng genommen nicht mal Adriens Witwe war. Sie trug die Frucht der Liebe zu diesem anderen Mann in sich, den sie, seitdem sie von der Schwangerschaft erfahren hatte, zurückwies, ohne zu wissen, warum. Adriens und ihre Wege hatten sich definitiv getrennt, nachdem sie im Winter zuvor einen letzten Versöhnungsversuch unternommen hatten. Doch es gab ein Element, das sie für immer verband, und das war ihre einzige Tochter, das Schönste, was sie gemeinsam zustande gebracht hatten, ihr ganzer Stolz, für den sie sich geschworen hatten, immer gemeinsam einzustehen. Sie wollten weiterhin Lauras Geburtstag im Kreise der Familie feiern und notfalls täglich telefonieren, wenn ihr Wohlergehen davon abhing. Laura, die ihren Papa so sehr liebte, die sich so gut mit ihm verstand und die vor allem in den letzten Wochen so sensibel war. Laura, die von jetzt an nur noch einen Fels in der Brandung hatte. So jung einen Elternteil zu verlieren – Alice wusste, was das bedeutete: die Pflicht, gefasst zu reagieren, da man schließlich kein Kind mehr war und die Gesellschaft den Lebenden auferlegte weiterzumachen, ohne ihre Toten zu sehr zu beweinen; stark sein zu müssen, immer, und nicht der Versuchung nachgeben dürfen zusammenzubrechen. Doch mit fünfzehn einen Elternteil zu verlieren, das bedeutete auch ein Gefühl der Unvollständigkeit, das einen nie ganz verließ, dieses tief verwurzelte Verlassensein, als wäre man in einem Supermarkt vergessen worden, begleitet von der immer wieder aufkeimenden Hoffnung, einfach zur Dame an der Information gehen zu können und sich ausrufen zu lassen: »Die kleine Laura erwartet ihren Papa an der Hauptkasse«, und dass daraufhin alles gut werden würde. Denn das war doch verrückt, das alles, absolut unfassbar, sollte das ein Witz sein oder was? War es überhaupt sicher, dass er tot war? Ihr Adrien, ihre Jugendliebe, dieser verrückte Kerl mit dem wuscheligen Haar, mit dem breiten Lächeln und dem immer etwas schlampigen Auftreten? Und dieser Körper, den sie so oft in den Armen gehalten hatte, an dem sie sich im Winter gewärmt hatte, an den sie sich im Sommer unter den Decken von tausend exotischen Hotels geschmiegt hatte, die sie kennengelernt hatten, weil sie so gern mit Laura verreisten. Konnte er sich wirklich heute im Keller eines thailändischen Krankenhauses befinden, unter einem klammen Tuch, seine Hochzeitsuhr noch am Handgelenk, seine Brille schief auf seinem kalten und stummen Gesicht? Alice schwirrte der Kopf. Laura, Adrien, ihre kleine Wohnung am Hippodrome de Vincennes, wo das Baby zu ihren Füßen schlief, in diesem Weidenkorb, den sie überallhin mitschleppten, der Unfall ihrer Mutter, das Restaurant, der Verrat Adriens, ihre so starke Liebe, dass sie überzeugt waren, mehr als irgendjemand sonst, dass sie Hand in Hand sterben würden, hochbetagt, in diesem Ehebett, das sie so viele Nächte ihres Erwachsenenlebens beherbergt hatte, und dann die Kälte, die Dunkelheit, endlich Fred, das Baby, alles wirbelte schwindelerregend in ihrem Kopf herum. Und dann wurde plötzlich alles still.

Alice traf mit einem dumpfen Schlag auf dem inzwischen nassen Sand auf. Fred stürzte zu ihr.

2.

»Madame? Madame, hören Sie mich?«

Zuerst nahm sie den Geruch war. Wie damals, als sie fünfzehn war. Den Geruch nach Desinfektionsmittel, den sie seit dem Tod ihrer Mutter nie wieder in der Nase haben wollte, weshalb sie sich weigerte, ihre Freundinnen im Krankenhaus zu besuchen, obwohl sie sich dafür schämte und schuldig fühlte. Doch ihr wurde davon schlicht und ergreifend übel.

Als Nächstes folgte die merkwürdige, bedrückende Empfindung, aufgeschlitzt, punktiert worden zu sein. Die Infusion, die ihren linken Arm blockierte, und die steifen Bettbezüge, die ihre nackten Schenkel bedeckten. War sie gezwungen, die Lider zu öffnen und der Realität wieder ins Auge zu blicken, die ihr viel zu hart erschien? Sollte sie nicht lieber weiterhin diesen chemischen Kokon genießen, in den sie gewiss die Beruhigungsmittel getaucht hatten, die man ihr gegeben hatte? Adrien war tot. Und diese bittere Wirklichkeit traf sie erneut wie ein Blitz, als sie den Blick der über sie gebeugten Krankenschwester kreuzte. »Madame, Madame!« Hinter ihr erkannte Alice die imposante Gestalt des sichtlich beunruhigten Frédéric, der die ganze Zeit an ihrem Bett ausgeharrt hatte. Aber sie wollte ihn nicht sehen. Nicht jetzt. Sie wollte allein sein mit ihrem Schmerz und den Erinnerungen an dieses vergangene Leben ohne ihn, das sie so gern noch einmal gekostet hätte, Stück für Stück, bevor die Hässlichkeit dieses Toten, der begraben, aufbewahrt, eingepackt und in vier Wände gequetscht werden musste, die Süße dieser immer noch schönen Bilder einer Vergangenheit auslöschte, die die ihre gewesen war und die seine, ein großer Teil ihrer Existenz. Also schloss sie erneut die Augen. Sie rief die Erinnerung an das erste Weihnachten hervor, das sie zusammen mit Laura verbracht hatten. Sie schlief in ihrer Wiege vor dem viel zu großen Weihnachtsbaum, den sie in ihrem bescheidenen Apartment an der Avenue de Vincennes aufgestellt hatten. Draußen fiel dichter Schnee auf die mit Lichterketten geschmückte Stadt, und das Baby war so klein und unschuldig. Adrien beugte sich über seine Tochter, und die braunen Locken fielen ihm in die feuchten Augen. Er hielt Alice eine Champagnerflöte hin, in der Hocke sitzend, an den winzigen Kamin gepresst, den sie hatten reinigen lassen, weil es doch Unsinn gewesen wäre, einen Kamin zu haben und ihn nicht zu benutzen. Und dann ihr Wochenende in Prag, wo sie so gefroren hatten, dass sie sich in dieses große russische Restaurant geflüchtet hatten, um dort einen Glühwein zu trinken, und wo sie laut über die feindselige Haltung ihrer Kellnerin gelacht hatten, einer stämmigen Matrone, die Adrien aus Jux und Tollerei in unverständlichem Englisch herumkommandiert hatte. Damit hatte er sie so wütend gemacht, dass Alice sich schließlich vor Scham versteckt hatte. Und dann diese Nacht in Spanien, in der sie bis in den frühen Morgen getanzt hatten, aneinandergeschmiegt zwischen den

Touristen und den betrunkenen Einheimischen. Anschließend hatten sie sich vier-, fünfmal geliebt, selbst erstaunt über diese wiedererwachte Leidenschaft nach all den gemeinsamen Jahren. Diese Erinnerungen zogen eine nach der anderen durch ihr vernebeltes Gedächtnis, ohne dass Alice versuchte, ihren Reigen zu unterbrechen. Im Gegenteil, sie hätte gern für immer diesen kostbaren Moment genossen, in dem sie voller Glück ihre verflossene Liebe erneut noch einmal durchlebte, ohne dass man sie daran hinderte, sie ausfragte oder gar ermahnte. Denn zwar hatte sie zwei Jahrzehnte mit dem Verstorbenen verbracht, wie er ab jetzt genannt werden würde, aber sie war nicht seine Witwe. Und außerdem musste sie an Laura denken, die sie brauchte und für die es so schwer werden würde. Schluss mit dem Diavortrag, sie musste zurückkehren an die Oberfläche. Zu dem Baby. Und zu Fred.

Also öffnete sie die Augen, voller Widerwillen, aber in dem Wissen, sich dieser grausamen Prüfung aussetzen zu müssen.

»Alice! Wie geht es dir? Ich habe solche Angst um dich gehabt!«

»Das Baby?«, fragte sie, als ihr bewusst wurde, dass ihre Ohnmacht möglicherweise eine Gefahr für das Kleine bedeutet hatte. Es war auf eine gesunde Mutter angewiesen.

»Dem geht's gut, keine Sorge. Und dir ist auch nichts passiert. Aber du hast so furchtbar geschrien, es war, als hättest du uns gar nicht mehr wahrgenommen. Die Ärzte haben dir vorsichtshalber ein leichtes Beruhigungsmittel gegeben. Du hast ein bisschen geschlafen. Laura hat angerufen. Ihre Großmutter hat es ihr schon gesagt.«

»Diese alte Hexe!«, ereiferte sich Alice, die jetzt ganz wach war, aufgeschreckt von dieser Nachricht, die sie sofort aus der Fassung brachte.

Wenn es eines gab, das sie nach der Trennung von Adrien nicht vermisst hatte, dann dessen Mutter Suzanne. Sie war bösartig, manipulativ und unfähig, ihrem Sohn irgendeine Form von Glück zu gönnen, über das sie nicht die Kontrolle hatte. Alice gegenüber hatte sie stets einen irrationalen, spürbaren Hass empfunden, der ihnen allen das Leben sauer gemacht hatte. Und erneut hatte sie jede Höflichkeit außer Acht gelassen und ausgerechnet jetzt ihre Enkelin angerufen, obwohl sie in den letzten sechs Monaten nicht ein einziges Mal das Bedürfnis dazu gehabt hatte. Ihr Baby, ihre Laura! Was dachte die sich eigentlich? Wie konnte man nur so verantwortungslos sein? Fred, der ihre Gedanken erriet, versuchte, sie zu beruhigen:

»Mach dir keine Sorgen, ich habe mit Laura gesprochen. Es geht ihr natürlich nicht gut, aber sie ist gefasst und sorgt sich um dich. Sie kommt gleich mit dem nächsten Zug. Anouk und Jérémy begleiten sie. Das erschien mir sicherer, und ich dachte, dass der Kleine sie vielleicht etwas ablenken könnte.«

Alice machte sich jetzt Vorwürfe, weil sie sich gewünscht hatte, dieser Mann würde gehen, den sie so sehr liebte und der nichts dafür konnte, dass er Adrien in ihrem Herzen gefolgt war. Natürlich war das die beste Lösung, und wie jedes Mal, wenn er eine Sache in die Hand nahm, hatte er die richtige Entscheidung getroffen, das richtige Gespür gehabt, und zwar, ohne dabei ihre Autorität als Mutter infrage zu stellen.

»Komm her«, flüsterte sie, als die Krankenschwester diskret gegangen war, um sie allein zu lassen.

Sie wollte ihm die Arme um den Hals legen und stieß einen kleinen Schmerzensschrei aus, als sie dabei zu stark an der Infusion zog.

»Pass auf, Schatz!«

Fred setzte sich auf das Bett und versuchte, seine große Gestalt auf das schmale Krankenlager zu hieven, und legte seine Stirn auf ihre Brust, als ob sie ihn trösten müsse. Während sie ihm sanft das Haar streichelte, spürte er, wie Tränen über seine Stirn liefen, die er nicht zu trocken versuchte. Bei einem so großen Kummer musste man den Schmerz rauslassen, das wusste er.

»Weine. Weine jetzt, das ist besser. Du brauchst Kraft für Laura. Ich bin bei dir.«

Da weinte sie wieder und ließ es zu, dass die unendliche Trauer über diese Vergangenheit ihren Ausdruck fand, die sich allmählich verflüchtigte, und über diese schreckliche Situation, in der sie sich irgendwie positionieren musste.

»Hast du noch etwas gehört?«, fragte sie schließlich. »Von dem Unfall. Was ist passiert?«

»Man weiß es nicht genau. Ein Problem mit der Dekompression, das scheint manchmal vorzukommen. Er hat sich nicht an die Tauchregeln gehalten. Es wird eine Untersuchung geben.«

»Außerdem hat er niemals Sport getrieben. Bestimmt wollte er wieder nur seine junge Tussi beeindrucken …«

»Klopf, Klopf, dürfen wir reinkommen?«

Mathilde, Éva und Lucie lösten Fred ab, damit dieser zum Bahnhof fahren konnte, um Laura und die anderen abzuholen. Mathilde hatte wieder einmal ihre tragische Maske für große Ereignisse aufgelegt und war in die Rolle der Organisatorin geschlüpft, die um die bevorstehenden Verwaltungsangelegenheiten wusste und sich darum kümmern würde. Éva war sich sichtlich unsicher, wie sie sich verhalten sollte, und hatte sich praktisch hinter Lucie versteckt, obwohl diese ihr nicht genügend Deckung bot. Lucie war sehr schmal, ja, mager geworden – Alice bemerkte es erst jetzt.

»Dann lasse ich euch jetzt allein. Passt ihr gut auf sie auf?«

»Du kannst auf uns zählen!«, antwortete ihm Mathilde ernst und ging bereits zu Alices Bett, gemessen wie in einem Trauerzug.

Sie übertrieb gewaltig, und Fred ahnte jetzt schon, dass er diese Haltung nur schwer würde ertragen können, wenn sie sie in den nächsten Tagen beibehielt. Es gab Menschen wie Mathilde, die sich daran ergötzten, die großen Tragödien des Lebens übertrieben darzustellen, als müssten sie etwas beweisen, als würde ihnen dafür beim Jüngsten Gericht eine Auszeichnung zuteil. Daher schloss Fred mit Erleichterung die Zimmertür, so wie man einen Kinosaal verlässt, nachdem man festgestellt hat, dass der Film Mist ist.

16 Uhr 12. Ihm blieb nur noch eine knappe halbe Stunde für die Fahrt zum Bahnhof. Er beschloss, Anouk anzurufen, um sich nach der Kleinen zu erkundigen, und ihr Bescheid zu sagen, dass er sich eventuell etwas verspäten würde. Jetzt war auf keinen Fall der richtige Moment, auf den schmalen Straßen den Rennfahrer zu spielen.

Nachdem er Anouk erreicht hatte, schaltete Fred das Radio ein, um etwas Ruhe vor dem Sturm zu finden. Er musste sich um das Abendessen kümmern, und sie mussten vor den Kindern Fröhlichkeit heucheln, wobei er sich dafür nicht besonders würde anstrengen müssen. Er war nicht traurig. Natürlich taten ihm Alice und Laura leid. Ihn schmerzte der Kummer dieser beiden Frauen, die den Mittelpunkt seines Lebens bildeten. Doch wenn er ganz ehrlich war, war ihm der Tod dieses Typen ziemlich egal, der zutiefst egoistisch und oberflächlich gewesen war. Fred hatte nie verstanden, was eine Frau wie Alice an ihm gefunden hatte. Sie würden ihren Urlaub abbrechen müssen, diese wenigen glücklichen Tage, nach denen sie sich so gesehnt hatten, diese drei kurzen Wochen wohlverdienter Erholung vor der Eröffnung des zweiten Restaurants. Er würde darauf verzichten und seinen Urlaub neu organisieren müssen, um Alices Exmann zu begraben und den Schaden zu reparieren, den er angerichtet hatte. Durch das Autofenster bewunderte er jetzt trotz der doch recht schnellen Fahrt die herrliche Landschaft der windgepeitschten Bretagne, während die Sonne an einem wolkenlosen Himmel unterging. Überall entlang der Straße strebten Urlauber mit sandigen Füßen, Strandutensilien und durch das eisige Wasser geröteter Haut nach Hause, um ein warmes Bad zu nehmen, eine heiße Schokolade zu trinken und anschließend mit der Familie Karten zu spielen, bevor die Abendkälte sie mit einem wohlverdienten Aperitif rings um ein großes Kaminfeuer vereinte. Dann riss ihn das Klingeln seines Handys aus den angenehmen Gedanken.

3.

»Hallo, Schatz, was machst du denn hier? Mit den Kindern? Wo sind die anderen?«

Christophe war ins Haus gestürmt, begleitet von seinen lärmenden Töchtern, die ihre Schaufeln, Eimer und Strandtücher einfach auf den Boden geworfen und sich danach auf die Speisekammer gestürzt hatten. Er wirkte ganz panisch, die Arme beladen mit Strandtaschen, die Haare wirr von Wind und Meerwasser, und sah sie mit dem verzweifelten Ausdruck eines Mannes an, der sich nicht mehr zu helfen weiß.

»Wo ist Winnie?«

»In ihrem Zimmer, sie hat Mittagspause. Warum?«

Ohne sich die Zeit zu nehmen, ihr zu antworten, eilte Christophe zur Treppe, läutete dreimal kurz die Schiffsglocke mit dem kleinen Kupferanker und trat – wie Lucie von der unteren Etage her feststellen konnte – vor Ungeduld von einem Fuß auf den anderen, bis das Kindermädchen ihm endlich antwortete. Dann flüsterte er einige Worte, die sie nicht verstehen konnte, und dann kam Winnie herunter, das Gesicht noch zerknittert vom Mittagsschlaf, dicht gefolgt von Christophe. Es musste sich schon um eine ernste Sache handeln, wenn Christophe sich einen solchen Verstoß gegen die Vereinbarungen zwischen Winnie und der Familie Chevreux erlaubte. Ausgerechnet er, der seit seiner kürzlichen Verwandlung kaum noch anderen Befehle erteilen mochte. Als hätte man ihr eine wichtige Mission anvertraut, marschierte Winnie zu den Kindern hinüber, befahl ihnen, sich an den großen weißen Holztisch zu setzen, jedes an seinen Platz, und dort die Kekse zu Ende zu essen. Sie hatten sie ohne zu fragen aus der Dose gemopst, die auf der breiten Frühstückstheke in der Küche stand.

»Komm mit, ich muss mit dir reden.«

Christophe zog Lucie in ihr Zimmer, das größte im gemeinsamen Ferienhaus. Die Chevreux hatten sich bemüht, als Erste einzutreffen, da sie aus Erfahrung wussten, dass man sich dann die schönsten Räume aussuchen konnte. So war es, und so war es immer schon gewesen, und selbst die Bescheidensten im Freundeskreis hatten nie von sich aus das winzige Extrazimmer ohne Bad belegt, das es in jedem anständigen Ferienhaus gab. Auf ihrem großen Bett mit fein bestickter Bettwäsche lagen ein Spiralheft und einige Blätter Papier herum, was Lucie gar nicht ähnlich sah, und daneben ihr Handy, das ständig blinkte. Christophe hatte keine Zeit, sie danach zu fragen, ja, er achtete gar nicht darauf.

»Was geht hier vor? Wo sind die anderen? Und warum hast du die Kinder mitgebracht? Ist etwas passiert? Hat Mathilde beim Wasserski einen Unfall gehabt? Oder geht es um die Sache mit ihrem Lehrer?«

»Lucie, ich glaube, dass es ernst ist, aber ich weiß nicht viel. Ich musste rasch die Kinder wegbringen, damit sie nicht alles mithören.«

»Was sollten sie nicht hören? Christophe, jetzt drück dich doch mal klarer aus, du bist ja ganz konfus!«

Und da erzählte er ihr alles. Von dem Anruf, den Éva erhalten hatte, von ihrem entsetzten Gesicht. Und dann die Nachricht von diesem Tod, die den fröhlichen Sommernachmittag verdunkelt hatte.

»Vincent? Glaubst du, er ist es? Oder Jacques? Hast du ihn angerufen?«

Christophe hatte gar nicht an Jacques gedacht, seinen Kompagnon und Freund. Aber wenn er es sich recht überlegte, wäre Éva dann weitaus fassungsloser gewesen. Und außerdem …

»Raph hätte mich angerufen.«

»Du hast recht. Außerdem habe ich mit ihm telefoniert. Dann hätte er es mir doch gesagt.«

Christophe erstarrte, beunruhigt von dieser Kommunikation zwischen Lucie und demjenigen, der seine Sicherheiten erschüttert hatte und seine Sinne erregte.

»Warum hast du mit ihm telefoniert?«

Lucie, die dabei war, die verstreuten Zettel auf dem Bett zusammenzusuchen, antwortete, ohne ihn anzusehen:

»Ach, nichts Besonderes. Eine Bekannte hat einen Trainer gesucht. Da ich gerade nichts zu tun hatte und mich nicht um die Kinder kümmern musste, habe ich ihn heute Nachmittag angerufen. Er ist ganz allein in Paris, wusstest du das? Jedenfalls hat er nicht mit mir über Jacques geredet, oder doch, eigentlich schon. Ich habe ihn eingeladen, uns mit ihm zusammen nächstes Wochenende besuchen zu kommen. Sie fahren gemeinsam mit dem Zug. Ich habe mir gedacht, dass es dich freuen würde, deine Freunde zu sehen, und mir würde es guttun, mich ein bisschen zu bewegen. Obwohl ich mir vorstellen könnte, dass das im Moment keine Priorität hat.«

In diesem Moment klingelte Lucies Handy. Beide zuckten zusammen und blickten erschrocken auf das Display.

»Es ist Mathilde«, flüsterte Lucie und drehte sich zu dem Spiegel ihr gegenüber um. Dabei kniff sie sich voller Abscheu in ein winziges Stück Haut, das über ihrer weißen Jeansshorts hervorschaute, bis sie Christophes Blick traf. Er war entsetzt, dass sie sogar in einer solchen Situation nur um sich und ihren Körper kreiste.

Sie drehte ihm den Rücken zu, hielt sich am Griff des Fensters fest und blickte zum Hafen, wo sich die Masten der Boote beruhigend und malerisch wiegten.

»Was? Was ist das denn für eine verrückte Geschichte? Bist du sicher? Okay. Wartet auf den Krankenwagen. Die Arme! Oh mein Gott, wie entsetzlich! Was für ein Schicksalsschlag!«

Sie schüttelte den Kopf und zupfte nervös an der kleinen Strähne, die aus ihrem fröhlichen hohen Pferdeschwanz geschlüpft war, der ihr sommerliches Outfit komplettieren sollte. Von hinten sah sie aus wie ein Kind. Christophe fiel zum ersten Mal auf, wie mager seine Frau geworden war. Lucie war ohnehin schon sehr schmal, aber seit einigen Wochen strebte sie ein noch dünneres Körperbild an. In den Hochglanzmagazinen starrte sie lange die ganz jungen Mädchen an, die dem weiblichen Geschlecht ihre geschminkte präpubertäre Magerkeit als elegantes Stilvorbild präsentierten. Das war reiner Wahnsinn. Sie wollte sich doch nicht etwa mit diesen rachitischen Gören messen, denen die Jugend gestohlen wurde? Die meisten dieser Models aus allen Ecken der Welt waren noch die reinsten Kinder, wenn sie vor die Kameras der Fotografen geschickt wurden, die immer jüngere, immer weiter von der Wirklichkeit entfernte Models verlangten. So abgefeimt arrogant, wie die guckten, nahmen die doch alle Drogen. Was wüsste er schon vom Körper der Frauen?, hatte ihm Lucie schroff entgegnet, als er sie darauf angesprochen hatte. Daraufhin war Christophe zurückgerudert. Er hatte keine Lust, sich mit seiner energischen Ehefrau anzulegen, die er sowieso nicht überzeugen konnte. Vor allem nicht seit diesem Abend mit ihrer Mutter in Saint-Tropez, der Lucie in eine fürchterliche Laune versetzt hatte, ohne dass er wusste, warum. Catherine hatte die Gabe, ihrer Tochter das Leben zu vermiesen. Immer musste sie sie schlechtmachen: Sie sei zu farblos und weder umgänglich noch bemerkenswert genug, um würdig ihre angeblich so außergewöhnliche alte Familie aus dem niederen Adel zu vertreten.

Lucie beendete das Gespräch, und als sie sich zu ihrem Mann umdrehte, war ihr Gesicht ernst und sorgenvoll. Offensichtlich malte sie sich bereits das Ausmaß der Konsequenzen aus, die dieser Tod für sie alle haben würde, direkt oder indirekt.

»Mist, dieser Vollidiot! Konnte er nicht nach Korsika oder Italien fahren, wie alle anderen auch?«

»Wie bitte? Wer? Welcher Idiot? Klärst du mich bitte mal auf?«

Niedergeschlagen erzählte sie es ihm. Dabei hatten sie geglaubt, mit ihm fertig zu sein, mit diesem treulosen Kerl, der aus heiterem Himmel Alice für diese junge Dumpfschnepfe verlassen hatte, weil er noch mal einen zweiten Frühling erleben wollte. Jemanden wie Alice hatte er gar nicht verdient, da waren sie alle einer Meinung, besonders die stolze, rachsüchtige Lucie. Doch jetzt würde diese plötzliche große Leere Adrien im Zentrum ihrer Diskussionen ersetzen. Es gab logistische und finanzielle Probleme zu klären, und sie mussten sich um Alice und Laura kümmern, die am Boden zerstört sein würden. Lucie mochte Laura, sie liebte ihre Frechheit, Fröhlichkeit und Sorglosigkeit. Arme kleine Laura. Ein Glück, dass Fred da war.

Sie sahen aus wie Landstreicher. Anouk trug eine buntscheckige Haremshose und ein zu enges T-Shirt, und ihre feinen Haare hatte sie oben auf dem Kopf mit einem Haargummi zusammengefasst – ein Haargummi, Anouk! Auf den Schultern trug sie einen riesigen Rucksack, in dem man eine Leiche hätte transportieren können, und diese Vorstellung, die Fred normalerweise amüsiert hätte, ließ ihn diesmal erschauern, als er Laura ansah, die ihm verhalten zulächelte. Jérémy tappte tapfer neben ihr her, seinen Rucksack fest auf den schmalen Schultern, das Gesicht gebräunt von der Woche im Ferienlager, die ihm sein großzügiger Onkel spendiert hatte. Fred, hör auf, dich wie sein Vater aufzuführen. Ich kann ja wohl meinen Sohn noch selbst in die Ferien schicken, hatte sich Anouk aufgeregt, die sich für unglaublich reich hielt, seitdem sie eine berühmte Schauspielerin in einer französischen Serie synchronisierte. Doch Fred versuchte, sie zur Vernunft zu bringen, vor allen Dingen, da sie die paar tausend Euro, die jetzt jeden Monat auf ihr Konto flossen, investierte, um mit

Schauspielerfreunden ein eigenes Stück auf die Beine zu stellen. Ehrlich gesagt hatte er von vornherein keine Lust, es sich anzusehen. Jérémy rannte auf ihn zu.

»Onkel Fred!«

Frédéric umarmte ihn zärtlich. Mit einem Arm hielt er weiterhin Jérémy fest, und den zweiten streckte er nach Laura aus, die mit der Nase über das Smartphone gebeugt war.

»Komm auch in meine Arme«, flüsterte er ihr zu, denn er hätte jetzt am liebsten beide fest an sich gedrückt.

Fred kannte das junge Mädchen fast schon von Geburt an. Vor seinen Augen war das winzige Baby, das Alice ihm eines Tages im Restaurant präsentiert hatte, viel zu schnell zu einem kleinen, neunmalklugen Mädchen herangewachsen, das manchmal in seinem Büro spielen durfte, wenn Alice keine Betreuung für sie hatte und auch Adrien sich nicht um sie kümmern konnte. Während dieser Zeit war eine enge Bindung entstanden, die auf Unausgesprochenem beruhte, der Respektierung ihrer Grenzen und gegenseitiger Zuneigung. Jedoch war Adrien immer ein engagierter Vater gewesen – in dieser Hinsicht war ihm nichts vorzuwerfen, ganz im Gegenteil. Er hatte Alice bei ihrer beruflichen Neuorientierung unterstützt, als Laura noch ganz klein gewesen war, und seine eigenen möglichen Karrierewünsche hintangestellt. Andererseits war Fred immer davon überzeugt gewesen, dass ihm diese Situation durchaus behagte, da er sich unter dem Vorwand familiärer Gründe gar nicht erst auf einen Konkurrenzkampf einzulassen brauchte. Adrien und seine Tochter verbrachten viel Zeit miteinander, und er hatte zu den Ersten dieser neuen gelobten Generation engagierter Väter gehört. Daher hatte Laura Fred garantiert nie als Ersatzvater betrachtet, sondern vielleicht eher als eine Art Patenonkel. Als Alice und er vor einigen Monaten beschlossen hatten, ihre Liebe endlich offiziell zu machen, war sie begeistert. Sie hatte ihr Mädchenzimmer in der elterlichen Wohnung behalten, die Fred nur sehr selten betrat, weil er die beiden Frauen nicht stören wollte, aber auch weil die Vorstellung, im Bett seines Vorgängers zu schlafen, ihm unerträglich war. Alice kam dreimal die Woche zu ihm, und nachdem sie von der Schwangerschaft wussten und ihre Beziehung sich allmählich weiterentwickelte, sogar noch öfter, ohne sich dessen bewusst zu sein. Wenn Fred daran dachte, fragte er sich, ob sie Laura nicht zu sehr vernachlässigt hatten. Alice hatte im Grunde jeden Abend bei ihm geschlafen, einige Kleidungsstücke in seinen Schrank gehängt und Kosmetikprodukte in seinem Bad hinterlassen. Vor ihrer Abreise in die Bretagne hatte sie jeden Abend ihren Kopf an seine Schulter geschmiegt und es ihrer Tochter, die gerade einen Musikkurs besuchte, überlassen, ob sie sich ihnen im Urlaub anschließen wollte. Alice meinte, dass sie jetzt zu groß war, um nur mit kleinen Kindern und Erwachsenen zusammen zu sein, und dass sie die Bretagne ohnehin nicht so sehr mochte. Hatten sie einen Fehler begangen, noch bevor das Leben beschlossen hatte, sie daran zu erinnern, dass Laura in Wirklichkeit noch ein Kind war?

Laura ignorierte Freds ausgestreckten Arm. Diese abweisende Geste und die schmollende Haltung, die er nicht von ihr kannte, beunruhigten Fred.

»Und, wo steht deine Klapperkiste?«, mischte sich Anouk ein, und Fred war ihr dankbar, dass sie das Schweigen brach.

»Du bist selbst eine Klapperkiste. Kommt mit zum Parkplatz. Laura, soll ich deine Tasche nehmen?«

Mürrisch und immer noch ohne ein Wort zu sagen, hielt Laura ihm ihre Reisetasche hin.

»Und was ist mit mir?«, maulte Anouk, hängte ihrem Bruder ihren schweren Rucksack über die zweite Schulter und nahm Jérémy huckepack.

»Wie du wieder aussiehst!«

»Was soll das heißen? Ich hab mich immer schon so angezogen. Dieses Ding habe ich schon seit dem letzten Schuljahr.«

»Das meine ich ja. Vielleicht wäre es mal Zeit für ein neues, meinst du nicht auch?«

»Sag mal, ich wusste gar nicht, dass du mich eingeladen hast, um mir Moralpredigten zu halten. Aber du hast recht, gar nicht schlecht für den Anfang des Urlaubs.«

»Entschuldige«, brachte Fred hervor.

»Und außerdem: Wenn du wüsstest, wie ich mich sonst im Augenblick anziehen muss!«

»Wieso? Trittst du etwa im Kostüm auf?«, scherzte er.

Als sie die Frotzeleien der Geschwister hörte, die doch eigentlich schon viel zu alt dafür waren, verdrehte Laura fast unmerklich die Augen zum Himmel.

»Natürlich nicht. Aber ich habe dir doch schon von meinem Stück erzählt, du weißt doch, dass es etwas Modernes ist. Aber vielleicht hast du mir ja gar nicht zugehört. Nein, ich mache Uber, habe ich das nicht gesagt? Man kann sich etwas dazuverdienen, die Arbeitszeiten sind cool, und ich kann es mit meinem etwas komplizierten Leben vereinbaren.«

»Etwas kompliziert –«

»Willst du jetzt alles wiederholen, was ich sage?«

»Nein, entschuldige. Wer will vorne sitzen? Laura?«

»Auf dem Platz des Todes? Nein, danke –«

Es war das Erste, was das junge Mädchen sagte. Ihre Stimme klang kratzig, als hätte sie schon lange geschwiegen. Oder die ganze Nacht lang geweint.

»Na dann, die Kinder nach hinten! Ich gehe zu Onkel Fred nach vorn. So kann ich ihm das Fahren beibringen, und er muss sich die Geschichten aus meinem Leben als freischaffende Künstlerin anhören.«

»Laura …«

Fred hatte sich dem jungen Mädchen genähert, das die Augen auf seine Schuhe heftete.

»Jetzt reicht's!«, rief Laura plötzlich aus und streckte ihm die Handfläche entgegen, als wolle sie ihn daran hindern, näher zu kommen. »Ich hab die Nase voll! Hört auf, so zu tun, als wäre ich nicht normal oder als wäre ich plötzlich zum Waisenkind geworden. Alles ist gut, okay? Fred, bitte hör auf, mich so mitleidig anzusehen, als würde mir ein Arm fehlen, denn das geht mir wirklich auf die Nerven. So, fahren wir jetzt zu meiner Mutter?«

»Liebes, deine Mutter ist im Krankenhaus, aber natürlich fahren wir hin. Vorher möchte ich aber Anouk und Jérémy zu Hause absetzen und die Taschen ausladen. Lass uns erst mal etwas Gutes essen, bevor wir hinfahren. Lucie erwartet uns.«

»Etwas Gutes essen … Glaubst du wirklich, ich hätte Hunger?«

»Es wird dir guttun. Du hast eine lange Reise hinter dir, und wir werden uns erst mal frisch machen, bevor wir deine Mutter besuchen. In Ordnung?«

Anouk war sofort näher gerückt und hatte eine Hand auf Lauras nackte Schulter gelegt, die nur ein leichtes rotes ärmelloses Kleid trug, das sich hübsch an ihren noch jugendlich gerundeten Körper schmiegte. Gerade als sie die beiden Geschwister ansah, als wolle sie sie am liebsten erwürgen, weil sie ihr den weiteren Ablauf aufzwangen, obwohl sie nichts lieber gewollt hätte, als wie früher mit ihren Eltern zusammen zu sein, lang ausgestreckt auf dem Rücksitz ihrer alten Rostlaube, in Comics blätternd und Süßigkeiten knabbernd, während die Erwachsenen vorne über Dinge redeten, die sie nicht verstand, da kam er. Jérémy. Auf den keiner mehr geachtet hatte. Ganz verloren in einem viel zu großen Spiderman-T-Shirt, mit langen, dichten, störrischen Haaren, den Rucksack auf den Schultern, die kleinen Füße in bunte Sandalen eingeschnürt und die großen Augen fest auf die von Laura geheftet, stieß der kleine Junge Fred und Anouk zurück und baute sich vor dieser schönen Gestalt des Jammers auf, mit der die Erwachsenen nichts anzufangen wussten. Und dann verkündete er: »Ich habe auch keinen Papa mehr.«

Und dann umarmte er sie. Sein Kopf reichte ihr nur bis zur Taille. Laura wusste nicht, was sie tun sollte. Schon gleich nach Erhalt der Schreckensnachricht wäre sie am liebsten abgetaucht, um sich in aller Stille ihrer Trauer hinzugeben. Sie wollte den Fragen der anderen entfliehen, den verlegenen Kondolenzwünschen, den ungeschickten SMS, den Fragen, die in ihrem Kopf umherwirbelten, und vor allem der Scham. Dieser furchtbaren Scham, dass sie, obwohl ihr geliebter Vater verstorben war, den sie nie mehr wiedersehen würde und damit auch ihre Kindheit endete, an nichts anderes denken konnte als an Dimitri. Als ihr Vater gestorben war, hatten er und Laura sich gerade geliebt, und sie hatte die schönsten Stunden ihres Lebens erlebt. Ihr Vater war tot, und trotzdem war sie verliebt und glücklich und konnte nur an ihn denken, und das war ihr unerträglich, als hätte sie ihren Vater in seinen letzten Stunden verraten.

Doch als der kleine Junge sich warm und unschuldig an sie schmiegte und dieses Durcheinander von widersprüchlichen Gefühlen aufrüttelte, die sie sich gezwungen hatte zu unterdrücken, weinte sie. Endlich.

4.

Einundfünfzig Kilo. Angewidert krallte Lucie sich in ihren wie ziselierten Bauch. Sie hatte doch alles getan, schon seit Monaten, um in diesem Sommer perfekt zu sein – so wie jedes Jahr, seitdem sie erwachsen war. Schon seit Januar hatte sie weniger Brot, Zucker, Fleisch und Milchprodukte gegessen und ihrem Körper tägliche, von Raph genau auf sie abgestimmte Exerzitien auferlegt. Ja, sie hatte es wieder geschafft, Trainingsstunden bei Raph zu ergattern, nachdem er eine Weile die Gesellschaft ihres Ehemanns bevorzugt hatte, und auch die von Jacques, der jedoch keine Absicht hatte, sich auf irgendeine sportliche Aktivität einzulassen.

Derart in ihre Gedanken versunken, hatte Lucie Mathilde nicht hereinkommen hören.

»Oh, Entschuldigung!«, rief Mathilde aus, als sie die Tür aufstieß und sich Lucie gegenüberfand, die nur mit einem Spitzenslip bekleidet über ihre Waage gebeugt dastand. Und dann fügte sie hinzu:

»Du bist zum Niederknien schön.«

»Ach, Quatsch! Alles nicht echt, meine Liebe. Falsche Brüste, falsche Haare und ein unter Schmerzen geformter Körper.«

»Trotzdem siehst du toll aus. Laura kommt, ich habe gerade mit Frédéric telefoniert. Wir werden dich also brauchen.«

»Keine Sorge, ich kümmere mich schon um sie. Hat man schon etwas von Juliette gehört? Und von Vincent? Und was macht Éva?«

»Éva telefoniert gerade mit Jacques. Ich glaube, sie hat große Angst gehabt, es ginge um ihn. Es ist schrecklich, wie egoistisch man in solchen Momenten sein kann. Die Arme hat sich solche Vorwürfe deswegen gemacht, dass sie sich stundenlang in meinen Armen ausgeweint hat. Der Schlafmangel macht ihr natürlich auch furchtbar zu schaffen.«

»Schläft Jef immer noch nicht durch?«

»Der? Schön wär's. Der hält sie die ganze Nacht auf Trab.«

»Gibt sie ihm noch die Brust?«

»Ja, sie will so lange wie möglich stillen. Du weißt schon, so wie die Frauen, die ihrem Sechsjährigen immer noch eine Brust zum Trost anbieten.«

»Igitt, das ist ja eklig! Das macht sie aber doch hoffentlich nicht?«

»Sie ist regelrecht fanatisch geworden, du kannst es dir gar nicht vorstellen! Fehlt bloß noch, dass sie uns vorwirft, wir hätten unsere Babys quasi mit dem Milchpulver vergiftet.«

»Wie altmodisch ist das denn! Nach einem Jahrhundert Kampf für die Emanzipation sollen wir auf einmal wieder in unsere Rolle als nährende Mutter zurückfallen? Wie will sie denn wieder arbeiten gehen, wenn sie ihren Sohn bis zur Volljährigkeit stillt?«

»So weit ist es ja noch nicht. Aber so feministisch kenne ich dich ja gar nicht. Du emanzipierst dich jetzt wohl auch.«

»So ein Quatsch. Ich war immer schon sehr emanzipiert.«

»Ich bin mir nicht sicher, ob ich das so genannt hätte«, erwiderte Mathilde ironisch. Gleichzeitig meldete ihr Handy eine neue SMS.

»Mathilde, das kann ganz schön nerven, weißt du? Du benimmst dich ja wie ein junges Mädchen! Vielleicht solltest du Laura unter deine Fittiche nehmen. Ihr habt ziemlich viel gemeinsam …«

»Warum nicht? Ich bin schließlich vom Kopf her viel jünger als ihr. Seitdem ich nicht mehr in einer Beziehung lebe, weiß ich alles über die junge Generation. Die Clubs, die angesagt sind, die coolsten Treffs, die neueste Mode, und ich kenne Ausdrücke, die ihr kaum verstehen würdet. Ist schon verrückt, wie die Ehe und das Beziehungsleben einen isolieren können. – Ach, er ist zu süß!«

»Wer?«

»Pablo.«

»Wer ist das denn schon wieder? Der Austernhändler?«

»Nein, der Austernhändler heißt François. Und dabei sieht er gar nicht aus wie Pablo!«

»Ach, weißt du, diese Leute mit ihrem unangenehmen Hang zu ›originellen‹ Vornamen« – wobei Lucie »originell« mit ihren langen manikürten Fingern in Anführungszeichen setzte –, »da könnte einer aussehen wie Jean-François und Eduardo heißen, oder ein Gesicht wie Mao haben und Gonzague heißen. Aber wer ist denn nun Pablo?«

»Mein Surflehrer. Er baggert mich die ganze Zeit an.«

»Na wunderbar, dann lass dich doch darauf ein, das bringt frischen Wind. Schließlich sind wir im Urlaub, und wir brauchen wirklich mal etwas, was uns aus der Lethargie reißt.«

Mathilde versuchte, das leichte Lächeln zu verbergen, das sich auf ihren Lippen abzeichnete. Aber Lucie kannte sie schon zu lange, um nicht zu verstehen, was das bedeutete.

»Du hast mit ihm geschlafen!«

»Mit wem?«

Éva war ins Zimmer gekommen, die Schläfen und die Stirn von einem Sonnenbrand gerötet, den sie sich am Morgen zugezogen hatte – man musste schon rothaarig oder »venezianisch blond« sein, wie es Éva gern ausdrückte, um die bretonischen UV-Strahlen zu fürchten, dachte Lucie. Jef, den Éva auf dem Arm trug, starrte die beiden anderen Frauen mit großen aufgerissenen Augen an, die ausdrückten, dass er keineswegs vorhatte zu schlafen, im Gegensatz zu seiner Mutter, deren dunkle Tränensäcke von ihrer Erschöpfung zeugten. Oder hatte sie etwa geweint?

»Wer hat mit wem geschlafen? Und warum turnst du hier nackt herum?«

Rasch griff Lucie nach einem Handtuch; sie hatte gar nicht mehr an ihren schamlosen Aufzug gedacht.

»Mein Gott! Wie dünn du geworden bist!«

»Ganz im Gegenteil! Ich bin wahnsinnig fett.«

»Na klar, und ich bin ein Topmodel. Also, hast du es ihr nun gesagt oder nicht?«

»Was gesagt?«, riefen Mathilde und Lucie erstaunt im Chor.

»Mathilde hat mit ihrem Kajaklehrer geschlafen.«

»Nicht mit dem Kajaklehrer! Mit dem Surflehrer! Das ist was vollkommen anderes!«

»Tut mir leid.«

»Aber … Und was ist mit Antoine?«

»Na ja, wir sind schließlich nicht verheiratet. Ich habe nicht fünfzehn Jahre lang in einer Beziehung gelebt, mich um das schmutzige Geschirr gekümmert, die Launen von Monsieur ertragen, wortlos den ganzen Papierkram, den Einkauf und den Haushalt erledigt, während meine bessere Hälfte schon den Notausgang im Auge hatte, um mich jetzt sofort wieder in eine neue ernsthafte Beziehung zu stürzen. Wir sind im Urlaub, und ich habe Lust, mich zu amüsieren. Und wisst ihr, Antoine ist im Bett nicht gerade …«

»Aha, aber ich dachte, das hätte sich gegeben?«, unterbrach sie Lucie, die versuchte, ihre Brüste in einen winzigen Triangelbikini mit Marinemuster zu quetschen, an dem noch das Etikett hing.

»Ja, einigermaßen. Aber das heißt noch lange nicht, dass es toll ist. Weit gefehlt!«

»Ich verstehe einfach nicht, dass Typen in dem Alter sich trotz jahrelanger Praxis immer noch nicht mit dem weiblichen Körper auskennen.«

»Aber daran sind doch ihre Frauen schuld. Anscheinend hat seine Ex ihm immer weisgemacht, dass er eine absolute Granate im Bett wäre. Er ist davon überzeugt, sich mit der weiblichen Sexualität richtig gut auszukennen, der Arme.

Aber ich schwöre euch, dass er systematisch die falsche Taste drückt. Und dass ich dabei oft im Geiste meine Einkaufsliste durchgehe, weil mir langweilig ist. Na ja, jedenfalls einen Teil meiner Liste …«

»Du bist unmöglich!«, riefen Lucie und Éva lachend aus, während Jef, eingelullt von dem heiteren Geläster der Frauen, endlich im Arm seiner Mutter eingeschlafen war.

»Und was ist mit dem Segellehrer? Ist er besser im Bett?«

»Der Surflehrer! Sagt mal, macht ihr das mit Absicht?«

»Natürlich, sonst hätten wir ja gar nichts mehr zu lachen«, erwiderte Éva, näherte sich Lucies Bett, setzte sich vorsichtig darauf und legte den winzigen Säugling hin, der die Augen geschlossen hatte und die Fäuste vor sich hielt, als führe er Motorrad.

Mathilde und Lucie folgten ihr. Sie freuten sich über diese spontane weibliche Kameradschaft, die sie wieder daran erinnerte, wie sie mit fünfzehn in England oder im Urlaub am Meer gewesen waren. Damals hatten sie stundenlang das männliche Verhalten ihrer augenblicklichen Flirts analysiert und ihre Ergebnisse eifrig auf karierten Blättern notiert, damit sie die Jungs vielleicht ganz rumkriegen konnten – was aber meist zu nichts geführt hatte. Das war zu einer Zeit gewesen, als E-Mails, Smartphones und soziale Netzwerke noch nicht in Liebesbeziehungen vorgedrungen waren, die auch so schon kompliziert genug gewesen waren. Éva hatte damals noch nicht zur Clique von Alice, Mathilde und Lucie gehört, die sich schon seit der Schule kannten. Sie war zu ihnen gestoßen, als sie schon mit Vincent und Alice mit Adrien zusammen gewesen war, und sie hatte daher nicht die Zeiten miterlebt, als sie noch frank und frei über die manchmal armselige Potenz der Männer gequatscht hatten, die durch ihre Betten gewandert waren. Jetzt saß Éva im Schneidersitz neben ihrem Sohn, der sich in ein riesiges Kissen schmiegte, und machte sich mit einer Packung bretonischer Kekse auf den Knien bereit, sich Mathildes postadoleszente Abenteuer anzuhören.

»Und? Erzähl!«

»Ach, da gibt's nichts zu erzählen.«

»Wie bitte, gar nichts?«

»Vergiss es, Éva. Sie will, dass du sie anflehst. Ich mache das seit der Schule mit, ich kenne sie genau. Liebste Mathilde, würdest du uns bitte, bitte in allen Einzelheiten erzählen, wie dein Surflehrer« – sie lächelte – »und du dazu gekommen seid, eure Körperflüssigkeiten auszutauschen?«

»Lucie!«

»Und? Ist es etwa nicht so gewesen?«

»Du hast ja recht. Gib mir mal einen Keks, Éva.«

»Die gehören nicht mir. Ich hab sie da auf dem Nachtschränkchen gefunden.«

Mathilde warf Lucie einen traurigen Blick zu, die die Augen abwandte und sich auf einen Haufen Kleidungsstücke von Christophe stürzte, eins nach dem anderen nahm, gereizt schüttelte und dann akribisch faltete, als nähme diese Handlung ihre ganze Aufmerksamkeit in Anspruch. Mathilde atmete tief durch und flüsterte etwas, was Éva nicht verstand. Dann begann sie zu erzählen. Einige Regentropfen klatschten ans Fenster, und von draußen drang das Klappern der Seile an den Masten herein. Der Wind hatte aufgefrischt und brachte die Schiffe im Hafen zum Schaukeln. Das Zimmer war gemütlich und wurde nur von einer großen Lampe in Form eines Scheinwerfers erhellt, die ein sanftes, heimeliges Licht verbreitete. Für einen Augenblick vergaßen sie ganz die äußeren Umstände – für diesen einen Moment kehrten sie voller Freude in die herrliche Zeit zurück, in der die Verantwortung noch auf den Schultern der Eltern geruht hatte, die als Einzige imstande waren, die Schwierigkeiten und den Ernst des Lebens abzufedern. Für einen Moment waren sie wieder fünfzehn, genauso alt wie Laura, und das Einzige, was sie interessierte, war der spannende Bericht über die Affäre ihrer Freundin mit einem gebräunten männlichen Wesen, das sie nach dem Urlaub garantiert nie wiedersehen würde.

»Es war am dritten Tag. Die Frau, die zusammen mit mir Unterricht hatte, war nicht gekommen. Ihr Kind war krank, oder so. Also, Pablo und ich waren am Strand. Der Wind war eisig, wie jeden Morgen, und das graue kalte Meer hat mich kein bisschen begeistert. Ich hatte also genau wie in den zwei Tagen zuvor mehr Lust, am Strand zu üben, wo er mir unermüdlich die gleichen Bewegungen zeigte, der Arme, ohne mich spüren zu lassen, wie untalentiert ich bin, was ich sehr liebenswert von ihm fand. Und dann hat er sich plötzlich hinter mich gestellt, um meine Position zu verändern, und hat seine Hände auf meine Taille gelegt. Vorher habe ich mir wirklich gar nichts dabei gedacht.«

»Lügnerin!«

»Na gut, aber nur ganz vage. Jedenfalls lag von da an die ganze Zeit so eine gewisse Spannung zwischen uns. Ich bin schließlich sogar ins Wasser gegangen, weil ich mich ein bisschen geschämt habe: die alte Mutter in ihrem engen, trockenen Anzug, die am Strand Cameron Diaz spielt. Überall um uns herum stürzten sich die Kinder begeistert in die Wellen. Ich bin zehnmal gefallen und konnte mich nicht auf dem Brett halten – ihr wisst ja, wie sportlich ich bin, vor allem, wenn es irgendetwas mit Gleichgewicht zu tun hat. Das Meer hat mich rumgeschleudert wie eine alte Socke in der Waschmaschine, mir kam es vor wie eine Ewigkeit. Ich habe ordentlich Wasser geschluckt, aber um nichts auf der Welt hätte ich diese Einzelstunde abkürzen wollen. Hinterher haben wir beide zusammen das Material weggeräumt. Es war feucht und dunkel im Schuppen. Das war doch der Tag, wo es so stark geregnet hat. Ihr habt sogar drinnen gefrühstückt. Jedenfalls habe ich vergeblich versucht, diesen verdammten, klatschnassen Anzug auszuziehen. Ich habe wie verrückt daran gezerrt, das hat solche komischen Geräusche gemacht in dem beengten Raum, und da hat er angeboten, mir zu helfen. Er hat seinen Anzug ausgezogen, und da habe ich seinen muskulösen, tätowierten Oberkörper gesehen. Wusstet ihr, dass man vom Surfen solche Muskeln bekommt? Ich wusste das nicht.«

Lucie hatte aufgehört, das Zimmermädchen zu spielen. Éva kaute automatisch auf ihrem dritten bretonischen Keks herum und konzentrierte sich auf die erotische Strandgeschichte, die sie von dem Stress der Mutterschaft ablenkte.

»Erzähl weiter!«

»Er hat an den Ärmeln gezogen und es schließlich geschafft, mich aus meiner Latexfalle zu befreien.«

»Ach, sind die aus Latex, die Anzüge?«

»Ist doch egal, Éva! Erzähl weiter, Schätzchen.«

»Also, als ich endlich aus den Ärmeln raus war, habe ich auch das Oberteil runtergestreift. Vorher habe ich noch irgendeinen blöden Witz gerissen, an den ich mich nicht mehr erinnere, um die Atmosphäre etwas aufzulockern. Dann wollte ich alles schnell und ordentlich aufräumen in diesem Durcheinander, ihr kennt mich ja. Er stand einfach nur dumm rum und grinste mich an.«

»Und dann?«

»Ich bin ja noch nicht fertig. Ich bin in eine Umkleidekabine geschlüpft und wollte dann so schnell wie möglich nach Hause. Und dann hat jemand an die Tür geklopft.«

»Nein! Wirklich? Ist ja Wahnsinn!«

»Ganz ruhig, Éva. Jetzt hör doch mal auf, sie dauernd zu unterbrechen. Und hör auf, Plätzchen zu essen, erstens wirst du auseinandergehen wie ein Hefekloß und zweitens krümelst du mein ganzes Bett voll.«

»Ist doch egal. Und von wem sind die Plätzchen überhaupt? Ich hab sie hier gefunden.«

»Von Christophe, von wem denn sonst?«

»Ich dachte, er isst keinen Zucker mehr?«

»Keine Ahnung. Vielleicht nascht er sie heimlich hier im Zimmer. Und er wird mich umbringen, weil ich euch reingelassen habe und ihr seine männliche Privatsphäre verletzt habt.«

»Spannendes Geheimnis. Ein Mann in seinem Alter, der auf dem Bett Plätzchen knabbert.«

»Also, soll ich jetzt weitererzählen, oder wollt ihr lieber über Familiengeheimnisse plaudern?«

Mathilde ärgerte sich. Sie wurde nicht gern unterbrochen. Auf frischer Tat ertappt wie zwei Mädchen, die um eine Puppe stritten, schwiegen Lucie und Éva abrupt. Éva wischte mit dem Handrücken die Krümel vom Bett und ließ sie einfach auf den Boden fallen, aber Lucie schimpfte nicht deswegen. Brav warteten sie auf die Fortsetzung der Geschichte.

»Er hat nicht mal abgewartet, bis ich geantwortet habe, sondern ist sofort reingekommen und hat die Tür hinter sich abgeschlossen. Mein Herz hat geklopft wie verrückt. Denn obwohl ich nach meiner Trennung von Max mit Antoine zusammen war, habe ich nicht viel Erfahrung. Nach fünfzehn Jahren Monogamie, gefolgt von einer sexuellen Einöde, kann man seine Expertise auf diesem Gebiet nicht recht einschätzen, und außerdem ist er ja viel jünger als ich, in Topform und durch seinen Beruf bestimmt daran gewöhnt, mit den hübschen jungen Mädchen zu trainieren, die den ganzen Tag lang um die Surfschule herumlungern. Ich habe also irgend so etwas Irres gesagt wie: Du hast dich wohl in der Kabine geirrt.«

»Nein!«

»Doch. Ja, ich weiß. Ihr kennt mich doch … Aber er hat Nein gesagt.«

»Nein!«

»Doch. Und dann hat er mich geküsst. Ich habe am ganzen Körper gezittert, wie beim ersten Kuss. Und dann haben wir es getan.«

»Einfach so, in der Kabine?«

»Ja, in der Kabine. Ich glaube, ich hatte noch nie in meinem Leben einen solchen Orgasmus. Seitdem schwebe ich einen Meter über dem Boden. Jeden Morgen treffen wir uns und gehen zu ihm. Seine Wohnung ist nicht besonders schön, unordentlich und muffig, wie die Zimmer von den Typen, bei denen man manchmal nach einem durchsoffenen Abend gelandet ist. Seitdem ich mit Pablo schlafe, fühle ich mich jung und schön, ich bin ungeduldig und verspüre die ganze Zeit Lust auf Sex, ich habe keinen Hunger und kann an nichts anderes denken. Ich habe das Bedürfnis, mich hübsch anzuziehen – was in der Bretagne ziemlich schwierig ist, wie ihr zugeben müsst –, mich von oben bis unten zu rasieren, nackt im Meer zu baden, ihn die ganze Nacht zu riechen und seinen festen, jungen heißen Körper zu streicheln.«

»Liebst du ihn denn?«

Völlig erstaunt sahen Lucie und Mathilde Éva an, als hätte sie etwas Unanständiges getan.

»Was ist denn? Habe ich etwas Falsches gesagt?«

»Nein, nein, Éva, Schätzchen. Aber nur weil du dich unsterblich in einen Mann verliebt hast, den du in einer Bar getroffen hast, während du noch verheiratet warst, müssen sich doch nicht auch alle anderen von solchen Gefühlen überrollen lassen. Ganz abgesehen davon, dass Mathilde und Paolo einen ganz anderen sozialen Hintergrund haben.«

»Pablo!«, unterbrach sie Mathilde. »Außerdem stimmt das nicht, was du sagst, Lucie. Es muss sich auch nicht jeder mit seinem männlichen Alter Ego zusammentun, so wie du. Die gleiche gesellschaftliche Herkunft, die gleichen Schulen, die gleichen Bekannten, seit Ewigkeiten miteinander verbundene Familien ... Christophe und du, ihr ähnelt ein bisschen Charles und Diana. Ihr habt Glück, dass es mit euch funktioniert, denn du hast wirklich nicht weiträumig gesucht, um deinen Ehemann auszuwählen. Dabei kann man offen für ganz viele unterschiedliche Arten von Männern sein. Man muss weder im selben Alter sein noch dieselben Freunde haben, noch am selben Ort leben, ja, man muss nicht mal dieselbe Sprache sprechen.«

»Sei mir nicht böse, aber da bin ich nicht deiner Meinung«, erwiderte Lucie ein wenig gereizt und fügte hinzu: »Lady Di verneigt sich tief vor dir. Aber ich hoffe, dass du mir nicht das gleiche Schicksal wünschst. Und was Christophe angeht, so ist er ja wohl wesentlich attraktiver als dieser kauzige Charles, und er ist, falls du es noch nicht bemerkt hast, außerdem gerade dabei, radikal seinen Freundeskreis und seine Zukunftsperspektiven zu verändern, was durchaus unsere Ehe in Gefahr bringen könnte. Bisher war sie nämlich deshalb so stabil, weil wir so viel gemeinsam hatten, ob es dir gefällt oder nicht. Und wer ist daran schuld? Doch nur der neue Freund von unserem Krümelmonster.«

»Na, du bist ja gut! Glaubst du etwa, Christophe würde sich meinetwegen verändern? Du meinst also, wenn ich Jacques nicht kennengelernt hätte, hättet ihr eure eingefahrenen Bahnen bis zur Rente durchziehen können? Habt ihr schon überlegt, wie ihr eure Bridgeabende plant? Darf ich dich bitte daran erinnern, dass nicht ich es war, der ihm Jacques vorgestellt hat? Denn während Christophe meinen Mann ausgebeutet hat und ihn stundenlang in seiner großen Limousine hat warten lassen, während er den Großen dieser Welt das Geld aus der Tasche gezogen hat, habe ich mit Herzklopfen an diesen schönen Unbekannten gedacht, der mein Leben auf den Kopf gestellt hatte und den ich nicht vergessen konnte.«

»Was soll das heißen, er hat ihn ausgebeutet? Habt ihr das gehört? Wenn ich mich recht erinnere, hat Jacques damals gerade als Mädchen für alles im Club gearbeitet. Oder irre ich mich? Und er ist Christophe hinterhergerannt, hat ihm geschmeichelt und ihn praktisch angefleht, ihn als Chauffeur einzustellen. Dann hat er von diesen langen Arbeitszeiten, die du erwähnt hast, profitiert, um an Abendkursen teilzunehmen, seinen Businessplan auszuarbeiten und sein Projekt auf die Beine zu stellen, bevor er MEINEN Mann ausgeplündert und ihn aus der Bahn eines bequemen und finanziell abgesicherten Lebens geworfen hat!«

»Wie egoistisch du bist! Denkst du überhaupt mal an Christophe? Ich habe ihn noch nie so glücklich gesehen wie in diesem Sommer. Er strahlt ja förmlich. Er setzt sich leidenschaftlich für das Projekt ein, lacht mit seinen Kumpels, kann endlich selbst frei entscheiden und führt das Leben, für das er sich entschieden hat, nicht seine Eltern und auch nicht du. Du hast ihn doch jahrzehntelang eingesperrt, weil du froh warst, dir Designerklamotten leisten, bei Bon Marché einkaufen, deine Mädchen in Spitze kleiden oder dir eine schicke Boutique erlauben zu können, damit dir nicht langweilig wird.«

»Jetzt geht sie zu weit! Hast du das gehört, Mathilde?«

Mathilde antwortete nicht. Sie blickte zur Tür, die Alice gerade geöffnet hatte, die Hand noch auf der Klinke. Sie beobachtete sie wortlos. Winzig stand sie da mit ihrem kleinen Bauch, der unter der verschossenen Matrosenbluse kaum zu sehen war. Von einem Moment auf den anderen vergaßen sie ihre Querelen und nahmen sie alle drei in die Arme. Sie bildeten einen tröstenden Kokon rund um ihre Freundin und reichten sich alle zusammen die Hände. Éva hielt sich am Handgelenk von Lucie fest und flüsterte ihr »entschuldige« zu, während diese versuchte, ihre Tränen zu verbergen, die an den Spitzen ihrer langen Wimpern hingen, wo sie doch so selten weinte.

Mathilde schloss die Runde und schmiegte sich an Alices Schulter, wo sie den vertrauten Duft einatmete. Sie war überzeugt, dass ihr Vierergespann wieder einmal diese Prüfung gemeinsam meistern würde. Alle würden ihre Kräfte vereinen, um der Freundin zu helfen, die am meisten ihre Unterstützung brauchte.

Doch war das wirklich Alice?

5.

Endlich war die Nacht über Paris hereingebrochen, aber trotzdem war die Luft noch immer genau so schwül und stickig. So empfand es jedenfalls Vincent, der den ganzen Tag über im Bett liegen geblieben war und die Stunden hatte verstreichen lassen. Die Sonne hatte auf die Jalousie geschienen, über die Liliane die schweren Gardinen ihres kleinen Hotelzimmers gezogen hatte. Von Zeit zu Zeit hatte er die Augen geöffnet, zwischen zwei Albträumen, wie um sich zu vergewissern, dass die Realität immer noch dieselbe war wie die, an die er sich erinnerte. Aber dann war er wieder eingedöst, bevor er sie richtig wahrgenommen hatte. Bald würde er sich um alles kümmern müssen, Adriens Mutter und Schwester anrufen und seine Rückführung sowie den Heimflug von Juliette arrangieren, mit der er am Abend zuvor lange gesprochen hatte. Doch in diesem Augenblick war er dazu nicht in der Lage. Es war feige, das wusste er. Aber dieses Übermaß an Gefühlen, diese gemeinsame Trauer, die Masken, die man würde fallen lassen müssen, obwohl er so große Hemmungen hatte, sich offen zu zeigen, sie kamen immer näher und ängstigten ihn schon im Voraus. Gestern Abend hatte Juliette am Telefon geweint. Sie war ganz verloren in diesem Land, das Adrien ihr hatte zeigen wollen. Sie konnte weder das Hotel bezahlen noch die Rechnungen, die per E-Mail auf dem Konto ihres verstorbenen Partners eingingen. Das Krankenhauspersonal sprach auf Englisch mit ihr über die Rückführung. Sie würde mit seiner Leiche reisen müssen, um ihn in dieses Land zurückzubringen, das er nie hätte verlassen dürfen. Juliette war überzeugt, dass alles ihre Schuld sei. Sie hatte ihn schon wieder dazu überredet zu verreisen. Sie hatte ihm geschmeichelt und alle Waffen eingesetzt, um von ihrem Geliebten ihren Willen zu bekommen. Doch natürlich konnte sie nichts dafür. Es war das Schicksal, das Leben, der Zufall. Vincent hatte die ganze Bandbreite der Banalitäten abgespult, die man in solchen Fällen bereithält. Was hätte er sonst tun können? Er machte sich doch selbst Vorwürfe. Dass er nicht auf Adriens letzten Skype-Anruf geantwortet hatte. Er hatte sein lachendes Gesicht auf seinem Handy gesehen, aber er war mit Liliane zusammen gewesen und wollte ein belangloses Gespräch über die Schönheit exotischer Landschaften und die Qualität der asiatischen Küche lieber auf später verschieben, all das, wovon sein Freund ihm vorschwärmen würde. Sein einzig wahrer Freund, wenn er genauer darüber nachdachte. Was sollte jetzt aus ihm werden? Wem sollte er von seinen Ängsten erzählen und von seinem großen Glück, die Liebe gefunden, seinen Panzer abgelegt und sein Herz einer Frau geöffnet zu haben? Und wie sollte er an die Möglichkeit eines langen Lebens glauben, jetzt, wo ihn sein Freund mit gerade einmal vierzig Jahren verlassen hatte? Er war nicht unsterblich; das war ihm an diesem Augustmorgen plötzlich klar geworden. Er hätte erst Alice und dann Laura anrufen müssen. Sie war sein Patenkind. Adrien und Alice hatten ihn ausgewählt, als sie Anfang zwanzig waren und das ganze Leben noch vor ihnen lag. Ihm wurde die Verantwortung übertragen, sich um ihre Kleine zu kümmern, falls ihnen etwas zustoßen sollte. Sie hatten darüber gelacht wie über einen guten Witz. Schaut mal, Patenonkel Vincent, wie schlecht er kocht. Hoffentlich passiert uns nichts, sonst wird er derjenige, der dein Essen zubereitet ... Adri, lass das, darüber spaßt man nicht!, war Alice dann herausgeplatzt, halb amüsiert, halb beängstigt angesichts der Aussicht ihres möglichen Todes. Und jetzt war dieser Fall eingetreten.

»Schläfst du?«

Liliane war geräuschlos hereingekommen. Die Arme hatte ohne zu murren den Stubenarrest ertragen, den Vincent sich in den letzten vierundzwanzig Stunden auferlegt hatte. Als sie den Anruf von Juliette erhalten hatten, lagen sie gerade auf der Wiese des Marsfelds, knabberten die Reste eines Picknicks und fielen sich ständig gegenseitig ins Wort, weil sie unbedingt die Zeit aufholen wollten, in der sie voneinander getrennt gewesen waren. Vincent hatte abrupt seinen Champagnerkelch losgelassen. Er war blass geworden, hatte gestottert, versucht, seine Gesprächspartnerin zu beruhigen, sich das linke Ohr zugehalten, um besser zu verstehen, was diese Person sagte, die so weit entfernt zu sein schien. Liliane hatte erkannt, dass dieser Anruf das Ende ihres schönen Nachmittags bedeutete, und machte sich Sorgen, dass der Mutter ihres Geliebten etwas zugestoßen sein könnte, oder, schlimmer noch, seinem Sohn. Geräuschlos hatte sie die Reste ihres Mahls zusammengepackt, ihn dabei ständig im Blick behalten und sich darauf vorbereitet, rasch diesen Ort zu verlassen, wenn es die Umstände erforderten. Nachdem er den Anruf beendet und er ihr alles erzählt hatte, schwiegen sie. Liliane hatte ihn nicht mit Fragen bestürmt, sondern ihn an der Hand genommen und für sie ein Taxi angehalten. Im Auto hatten sie die prächtigen Denkmäler vorbeiziehen sehen, die die heiße Nacht dieser Stadt erleuchteten, in der sie sich endlich wieder wohl und authentisch fühlte. Die ganze Fahrt über starrte Vincent schweigend geradeaus, während der Fahrer vergeblich versuchte, mit ihnen ins Gespräch zu kommen. Liliane hatte ihm ohne nachzudenken die Adresse ihres Hotels gegeben, weil sie Vincent nicht allein zu Hause lassen und sich ihm auch keinesfalls aufdrängen wollte, obwohl sie mittlerweile einander so nahestanden, dass sie durchaus diese Initiative hätte ergreifen können. Doch sie hatte ihn in ihr kleines Zimmer gebracht, ihn dort ausgezogen, ins Bett gelegt und das Fenster zur Straße weit geöffnet, durch das die Musik des Restaurants hereinwehte. Dann hatte sie sich an Vincents Seite gesetzt und ihm über den Kopf gestreichelt, wie sie es früher bei Fred getan hatte, wenn er als Kind traurig gewesen war. Dabei wusste sie genau, wie unpassend sowohl dieser Vergleich als auch ihr Altersunterschied zu Vincent waren.

»Du musst sie anrufen«, hatte sie geflüstert und damit zum ersten Mal das Schweigen seit dem Anruf durchbrochen. »Du musst Éva anrufen.«

Éva. Das zu sagen war ihr schwergefallen. Liliane war krankhaft eifersüchtig auf sie. Sie sah sie auf den Bildern, die Vincent auf seinem Handy hatte, sie als Mutter mit dem kleinen Jef auf dem Arm. Wie jung und hübsch sie war! Dennoch war Vincent sich nicht ganz sicher, sie je geliebt zu haben, wie er Liliane in einer heißen Nacht gestanden hatte, als er endlich sein glückliches Gesicht auf das Seidenkissen gelegt hatte. Genau wie Liliane damals hatte auch er dem gesellschaftlichen Druck nachgegeben, zusammenzuziehen und eine schöne Hochzeit im Kreise der Familie zu feiern, mit alten Tanten, die man noch nie gesehen hatte, und alten Schulfreunden, denen man eine Gegeneinladung zukommen ließ, wie früher zu den Geburtstagen. Schließlich war es Éva gewesen, die ihm eines Tages ganz ruhig und ohne ihn zu verletzen vorgeschlagen hatte, diese Maskerade fallen zu lassen, diesen Schein einer in Wahrheit verwelkten Liebe, die sie ihrem Freundeskreis vorspielten. Wobei Vincent im Übrigen die anderen verdächtigte, dieselbe soziale Komödie aufzuführen. Und er war auf ihren Vorschlag eingegangen. Wo wäre er jetzt, wenn man ihn nicht dazu gedrängt hätte? Er konnte es nicht sagen. Liliane dagegen hatte eine Entscheidung getroffen. Sie hatte den Vater ihrer beiden kleinen Kinder verlassen, war eines Nachts in die alte Rostlaube eines Verehrers gesprungen und hatte ohne Ankündigung die kleine Familienzelle verlassen, die sie seit Jahren brav gemanagt hatte. Sie hatte sie im Stich gelassen. Ihren Sohn und ihre Tochter, ohne etwas zu sagen, wie man sich aus dem Haus schleicht, wenn der Babysitter gekommen ist, einen Finger auf die Lippen gelegt, auf Zehenspitzen, aus Angst, die Kinder könnten weinen, und weil es so besser ist.

Das hatte sie ihm gestanden, mit hochroten Wangen und zugeschnürter Kehle, als sie eines Nachts wieder lange miteinander geredet hatten. Dabei war sie sich sicher gewesen, dass er sie anschließend wegstoßen würde, diese Rabenmutter, diese Frau, die genauso abgehauen war wie in den »Ich geh mal eben Zigaretten holen«-Geschichten, die man sich immer erzählte.

Liliane stützte sich mit den Ellbogen in das schmutzige Fenster ihres Hotelzimmers und atmete tief die heiße Luft der Hauptstadt ein, bevor sie sich eine Slim-Zigarette ansteckte. Vincent schlief; er würde ihr keine Moralpredigt halten. Fred und Jérémy machten große Augen, wenn sie sich diesem Laster hingab, das sie erst nach ihrer Flucht angenommen hatte, aber sie hatte nicht vor aufzuhören. Eigene Entscheidungen treffen, das wollte sie, deswegen hatte sie Bertrand verlassen. Sie wollte Herrin ihrer Beschlüsse sein, egal, welcher, guter oder schlechter. Sie wollte nicht mehr zu zweit sein müssen, nachgeben, sich anpassen, ein wenig Platz in ihren Träumen und Projekten für die des anderen lassen und das Übrige für die Kinder aufgeben. Anouk war es egal, dass sie rauchte. Auf ihre Art ähnelte sie ihr. Auch sie ging niemals Kompromisse ein, hatte ein Leben in Leidenschaft gewählt und ertrug klaglos die Konsequenzen dieser unkonventionellen Einstellung. Liliane bewunderte sie dafür, vor allem, weil sie ohne Eltern hatte aufwachsen müssen, ja, ihrem verlassenen Vater sogar als eine Art Ersatzfrau dienen musste, da er das Leben nicht allein bewältigen konnte. Damit hatte Liliane nicht gerechnet. Vielleicht hätte sie sich anders entschieden, wenn sie damals gewusst hätte, dass Anouk der Kollateralschaden ihres Wunsches nach Unabhängigkeit sein würde. Hatte sie das Leben ihrer Tochter ruiniert?

Aber woher sollte sie das wissen? Was Frédéric anging, so hätte er niemals das Haus verlassen oder an der Hotelfachschule studiert, wenn sie nicht weggegangen wäre. Ja, wer hätte schon sagen können, ob ihre Entscheidung, so fragwürdig und unverzeihlich sie erscheinen mochte, das Leben ihrer Kinder verdorben hatte? Niemand. Sie. Die beiden. Ihre Psychoanalytikerin hatte ihr geholfen, auch diesen Aspekt zu erkennen. Und Sie, Liliane? Könnten Sie heute sagen, wie es gekommen wäre?

Mit Jérémy holte sie die verlorene Zeit nach. Sie war ganz vernarrt in den Jungen. Er nannte sie Lili, warf sich in ihre Arme, wenn sie sonntags zu Frédéric kam und Anouk gute Miene zum bösen Spiel machte und einige Stunden mit ihr verbrachte, wie es richtige Familien taten. In Jérémy fand Liliane ihren Sohn wieder, mit dem sie so viel geteilt hatte. Früher war er ihr überallhin gefolgt, hatte an ihrem Rücken gehangen, sein Gesicht an ihre Oberschenkel geschmiegt und ihr ständig gesagt, dass er sie liebte, dass sie die Schönste war und dass er sie später heiraten würde. Damals hatte sie gelacht, glücklich, diese absolute und überschwängliche unschuldige Liebe gefunden zu haben. Sie brachte es nicht übers Herz, ihm zu widersprechen und ihm zu eröffnen, dass sie nicht heiraten würden, sondern dass er sein Schicksal an das einer anderen würde knüpfen müssen, die sie würde akzeptieren müssen, sie, die erste Frau dieses kleinen Mannes, der groß geworden war, erst in ihr, dann mit ihr. Dann ohne sie. Sie mochte Alice gern, der sie kurz vor den Ferien im Vorbeigehen begegnet war. Die junge Frau wirkte so glücklich, erfüllt von dem heranwachsenden Kind, das Frédéric zum Vater machen würde. Endlich. Und auch er sprach die ganze Zeit von diesem Baby, seinem Baby, dem er später das Kochen, Fußball, Respekt, den Umgang mit Frauen und dem Leben und all die großen oder kleinen Dinge beibringen würde, die Eltern mit ihren Sprösslingen teilten, vor allem, wenn sie sie lange erwartet hatten, so wie er. Oder wie Vincent, der sich so nach seinem kleinen Jef gesehnt hatte, dessen Geburt die Trennung von Éva mit sich gebracht hatte. Oft zeigte Vincent Liliane Fotos von dem Baby, die zitternden Finger auf seinem Handydisplay, einen Kloß im Hals vor lauter Schuldgefühlen, das kleine Wesen nicht normal aufziehen zu können. Dann beruhigte ihn Liliane und sagte, er habe es richtig gemacht, er und Éva hätten sich nicht mehr geliebt, und es sei besser für dieses Kind, dass es nicht mitbekam, wie seine Eltern sich gegenseitig Vorwürfe machten, wie sie traurig waren, wie sie das gemeinsame Leben satthatten. Stattdessen würde er immer abwechselnd von der Ausgeglichenheit profitieren, die sie beide für sich gefunden hatten, ohne sich zu zerfleischen.

»Ich habe Hunger.«

Liliane zuckte zusammen. Vincent war erwacht. Er saß im Bett, den Oberkörper schweißbedeckt, und beobachtete sie.

»Möchtest du irgendwo essen gehen? Oder soll ich uns etwas raufkommen lassen? Vielleicht hat die Küche noch geöffnet.«

Liliane hatte sich neben ihn gesetzt, und Vincent legte den Kopf auf ihre Schulter. Er umfing sie mit seinen langen Armen, auf denen spärliche braune Haare wuchsen, und fing dann an zu schluchzen. Seine Tränen liefen Liliane in den Nacken, sie umarmte ihn zärtlich und flüsterte ihm tröstende Worte zu. Weine, das wird dir guttun. Lass alles raus. Ich bin da. Jef ist da. Das wird schon wieder. Aber es würde nicht wieder werden. Sein Freund war tot, und niemand konnte etwas daran ändern. Leider hatte Liliane noch nie gewusst, was sie zu jemandem sagen sollte, der einen Angehörigen verloren hatte, vor allem, wenn sie denjenigen nicht gekannt hatte.

»Möchtest du mir von ihm erzählen? Vielleicht würde dir das helfen?«, schlug sie vor.

Eigentlich wollte Liliane Vincent beruhigen, doch jetzt musste sie ein wenig in das Leben dieses Adrien eintauchen, den sie niemals kennenlernen würde. So oft hatte Vincent begeistert von der Aussicht geschwärmt, seinen besten Freund und die Frau, die er liebte, miteinander bekannt zu machen. Doch Liliane war einem solchen Treffen immer aus dem Weg gegangen. Sie hatte keine Lust darauf, von diesem Mann beurteilt zu werden, der ohne den wohlwollenden Filter der Liebe von dieser merkwürdigen Geliebten überrascht sein musste. Eine alte Frau. Nein. Sie hatte immer eine Entschuldigung gefunden, behauptet, sie wäre verhindert, und hatte ihm stattdessen vorgeschlagen, ihr von Adrien zu erzählen. Dann war Vincents Freund verreist. Warten wir doch noch bis zu seiner Rückkehr mit seiner Verlobten Juliette. Wie jung sie noch ist, findest du das nicht auch lächerlich? Mit einem Satz sprang Vincent aus dem Bett, griff nach seinem Handy und bestellte an der Rezeption des Hotels eine Flasche Wein und zwei Koteletts mit Pommes frites. Dann setzte er sich auf das winzige Kanapee, das eine Sitzecke darstellen sollte, und bat Liliane, sich zu ihm zu setzen.

»Wie heiß es hier drin ist, man geht ja kaputt! Du hast recht, ich will dir von Adrien zählen. Was sollen wir auch sonst machen? Komm her, mein Schatz.«

Und so setzte sich Liliane zu ihrem trauernden Geliebten, und dieser erzählte ihr, hin- und hergerissen zwischen Begeisterung, Schweigen und plötzlichen Heiterkeitsausbrüchen, von den fünfundzwanzig Jahren Freundschaft, die Adrien und ihn entscheidend geprägt hatten. Wie sie sich im Schachclub kennengelernt und sofort verstanden hatten und wie wenig sich Adrien für Vincents gesellschaftlichen Status interessiert hatte. Ganz im Gegenteil: Stundenlang hatten sie in Vincents winzigem Zimmer in der Hausmeisterwohnung zusammengesessen, und oft hatte Adrien sogar bei ihm übernachtet, manchmal mehrmals pro Woche, weil Marie ihn wie ihren Sohn behandelte, während ihn seine eigene Mutter vernachlässigte. Nach und nach war Adrien wie ein Bruder für ihn geworden, der frischen Wind und gute Laune in das Haus der Nunes brachte. Beides hatte ihnen seit Rafaels Tod gefehlt. Der verrückte Kerl gab Marie ihr Lächeln wieder zurück, und endlich hatte Vincent jemanden gefunden, mit dem er Spielzeug, Geheimnisse, verborgene Wünsche und, in der Dunkelheit seines Zimmers, seine tiefen Zweifel teilen konnte. Zu dritt aßen sie am Dreikönigstag den traditionellen Kuchen und machten Marie Jahr um Jahr zu ihrer Königinmutter. Sie besuchten alle Denkmäler von Paris, schauten sich die gleichen Fernsehsendungen an, bereiteten gemeinsam die Mahlzeiten zu, feierten ihre

Geburtstage, spionierten die Nachbarn im Viertel aus, wienerten die Treppe, um die Königinmutter gnädig zu stimmen, und lachten über die Gefühlsverwirrungen ihrer ersten Verliebtheit. Adrien war viel mehr als ein Freund gewesen. Vincent sagte, er habe ihn von seinem angeborenen Hang zur Isolation gerettet, vor seiner Empathielosigkeit und der stummen Depression, die ihn bedrohte. Adrien hatte ihn da herausgerissen, ihn zu Partys mitgenommen und ihm zu einem Glück verholfen, das ihm vorher unerreichbar erschienen war. Er hatte es immer so angestellt, dass sie beide eingeladen wurden, wenn der Sommer näher rückte und sich abzeichnete, dass Vincent wieder einmal nicht in Urlaub fahren und dazu verdammt sein würde, in der glühend heißen verlassenen Hauptstadt allein zurückzubleiben. Er hatte ihn mit seiner zukünftigen Frau Éva zusammengebracht, als er sie eines Abends für ihn angesprochen hatte. Auch später war Adrien immer präsent gewesen, hatte parallel zu ihm seine Ehe gelebt und Alice geheiratet, die zu einer der besten Freundinnen Évas wurde. Die beiden alten Freunde waren nun zu Männern herangereift, die sich auf einen Drink oder zum Essen verabredeten, um sich von ihrem Erwachsenenleben zu erzählen. Die Falten wurden mehr, die Sorglosigkeit weniger. Doch ansonsten hatte sich definitiv nichts verändert. Sie lachten weiterhin über dieselben Dinge, kannten einander in- und auswendig, erzählten sich von ihren Familien.

»Ich kenne Adriens Tochter Laura seit ihrer Geburt. Adrien und ich haben die ganze Nacht durchgesoffen, als sie geboren wurde. Wir waren noch so jung! Alice und er wollten schnell ein Kind haben. Selten habe ich eine Familie gesehen, die sich so nahestand. Ach, Scheiße!«

Als sie den Namen Alice hörte, wurde Liliane hellhörig. Aber konnte das denn sein?

»Hast du ein Foto von ihr?«, fragte sie, überzeugt, dass es reiner Zufall war.

»Von Adrien? Jede Menge! Aber du hast doch schon welche gesehen, oder nicht?«

»Ja, von ihm schon, aber nicht von seiner Familie, seiner Frau und ihrer kleinen Tochter.«

Sichtlich überrascht, aber gerührt von dieser Neugier, küsste Vincent Liliane auf den Mund und flüsterte ihr ein »Ich liebe dich« zu, bei dem sie sich sehr unbehaglich fühlte, weil er ihre Absichten missverstand. Dann nahm er sein Handy und zeigte ihr auf Adriens Facebookseite Fotos von ihm. Wie lebendig er darauf wirkte!

»Ah, hier! Das war in der Provence, vor zwei Jahren, bevor sie sich getrennt haben. Schau, das bin ich. Ich habe seitdem ganz schön abgenommen, oder? Da war ich ja noch mit Éva zusammen«, fügte er hinzu, weil es ihm peinlich war, dass er Arm in Arm mit ihr dastand, während sie verloren in die Kamera schaute.

Liliane betrachtete die fröhliche Bande der gebräunten lächelnden Urlauber, die stolz vor einer kalkweißen Wand posierte.

»Das ist er, schau mal! Da hatte er noch Haare, der Schuft!«, kommentierte Vincent wie zu sich selbst, froh über einen Grund zur Heiterkeit inmitten dieses Unglücks, das ihn getroffen hatte. Adrien zog eine Grimasse und streckte der Kamera die Zunge heraus. Kerzengerade, diszipliniert, mit traurigem Lächeln und dem furchtsamen Blick jener, die nicht gern fotografiert werden, stand seine Frau neben ihm. Eine hübsche junge Blondine mit mittellangem Haar, die Liliane sofort erkannte.

Alice.

6.

Jacques lehnte schon seit fast fünf Minuten die Stirn gegen die Fensterscheibe. Die Urlauber drängten sich in dem überfüllten Waggon, glücklich, endlich aufzubrechen und der quälenden Hitze zu entfliehen, die über Paris hereingebrochen war und sie seit mehreren Tagen am Schlafen gehindert hatte. Allein in ihrer kleinen Wohnung hatte er ununterbrochen gearbeitet, um zu vergessen, dass Éva und Jef nicht da waren. Er sehnte sich danach, seine Frau und seinen Sohn wiederzusehen und endlich innerlich zur Ruhe zu kommen. Er sehnte sich nach dem Geruch des Meeres, dem Wind in seinem Gesicht und der stets eiskalten Gischt auf seiner Haut. Er hatte Lust, mit Éva Rad zu fahren und die bretonische Küste zu erkunden, lange Spaziergänge mit ihr zu unternehmen, auf dem Markt einkaufen zu gehen, Fische auszusuchen, mit den Kindern zu spielen, Crêpes und leckeren Kouignamann-Kuchen zu essen, sich zu lieben und sich dieser fröhlichen Gruppe anzuschließen, die dieses Jahr ganz neu gemischt war. Er hatte den Platz von Vincent eingenommen und Fred den von Adrien. Durch die neue Zusammensetzung mussten sie erst einmal ein neues Gleichgewicht finden, damit es ein harmonischer Urlaub wurde. Aber Jacques war guter Dinge und hatte schon die Minuten bis zu seiner Abreise gezählt. Doch dann war das Drama geschehen. Éva hatte ihn angerufen, weinend, vom Krankenhaus aus. Alice musste einige Tage dort bleiben. Adrien war tot. Er hatte ihn nie kennengelernt, aber es tat ihm leid für Alice. Es passte Jacques gar nicht, dass dadurch seine Sommerpläne ganz und gar über den Haufen geworfen wurden. Sie vereinbarten, dass er zunächst zu Éva fahren würde, und anschließend würden sie sich nach der Organisation der Beerdigung richten. Nachdem er einen guten Teil des Jahres im Krankenzimmer von Elisa, seiner kleinen Schwester, verbracht hatte, hatte Jacques gehofft, endlich mit diesen düsteren Gesprächen über den Tod, den Unterredungen mit den Ärzten und Schwestern, der Aufforderung, jeden Moment zu genießen, und den plötzlichen Launen des Schicksals abgeschlossen zu haben. Er solle einen Strich darunter ziehen, hatte ihm Raph geraten, der Trainer der Chevreux, der ebenfalls die nächsten Tage in dem Haus in der Bretagne verbringen würde. Sie würden gemeinsam hinfahren. Jacques freute sich darauf, denn Raph war immer gut gelaunt und gesprächig, und er war auch ihm inzwischen ein guter Freund geworden. Nicht zuletzt schätzte er seine Fähigkeit zum Zuhören und seinen Sinn für Humor.

Doch kurz vor der Abfahrt des Zuges war Raph immer noch nicht aufgetaucht. Die Türen schlossen sich und ließen auf dem Bahnsteig nur zwei Frauen zurück. Enttäuscht machte er sich bereit, seine Beine auf der ganzen Bank auszustrecken, um zu schlafen, als sein Begleiter ganz plötzlich doch noch erschien.

»Entschuldigen Sie, mein Herr, aber ich glaube Nummer 56 ist mein Platz.«

Raph grinste und zeigte dabei sein übertrieben weißes Gebiss, das er zum halben Preis bekommen hatte, bei einem renommierten Zahnarzt, den er jedes Jahr kurz vor dem Urlaub strandfit machte.

»Wo hast du denn gesteckt? Ich habe schon geglaubt, du kommst nicht mehr!«

»Ich habe noch nie im Leben einen Zug oder ein Flugzeug verpasst. Und auch noch nie eine Unterrichtsstunde. Ich komme niemals zu spät, das müsstest du doch wissen.«

»Ach ja? Und jetzt?«

»Der Zug fährt jetzt ab, oder? Und ich bin hier. Genau rechtzeitig. So, und jetzt hör auf zu meckern, Mütterchen, und nimm die Beine runter, damit ich mich auf meinen Platz setzen kann.«

Jacques sah ihn gespielt beleidigt an und zog ihm dann am Ohr, wie eine Mutter eben.

»Ich freue mich, dich zu sehen, alter Schwede. Ich habe schon befürchtet, dass ich ganz allein die lange Reise antreten müsste. Und nachdem ich schon in den letzten drei Tagen allein war, hatte ich keine große Lust dazu.«

»Und warum hast du mich nicht angerufen? Ich habe in den letzten Tagen unglaublich Party gemacht, in den schönsten Wohnungen von Paris. Alle meine Kunden haben mir ihre Schlüssel dagelassen, damit ich die Blumen gieße oder die Katze füttere. Jeden Abend schlafe ich in einem Palast. Gestern hatte ich einen Blick auf den Eiffelturm, von einer zweihundertfünfzig Quadratmeter großen Terrasse aus, mit Champagner, den ich aus dem Keller geklaut habe. Ich hatte zwei Mädchen eingeladen, und ich kann dir sagen, sie waren beeindruckt.«

»Ich musste arbeiten. Und außerdem weißt du genau, dass ich in einer Beziehung bin. Deine Bekanntschaften sind nichts für mich.«

»Christophe und du, ihr seid Langweiler, seitdem ihr euch zusammengetan habt. Ich glaube, mir hat es besser gefallen, als er ein herzloser Kapitalist war und du ein heruntergekommener Chauffeur warst. Da haben wir uns jedenfalls noch amüsiert.«

»Du vielleicht, ich nicht. Und er noch weniger, so viel ist sicher. Du vergisst, dass ich jetzt Familienvater bin, und das bedeutet, dass ich meine Prioritäten ganz anders setzen muss.«

»Deine Prioritäten ... Aber bei aller Liebe, der Junge ist doch nicht deiner. Und wenn alle Männer, die Väter werden, sich bis zur Volljährigkeit ihres Sprösslings einmauern würden wie die Mönche, dann müssten wir ja alle schwul werden.«

»Raph, auch Schwule können Kinder zeugen, weißt du.«

»Ist doch nur so ein Ausdruck.«

»Ein schwulenfeindlicher Ausdruck.«

»Jetzt nerv nicht. Du weißt genau, was ich meine. Jedenfalls, ob schwul oder nicht, ich habe jedenfalls keine Lust dazu, mir Blagen an den Hals zu hängen. Die der anderen reichen mir, und ehrlich gesagt widerstrebt mir schon die Vorstellung, mit ... Wie viele sind das jetzt?«

»Augenblick ... Charlotte, Marguerite, Lou und Jef. Das macht vier, darunter ein Baby und ein Kleinkind.«

»Gütiger Himmel!«

»Bist du bei deiner Großmutter aufgewachsen, Raph?«

»Ja, warum?«

»Ach, nur so ... Wegen deiner Ausdrucksweise.«

»Weißt du, was sie dir sagen würde, meine Großmutter?«

»Sie lebt noch? Hast du ein Glück.«

»Nein, sie ist tot«, erwiderte Raph und senkte traurig den Kopf.

»Oh, entschuldige, das wusste ich nicht.«

»Aber nein, ich nehme dich nur auf den Arm. Meiner Oma geht es prima. Ich stelle dich ihr mal vor, wenn du willst.«

»Jetzt hör schon auf, das ist nicht witzig, und alles, was mit Tod und so weiter zu tun hat, solltest du in den nächsten Tagen vermeiden.«

»Tut mir leid. Ja, Christophe hat es mir gesagt. War er ein guter Freund von dir?«

»Nein, ich habe ihn gar nicht gekannt.«

»Uff, ich war schon beunruhigt. Aber um wen geht es eigentlich?«

»Um den Exmann von einer Freundin von Lucie und Éva. Sie haben in den letzten zehn Jahren immer zusammen Urlaub gemacht, also ist die Sache etwas heikel. Wobei der Typ außerdem noch der beste Freund von Vincent war, Évas Ex.«

»Oh nein, das klingt ja wie die *Lindenstraße* in der Bretagne. Na, das wird ja lustig, ich kann's kaum erwarten. Wenn ich das gewusst hätte, weiß ich nicht, ob ich die Einladung meiner reichen Gastgeberin angenommen hätte.«

»Wie, Lucie hat dich eingeladen? Nicht Christophe?«

»Lucie, Christophe, ist doch egal.«

»Diesen Eindruck hatte ich aber nicht.«

»Was soll das heißen?«

»Die Fahrkarten bitte.«

Der Kontrolleur unterbrach sie. Raph hielt sein Ticket hin und warf Jacques einen misstrauischen Blick zu, der so tat, als sei alles in bester Ordnung, während er dem Kontrolleur das Handydisplay mit dem Fahrschein zeigte.

»Ist der Speisewagen ganz vorn, Monsieur?«, erkundigte sich Raph.

»Nein, drei Waggons weiter. Aber beeilen Sie sich. In Spitzenzeiten, so wie heute, ist er hoffnungslos überfüllt. In zehn Minuten wird die Schlange bis zu Ihnen reichen, und in Nullkommanichts sind nur noch Chips und Schokoladenriegel übrig.«

Spontan beschlossen die beiden Männer, in den Speisewagen zu gehen, weil sie schon großen Hunger verspürten und die Reise mehrere Stunden dauern würde. Der Angestellte, der allein mit dem Ansturm der hungrigen Reisenden im schwankenden Speisewagen fertigwerden musste, war nicht der Schnellste. Nach einer halben Stunde ungeduldigen Wartens entschieden sich die beiden Männer für zwei Sandwiches und zwei Bier und aßen im Stehen, Seite an Seite, wobei sie die französische Landschaft genossen, die vor ihren Augen vorbeizog.

»Warum sagst du so was?«

»Warum sage ich was?«, fragte Jacques erstaunt, den Mund fettig von Mayonnaise.

»Warum erwähnst du mein Verhältnis zu Christophe?«

»Ach, nur so. Aber ich bin doch nicht blind. Ich habe durchaus bemerkt, dass da etwas ist. Auf einmal konntet ihr euch nicht mehr in die Augen schauen, besonders bei ihm ist mir das aufgefallen. Er ist wie erstarrt, wenn du kommst oder wenn ich von dir rede. Er nimmt jetzt Boxunterricht, um nicht mehr so oft mit dir zu trainieren, und du kommst nie mehr unangekündigt bei uns vorbei. Habt ihr euch gestritten? Oder … Habt ihr … Na ja …«

»Ach, das interessiert dich wohl, oder? Du, der Moralapostel. Der angeblich Linksliberale und Tolerante, der offen gegenüber jeder Form von Sexualität ist, du rümpfst die Nase über die, die die alten gesellschaftlichen und religiösen Zwänge und Normen über Bord werfen?«

»Nein, das tue ich doch gar nicht!«, log Jacques sichtlich verlegen.

»Also, du hast recht, wir haben miteinander geschlafen. Und nicht nur einmal. Es hat ein wenig gedauert, bis er so weit war, die Grenze zu überschreiten.«

»Aber … Liebt er dich? Und was ist mit Lucie?«

»Du kannst vielleicht altbacken sein!«

»Auch wieder die Großmutter?«

»Stimmt. Aber jetzt lass doch mal meine Großmutter aus dem Spiel. Nein, er liebt mich nicht. Wir amüsieren uns, wir fahren aufeinander ab, und wir suchen die Lust und die Leidenschaft dort, wo sie uns hinträgt. Er hatte Lust zu experimentieren. Wir haben Spaß miteinander. Aber er liebt seine Frau über alles, und auch sie ist verrückt nach ihm.«

»Woher weißt du das?«

Raph lächelte fein, und Jacques bekam eine Gänsehaut und wollte es plötzlich gar nicht mehr so genau wissen.

»Sagen wir mal, dass auch sie und ich uns nahestehen.«

»Nein! Du schläfst auch mit Lucie?«

»Sagen wir mal, dass ich sie ihren Körper und ein ganzes Universum von Freuden entdecken lasse, die sie bisher noch nicht kannte. Warum trennen sich die Leute und suchen ihren Spaß anderswo, was meinst du? Nein, nicht weil sie älter werden und einander nicht mehr gefallen. Sondern weil ihnen die Neugier abhandengekommen ist. Und dann glauben sie, dass sie durch einen Partnerwechsel den Orgasmus wiederentdecken können, die Lust auf die Lust. Das nur, um dir meine Rolle zu erklären. Sie müssen erkennen, dass sie an der falschen Front kämpfen. Christophe und Lucie sind wie geschaffen füreinander und verstehen sich wunderbar. Jedenfalls, so weit sich ein seit fünfzehn Jahren verheiratetes Ehepaar verstehen kann. Aber sie sind auf dem falschen Weg. Christophe wechselt den Beruf, weil er Angst hat, das Leben zu verpassen, und Lucie kämpft die ganze Zeit gegen das Alter, weil sie sich einbildet, dass ihre Weiblichkeit verschwindet und dass das Begehren, das sie bei anderen Männern erweckt, proportional zu dem ist, was sie in ihrem Ehemann erwecken möchte. Doch genau dieses Begehren ist veränderlich. Daher habe ich in ihre Paarbeziehung eingegriffen.«

»O mein Gott. Du schläfst mit Lucie und mit Christophe.«

»Hörst du mir überhaupt zu? Ich habe dir doch gesagt, dass das nicht so einfach ist. Christophe musste seine Grenzen austesten. Zum Glück hat er es mit mir gemacht anstatt mit irgendeinem schmutzigen Typen in einem Hinterzimmer, der ihn traumatisiert hätte. Und bei Lucie öffne ich ihre Chakren.«

»Und was kommt als Nächstes? Willst du sie bei ihrer Wiedervereinigung begleiten?«

»Warum nicht?«

»Mein Gott! Was wollt ihr da oben machen? Vor den Kindern? Und vor der Witwe? Vor mir?! Nein, sei still, ich will nichts mehr hören.«

»Aber keiner von denen wird bei unserem Zusammensein dabei sein, es sei denn, du möchtest dich uns unbedingt anschließen.«

»Sagen wir es mal so: Ich bin in dieser Hinsicht etwas prüde. Reden wir einfach nicht mehr davon. Es wird mir sowieso schwerfallen, euch noch in die Augen zu schauen. Ehrlich, was für eine merkwürdige Sexualität die Leute manchmal haben.«

»Viel merkwürdiger, als du dir vorstellen kannst. Du kennst ja noch nicht mein Londoner Paar.«

»Stopp! Ich will nichts mehr hören.«

»Wie du willst. Sollen wir jetzt mal die zweite Büchse der Pandora öffnen? Also, der Kleine, ist das eigentlich deiner?«

»Wovon redest du?«

»Jef, natürlich. Ist er dein Sohn? Oder der des besten Freundes des Verstorbenen?«

»Er ist natürlich der Sohn von Vincent. Warum fragst du?«

»Ich weiß nicht, ist nur so eine Intuition. Vor allem, weil der Junge dir erstaunlich ähnlich sieht. Schau dir nur mal dieses Foto an.«

»Gib mir mein Handy wieder!«

»Du hast ein Foto vom Kind eines anderen als Hintergrund für dein Smartphone?«

»Darf ich dich daran erinnern, dass ich mit ihm lebe und dass er erst drei Monate alt ist? Er ist wie mein Sohn. Du bist wirklich herzlos. Du hast recht, bekomm bloß kein eigenes Kind, das ist besser so.«

»Jetzt rede doch keinen Unsinn, Jacques. Hast du dir die Frage etwa nie gestellt?«

Jacques senkte den Kopf und steckte langsam das Handy zurück in die Tasche. Dann stieß er einen Seufzer aus und sah seinem Freund in die Augen. Raph hielt seinem Blick stand. Er würde nicht akzeptieren, dass die Identität dieses armen Säuglings im Ungewissen blieb.

»Warum machst du keinen Vaterschaftstest? Das ist doch heutzutage ganz leicht. Ich habe einen Kunden, der das gemacht hat, der Arme. Er war sich sicher, dass sein Jüngster nicht von ihm war. Das Kind war ein Faulpelz in der Schule, obwohl er selbst ein glänzender Akademiker war, und es hatte braune Locken, während er hellblond war. Und weißt du was?«

»Nein, aber du wirst es mir gleich verraten.«

»Genau. Er war tatsächlich der Vater!«

»Und was willst du mir mit deiner Anekdote sagen?«

»Gar nichts. Ich wollte es dir nur erzählen. Wusstest du, dass einer von fünfundzwanzig Vätern ein Kuckuckskind großzieht? Erstaunlich, wie viele Kinder von Sportlehrern, Friseuren oder Personaltrainern sich in der feinen Gesellschaft tummeln müssen. Ich bin mir ziemlich sicher, dass ich auch Vater bin.«

»Nein! Lou?«

»So ein Quatsch! Erstens ist sie rothaarig, und zweitens habe ich damals die Chevreux noch gar nicht gekannt.«

»In Bezug auf Jef bin ich mir nicht sicher. Ich würde es mir so sehr wünschen. Solange ich es nicht sicher weiß, kann ich mich in der Illusion wiegen. Der arme Vincent, er hat so lange auf ein Kind gewartet. Mit welchem Recht kann ich ihm seinen Sohn wegnehmen? Vielleicht sind zwei Väter besser als keiner, meinst du nicht?«

»Gut, mach, was du willst, aber ich würde dir trotzdem raten, fünfundachtzig Euro in die Wahrheit zu investieren, damit du dir überlegen kannst, ihn ganz für dich zu haben, das erscheint mir nur fair.«

»Ich überleg's mir«, murmelte Jacques nachdenklich und betrachtete in Gedanken versunken den Bildschirmhintergrund seines Handys, auf dem er stolz mit dem Kleinen im Arm posierte.

Als Raph Bier holen ging und ihn mit seinen Grübeleien allein ließ, vibrierte Raphs Handy, das er auf seinem Sitz liegen gelassen hatte. Jacques konnte seine Neugier nicht unterdrücken und warf einen Blick auf das Display.

Ich habe Lust auf dich. Komm schnell!, las er.

7.

»Max, könnten Sie mir bitte mit dem Tor helfen?«

Zehn Tage. Zehn Tage lang hockte Arianes Vater jetzt schon in dem Haus, das er ihnen als Urlaubsdomizil angeboten hatte, damit sie in aller Ruhe ihre ersten Ferien als Patchworkfamilie genießen konnten. Aber nun hatte der Herr offenbar Probleme mit seinem Haus auf Korsika und hatte es überhaupt nicht eilig, sich aus dem Staub zu machen, um sie endlich allein zu lassen. Max ließ die störende Anwesenheit dieses allmächtigen Schwiegervaters und dessen perfide Bemerkungen klaglos über sich ergehen. »Mein Papa ist nett, oder?«, hatte Ariane Max am ersten Abend nach dem dreistündigen Abendessen gefragt, das sie mit ihm, den Cousinen Marika und Estelle sowie der berüchtigten Mimoune, seiner hysterischen Schwiegermutter, ertragen mussten, und das nach acht Stunden Autofahrt mit den Kindern. »Ja, sehr nett«, hatte Max mit geheuchelter Begeisterung geantwortet. Da er schon eine Ehe hinter sich hatte, wusste er nur zu genau, dass eventuelle Ressentiments bezüglich seiner Schwiegerfamilie endlose Diskussionen oder gar Streitigkeiten nach sich ziehen konnten.

Am nächsten Tag hatte er auf die Abfahrt des Patriarchen gewartet. Doch als er zur Aperitif-Zeit mit den Jungs von einem Spaziergang zurückgekehrt war, musste er feststellen, dass der alte Herr immer noch da war. Mimoune war Gott sei Dank abgereist, ebenso wie die quirligen Cousinen und ihre Sprösslinge. An jedem darauffolgenden Tag war Max morgens in der Hoffnung aufgestanden, endlich mit einer Arschbombe ins Schwimmbecken springen und mit freiem Oberkörper essen zu können, und zwar, wann er wollte und was er wollte. Und vor allen Dingen hatte er keine Lust mehr auf die langen Unterhaltungen nach dem Abendessen, die der Alte ihm unter Alkoholeinfluss aufdrängte. Dabei erzählte er ihm jedes Mal lang und breit von seiner Vergangenheit. Max machte gute Miene zum bösen Spiel und gab verständnisvolle Laute von sich, die besagten, dass er da war und zuhörte, aber nichts erwiderte – was der Patriarch auch gar nicht wollte. Geld war das Hauptthema dieser Monologe, als wolle er Max ununterbrochen daran erinnern, wie dankbar er ihm sein musste und welche Solidarität er diesem allmächtigen Herrn schuldete, der ihn, den bedauernswerten Tropf, aus dem Sumpf gezogen hatte. Doch jetzt reichte es. Er würde sich nicht seinen einzigen Urlaub von diesem Schwiegervater verderben lassen.

»Max, kommen Sie, worauf warten Sie denn?«

Und doch musste er sich fügen. Denn wo sollte er denn hin, wenn er beschloss, in den letzten gemeinsamen Tagen mit seinen Söhnen noch anderswo hinzufahren? Und mit welchem Geld?

Das Gute an Mathilde war gewesen, dass er seine Schwiegerfamilie nicht hatte ertragen müssen. Sie redete schon seit Jahren nicht mehr mit ihrer Mutter und sah ihren Vater nur zu besonderen Anlässen. Was das Geld betraf, so war sie es in den letzten Jahren ihrer Ehe gewesen, die die Familie unterhalten hatte, ohne dass Max sich wirklich darum gekümmert hatte, weil er zu beschäftigt damit gewesen war, insgeheim die zahlreichen Fehler seiner Frau aufzulisten. Inzwischen war ihm klar geworden, was er ihr alles verdankte. Er beschloss, sie anzurufen, was ihm außerdem eine gute Ausrede verschaffte, sich der blöden Arbeit mit dem Tor zu entziehen. Henry würde schon allein zurechtkommen.

Max ging zum Swimmingpool, in dem Martin und Théo jetzt schon seit mehreren Stunden unter der Aufsicht von Ariane herumplanschten, während sie ein Frauenmagazin nach dem anderen las.

»Kommt mal raus, Jungs, ihr löst euch ja schon auf!«

»Wieso, Papa?«, erwiderte ihm Martin, der sich an eine riesengroße Schwimmente klammerte, während sein Bruder versuchte, einen Ball zu erwischen, der ihm jedes Mal aus den Händen glitt, wenn er sich näherte.

Die Kleinen waren begeistert, und das war letztendlich die Hauptsache. Sie liebten Ariane, die ihre Zuneigung erwiderte, und mehr noch diese Villa mit ihrem komfortablen, unaufdringlichen Luxus. Vom Swimmingpool aus, der oberhalb der Bucht lag, konnte man in der Ferne das Meer glitzern sehen, ohne die sommerlichen Unannehmlichkeiten ertragen zu müssen.

»Rufen wir Mama an?«

»Ja.«

Die Kinder näherten sich dem Rand des Pools, und Max zog sie einen nach dem anderen heraus. Er rieb sie mit sauberen und glatt gebügelten Handtüchern ab, die Dany, die Haushälterin, jeden Morgen in einen großen Weidenkorb legte. Martin warf seine Schwimmflügel ab und zeigte die Druckstellen, die sie an seinen Armen hinterlassen hatten. Théo präsentierte seine Mückenstiche und löste damit bei Ariane gespielte Entsetzensschreie aus. Sie gab sich große Mühe, die Liebe dieser Stiefsöhne zu gewinnen, mit denen sie nicht gerechnet hatte.

»Wir rufen Mathilde an, möchtest du, dass wir ein Stückchen weggehen?«, flüsterte Max, weil er nicht wusste, ob es ihm gefallen hätte, wenn seine Partnerin in seiner Hörweite ihren Ex angerufen hätte.

»Nein, warum?«, erwiderte sie vollkommen entspannt. »Ich schaue mir gerade Zellulite auf den Oberschenkeln aller Stars an, die im Badeanzug für diese Zeitschrift fotografiert wurden, und glaub mir, das ist richtig Arbeit. Aber ich fühle mich dadurch gleich viel besser.«

Max küsste sie. »Du bist die Schönste«, flüsterte er ihr zu. Dann hob er beide Söhne in ihren luxuriösen Badetüchern auf seinen Schoß, wählte Mathildes Nummer und schaltete den Lautsprecher ein.

»Hallo?«

»Hallo, Mama!«

»Hallo, Mama!«

»Hallo, meine Schätze! Und, wie geht es euch?«

»Gut. Die Sonne scheint, wir essen Schokolade, ich kann jetzt kraulen, Mama, schaust du dir das mal an? Papa, filmst du mich, und wir schicken es Mama? Wenn ich kraule. Ich bin total stark. Ich kann schon ins Becken springen, aber ich darf nicht so oft Bomben machen, weil Opa Henry das nicht mag. Das spritzt überall rum, und dann muss er mit einem Schieber am Schwimmbadrand entlangfahren, damit die Ränder sauber bleiben, aber ich mach das gern mit dem Schieber.«

»Wer ist Opa Henry, Schätzchen?«

»Ich hab dir doch gesagt, dass du ihn nicht Opa Henry nennen sollst, Théo«, flüsterte Max leise, damit Ariane es nicht hörte.

»Warum nicht? Er hat mir gesagt, dass ich ihn so nennen soll.«

»Mama, Mama? Was machst du?«

»Oh, Martin, mein Kleiner, wie geht es ihm? Vermisst er mich nicht zu sehr?«

»Nein, Mama, Martin ist doch schon groß und stark! Er weint fast gar nicht mehr und zieht tagsüber keine Windel mehr an, wie du uns gesagt hast, damit er nach dem Urlaub sauber ist.«

»Gebt Mama ein Küsschen, ich möchte auch noch mit eurem Vater reden.«

»Küsschen, Mama!«

Théo und Martin nahmen das Handy und bedeckten es mit feuchten Küssen, unter dem eifersüchtigen Blick von Ariane, den Max zufällig auffing.

»So, und jetzt lauft zu Dany, sie gibt euch was zu essen.«

Aus Rücksicht auf Ariane entfernte sich Max nun doch mit dem Handy.

»Hallo. Also, wie du hörst, sind sie nicht tot.«

»Max!«

»Entschuldige. Nein, es geht ihnen wirklich gut. Sie haben weder Fieber noch Schnupfen. Martins Asthma scheint ganz verschwunden zu sein. Sie hatten bisher auch keinen Sonnenbrand, sie planschen von morgens bis abends, und durch das viele Schwimmen kommen sie kräftiger zurück als Obelix. Und du, hattest du Spaß in der Bretagne? Versteckt Lucie Plätzchen unter ihrem Kopfkissen, und Éva schlägt sich mit ihrem Kind die Nächte um die Ohren?«

»Max, ich muss dir was erzählen.«

»Ach ja? Was denn, hat euch euer Koch im Stich gelassen? Tragen die kleinen Chevreux jetzt H&M? Nein, warte, sag nichts. Éva hat sich das größte Zimmer genommen, und Lucie will ausziehen.«

»Max, Adrien ist tot.«

»Wie bitte? Was soll das heißen? Adrien? Der Zahnarzt?«

»Ja. Er war mit seiner Freundin Juliette in Thailand und hat einen Tauchunfall gehabt. Seine Leiche muss überführt werden. Du kannst dir vorstellen, was hier los ist. Alice ist am Boden zerstört; sie musste sogar ins Krankenhaus. Jacques kommt demnächst; das Haus wird voll, und wir wissen bisher nicht, ob wir wegen der Beerdigung den Urlaub abbrechen müssen.«

»Mist … Der Zahnarzt.«

»Hör auf, dauernd ›der Zahnarzt‹ zu sagen, Max, du kennst Adrien immerhin seit zehn Jahren, und ihr habt einiges miteinander erlebt. Ich weiß, dass er nicht dein bester Freund war, aber trotzdem. Jetzt hab doch mal ein Herz, und sei's nur wegen Alice, aber vor allem wegen Laura.«

»Ja, natürlich, tut mir leid. Es ist nur der Schock. Er war

genauso alt wie ich. Ich kann mir das einfach nicht vorstellen, es ist unfassbar. Kann ich irgendetwas tun?«

»Ja, vielleicht könntest du etwas länger auf die Kinder aufpassen. Wir werden die Griechenlandreise mit Alex ganz bestimmt verschieben und nach Paris zurückmüssen. Den Kindern möchte ich die Beerdigung ersparen.«

»Du hast recht. Allerdings hatten Ariane und ich geplant, vor dem Ende der Ferien noch ein paar Tage zu zweit zu verbringen.«

»Max, ich bitte dich nicht oft um einen Gefallen. Du hast später, wenn sie dann bei mir sind, noch alle Zeit der Welt zum Turteln.«

»Nein, leider nicht, denn bis dahin haben wir das Restaurant schon wieder eröffnet. Was also das Turteln angeht …«

Er hatte die Stimme erhoben, bereit für die Konfrontation. Mathilde kannte ihn gut. Max hatte jetzt genügend Wut aufgebaut, um jeden Moment zu explodieren. Und er musste seinen Zorn an ihr auslassen … Nein, musste er nicht. Dafür hatte er jetzt seine Freundin.

Sie würde die ewigen Schimpftiraden ihres Exmannes jetzt nicht ertragen.

»Max, ich mache jetzt Schluss. Wir reden morgen weiter. Ich muss noch ein Abendessen für zehn Leute vorbereiten und Laura trösten. Also entschuldige mich bitte.«

Sie legte auf, ohne ihm Zeit zu geben, seiner Wut freien Lauf zu lassen.

»Verdammte Scheiße, das kann doch nicht wahr sein!«

Max schleuderte sein Handy weg und brüllte wie ein Tier, während Ariane und ihr Vater, der gerade von seiner

Tormission zurückkehrte, ihn irritiert ansahen. Henry wandte sich als Erster an ihn.

»Alles in Ordnung, Max?«

»Nein, kann man nicht sagen.«

»Max! Was ist denn los?«

»Nichts, ich muss nur die Kinder eine Woche länger übernehmen. Mist!«

»Aber ich dachte, dass Mathildes Schwester sie abholen und mit zurücknehmen würde.«

»Ja, hast du dir so gedacht. Weil es so geplant war. Unter normalen Umständen. Aber nein.«

»Max, jetzt hör mal …«

Ariane warf ihm einen beunruhigten Blick zu. Sie wusste, dass er sich von seiner winterlichen Depression noch nicht ganz erholt hatte. Jeden Moment konnte er die Fassung verlieren und sein »teuflisches Ich« herauslassen, wie sie es scherzhaft nannten.

»Max, bitte beruhigen Sie sich. So schlimm ist das doch nicht. Sie können hierbleiben, solange Sie wollen. Vorausgesetzt, Sie helfen mir mit dem Tor«, scherzte Henry und heizte damit den Zorn dieses Schwiegersohns noch mehr an.

Ohne zu antworten, hob Max sein Handy auf und stürzte ins Haus. Dann knallte er die Zimmertür hinter sich zu und igelte sich ein. Inmitten von weiterhin fröhlich zirpenden Grillen blickten Ariane und ihr Vater sich wortlos an. Schließlich zuckte Henry mit den Schultern, sichtlich empört über ein so unhöfliches Verhalten, und ging ebenfalls hinein.

Ariane atmete tief durch und folgte ihnen. Als sie ihr

Zimmer betrat, das sie schon als junges Mädchen bewohnt hatte, fand sie Max auf dem Bett liegend. Er spielte mit dem Handy und sah sie nicht an. Schüchtern streckte sie sich neben ihm aus und legte den Kopf auf seine Schulter, während er nervös weitertippte. Als er das soundsovielte Spiel verlor, nahm sie ihm das Handy weg, legte es auf das Nachtschränkchen und schwang sich rittlings auf ihn. Anschließend öffnete sie ihre weite Bluse und rollte ihren Badeanzug so weit herunter, dass er ihre von der Schwangerschaft geschwollenen Brüste betrachten konnte. Dann nahm sie seine Hände und legte sie lächelnd darauf.

»Ich merke, dass mein Vater dir auf die Nerven geht, und ich verstehe das, Max. Ich war egoistisch. Ich sehe ihn nur so selten, und schließlich lebt keiner von uns ewig, aber ich war glücklich, euch beide so lange um mich zu haben. Aber jetzt muss ich vernünftig sein. Ich werde mit ihm reden. Es wird Zeit, dass er nach Korsika zu Mimoune fährt. In Wahrheit hasst er nämlich seine Schwiegerfamilie, und es gefällt ihm viel besser bei uns. Er mag dich übrigens sehr!«

Max lachte nervös, einerseits beruhigt von diesen guten Nachrichten, die, wenn sie auch nicht das Problem mit den Kindern lösten, doch unbestreitbar ihr Leben ändern würden, aber andererseits auch amüsiert darüber, dass sich Henry derart vor der Familie seiner besseren Hälfte drückte. Dass er ihn mochte, daran zweifelte er allerdings sehr. Wie dem auch sei – die Sympathie war keineswegs gegenseitig. Ariane, die ebenfalls beruhigt war, zog Max' T-Shirt aus und begann, ihn sanft zu streicheln, wobei sie ihm in die Augen sah. Ihr Haar war zerzaust vom Schwimmen und gebleicht von der Sonne und ließ sie jünger aussehen. Außerdem hatte sie, nachdem sie sich kennengelernt hatten und mehr noch seit ihrer Schwangerschaft, aufgehört, auszugehen und Alkohol zu trinken, und man musste sagen, dass der gesündere Lebensstil sie beträchtlich verschönert hatte. Max fühlte sich wohl mit ihr. Sie schenkte ihm die Zärtlichkeit und Sanftheit, die ihm in den letzten Monaten seiner Ehe so gefehlt hatten. Ariane urteilte nicht über ihn und behandelte ihn nicht wie ein Kind. Im Gegenteil, sie schien sich ganz seinen Entscheidungen zu fügen, wodurch Max besonnener geworden war.

»Ich liebe dich«, flüsterte er ihr zu und streichelte ihr Gesicht.

»Ich dich auch«, erwiderte sie lächelnd, erstaunt von dieser plötzlichen Erklärung.

Max war kein großer Redner, vor allem, wenn es um Gefühle ging.

»Nein, wirklich, das meine ich ernst. Ich habe das bisher nur zu zwei Frauen gesagt, und ich hätte nicht gedacht, dass ich es so schnell wieder tun würde. Dass du mich retten würdest. Danke, Ariane Maitte, du wirst dafür in den Himmel kommen, dass du einen armen Teufel wie mich aus der Patsche gezogen hast.«

»Red nicht so einen Quatsch. Ich muss dir danken, weil du mich aus meinem Party- und Luxusleben gerissen hast.«

»Luxusleben? Wie das denn?«, fragte Max lachend, umarmte sie und rollte sich mit ihr herum. »Ich kann mich gar nicht mehr auf dich legen. Ich würde es zerquetschen, oder? Hallo, Bernadette, quetsche ich dich ein?«

»Nein, bloß nicht Bernadette! Die Arme!«

»Und warum nicht? Ich dachte, hässliche alte Vornamen wären gerade in Mode.«

»Aber wir nennen sie nicht Bernadette, nur über meine Leiche!«

»Ach, apropos Leiche, das habe ich dir noch gar nicht erzählt. Alices Mann ist tot.«

»Die Alice aus dem Fernsehen? Die Köchin? Das kann doch nicht wahr sein, sie waren ein so schönes Paar! Wie entsetzlich!«

»Beruhige dich! Nicht Fred ist tot, sondern Alices Exmann.«

»Der Exmann?«

»Ja, Adrien, der Zahnarzt.«

»Uff, hast du mir einen Schrecken eingejagt!«

»Du Heuchlerin. Nur weil der arme Typ nicht bekannt war, ist sein Tod wohl nicht so schlimm.«

»So habe ich das doch gar nicht gemeint. Ich habe ihn nicht gekannt, und du hast doch selbst gesagt, dass er ihr Ex war.«

»Ja, aber sie waren zwanzig Jahre lang zusammen.«

»Willst du damit sagen, dass du, wenn Mathilde sterben würde, für alle Ewigkeit ihr Witwer sein würdest? Dass die Vergangenheit die Toten wichtiger macht als die jetzigen Partner?«

»Bist du vielleicht eifersüchtig? Jetzt lass doch mal die arme Mathilde aus dem Spiel. Du brauchst dir ihretwegen keine Sorgen zu machen. Wenn du wüsstest, wie sehr sie mir auf die Nerven geht!«

»Du machst mir Angst. Ist das schon immer so gewesen, oder ist das erst mit den Jahren so gekommen?«

»Das mit Mathilde und mir war von Anfang an zum Scheitern verurteilt. Es hat keinen Sinn, eine Erklärung dafür zu suchen. Wir waren nicht füreinander geschaffen. Sie ist zu hart, unabhängig und streng. Ich habe sie behindert. Ich bin sicher, dass sie jetzt glücklicher ist, in ihrer blitzblanken Wohnung, ohne Männerunterhosen in der Wäsche und ohne Typen im Bett. Aber sie wird ganz schöne Schwierigkeiten haben, noch mal jemanden zu finden, das sage ich dir.«

»Aber ich habe gehört, dass sie mit dem Vater von einem von Théos Kindergartenfreunden zusammen ist.«

»Scheint aber nicht mehr aktuell zu sein. Schließlich ist sie allein in die Bretagne gefahren und fliegt anschließend mit den Kindern und ihrer Schwester und ihrem Schwager nach Griechenland. Aber genug von mir. Was ist eigentlich mit dir, junge Mutter, willst du mir nicht mal etwas von deiner Vergangenheit erzählen?«

Ariane wirkte verlegen. Sie sprach selten über sich und überließ meist Max das Reden. Er liebte sie. Er liebte ihre Haut, ihren Geruch, ihre Sanftheit und die Momente, die sie teilten. Dennoch kannte er sie kaum, da er im Allgemeinen nur selten Fragen stellte. Intimität belastete ihn, und er hatte Angst, die Oberfläche anderer zu durchstoßen. Er wartete lieber, bis sie sich ihm von selbst öffneten. Doch im Gegensatz zu Mathilde, die die ganze Zeit geredet und mit ihren Anekdoten ihre Beziehung ausgefüllt hatte, war Ariane von eher schweigsamem Charakter. Daher überraschte sie Max' Frage.

»Ich? Aber das Wichtigste weißt du, und leider gibt es nicht viel hinzuzufügen. Ich bin ein ganz gewöhnliches

Mädchen, ein typisches Produkt des 16. Arrondissements. Ich wurde von meinen Eltern verwöhnt, bin von drei Schulen geflogen und habe nicht mal mein Abi beim ersten Anlauf geschafft, obwohl meine Familie viel Geld ausgegeben hat, um es mir zu ermöglichen. Dafür habe ich ungefähr zur selben Zeit nach genauso vielen Versuchen meinen Führerschein bestanden. Und damit habe ich mich zwei Jahre lang auf den Weg gemacht. Ich habe ganz Europa durchkreuzt, zusammen mit meiner damaligen besten Freundin, Philippine de Villiers, einem echt verrückten Huhn. Meine Eltern sind fast durchgedreht. Sie glaubten, ich würde im Herbst zurückkehren und ein Jurastudium beginnen. Aber wir sind erst nach zwei Jahren wieder nach Paris zurückgekommen. Philippine hat sich in so einen Kretin aus den Alpen verliebt, Édouard de Vilmorin, und damit sie nicht enterbt wird, hat sie ihn mit großem Pomp auf dem Familienschloss geheiratet. All ihre Schulfreundinnen und Freunde waren eingeladen und haben voller Entsetzen zugesehen, wie Philippine, die Verrückte, sich brav unter ihrem jungfräulichen Schleier zum Altar begab und ihrem Zukünftigen eine Mutter für seine Kinder wurde. Sie hat ihre Autos stehen lassen, hintereinander drei Kinder bekommen und ihre Jugend und ihre rebellische Art ganz tief in sich vergraben. Ich war diejenige, die diese Seite von ihr am besten kannte, und vielleicht hatten wir uns danach deswegen nicht mehr so viel zu sagen und haben uns allmählich aus den Augen verloren. Ich bin meinen Weg allein weitergegangen. Habe das Jurastudium abgebrochen, versucht, bei Freunden meines Vaters zu arbeiten, und bin jedes Mal wegen meiner Unpünktlichkeit rausgeschmissen worden. Ich war ein Partygirl, wie man so schön sagt. Ich habe zehn Jahre lang jeden Abend gesoffen, geraucht, ein Vermögen für Glitzerklamotten, Perücken, Verkleidungen und Flugtickets ausgegeben, denn irgendwann langweilt man sich. Also reist man zum Feiern nach Ibiza, nach Thailand oder Brasilien. Und dann nimmt man Drogen, weil die Partys nicht mehr so lustig sind … Aber ich will dich nicht zu sehr damit langweilen. Es hat mir an nichts gefehlt, mein Vater hat mir immer Geld gegeben. Ohne diese materielle Sicherheit wäre ich vielleicht irgendwann mal auf den rechten Weg gekommen und hätte mir Arbeit gesucht, so wie alle anderen auch. Manchmal war das ziemlich schlimm. Aber es war mein Leben, und ich wusste nicht recht, wie ich den Absprung finden sollte. Also habe ich Partys organisiert und bin ganz darin aufgegangen. Und dann habe ich dich getroffen.«

Max sagte nichts, während Ariane ausführlich von ihrem früheren Leben erzählte. Ohne nachzudenken, küsste er Ariane auf den Mund. Dann sprang er plötzlich aus dem Bett, kniete sich mit einem Bein auf die Erde, nahm ihre Hände in seine und fragte sie feierlich:

»Ariane, willst du mich heiraten?«

Die Vorhänge aus weißem Leinen bauschten sich idyllisch im Meereswind auf – das Haus lag still da, der Augenblick war absolut perfekt. Er liebte Ariane, und sie würde ihr Kind zur Welt bringen. Außerdem war das Leben kurz, Adrien hatte es bewiesen. Ja. Je mehr er darüber nachdachte, desto mehr erschien ihm diese Entscheidung als die beste, die er seit Monaten getroffen hatte. Natürlich müsste er sich erst von Mathilde scheiden lassen, aber sie hatten schon die ersten Schritte bei ihrem Anwalt unternommen. In gegenseitigem Einvernehmen, ohne Unterhaltszahlung, da er nichts verdiente, und mit geteiltem Sorgerecht, weil sie einander vertrauten und sich gegenseitig versprochen hatten, in der Nähe des anderen wohnen zu bleiben, im Interesse der Kinder.

Wenn sie es gut organisierten, würden sie noch vor der Geburt des Babys heiraten können. Im Winter. Das war doch ausnahmsweise mal originell. Alle Welt heiratete bei schönem Wetter.

In seiner Aufregung hatte Max nicht bemerkt, dass Ariane noch gar nichts gesagt hatte. Als ihm plötzlich ihr Schweigen auffiel, wiederholte er:

»Ariane Maitte, antworte mir. Möchtest du die Frau eines alten Knackers auf neuen Berufswegen werden, Vater von zwei Kindern, gar nicht mal übel in Schuss und absolut verrückt nach dir?«

Ariane lächelte ihn an und seufzte dann. Und Max verstand, dass es ein Problem gab.

»Ach, wie gern ich das tun würde, Max. Aber ich kann nicht«, sagte sie mit leiser Stimme.

»Was soll das heißen, du kannst nicht? Willst du nicht?«

»Nein, ich kann nicht.«

»Und warum nicht?«

»Weil ich schon verheiratet bin.«

8.

Nach ihrer Ankunft im Ferienhaus hatte Laura eine Mauer zwischen sich und den anderen errichtet, und Alice gelang es nicht, sie einzureißen.

Fred hatte ihr vorgeschlagen, an einen etwas abgelegenen Strand in der Nähe zu gehen, um auf andere Gedanken zu kommen.

»Es gibt nichts Besseres als eine schöne Angelpartie am Spätnachmittag, um trübe Gedanken zu verscheuchen«, hatte er erklärt und Alice einen übel riechenden Regenmantel sowie ein paar Gummistiefel hingehalten.

Gemeinsam gingen sie den steilen Abhang hinunter. Alice hielt sich an Fred fest, weil sie befürchtete auszurutschen, aber nicht zuletzt auch, weil sie furchtbare Angst verspürte, dass auch er sie verlassen könnte, ohne Vorwarnung, einfach so, von einem Tag auf den anderen. Puff, Abrakadabra, meine Damen und Herren, Ihr Verwandter, Ihr Angehöriger ist verschwunden.

Sie schwiegen und ließen sich den heftigen Wind um die Ohren wehen und sogen die gesunde Luft ein. Auf der Landzunge, die bei Ebbe zum Vorschein kam, bauten einige Kinder Sandburgen und Tunnel und buken mit Förmchen Krabben, Sterne und Fische, die sie mit Muscheln und Algen verzierten.

In der Ferne färbte die untergehende Sonne den Himmel stellenweise purpurrot und zeigte sich Fred und Alice von ihrer schönsten Seite.

»Alice, ich liebe dich«, unterbrach Fred die Stille. »Mehr denn je. Ich habe so lange auf dich gewartet. Ich weiß, dass du jetzt ganz durcheinander bist. Aber bitte lass mich meinen Platz in deiner Trauer finden. Stoße mich nicht so weg wie Laura.«

Überrascht hob Alice die Augenbrauen. Er hatte recht, sie durfte nicht alles durcheinanderbringen. Fred konnte nichts dafür, was Adrien passiert war. Sie küsste ihn auf den Mund, lächelte ihm verschmitzt zu und beschloss, die bedrückte Atmosphäre zu durchbrechen, die so schnell entstehen konnte, wenn man nicht aufpasste.

»Verstanden, schöner Mann! Also, gehen wir jetzt auf Krabbenfang?«

Erleichtert schwang Fred seinen Kescher und stieß ein Knurren aus, das die kleine Gruppe um sie erschreckte:

»Wer die meisten sammelt, macht dem anderen ein Kind!«

»Das werden wir ja sehen!«

Fred und Alice konzentrierten sich ganz auf ihre Aufgabe. Ab und zu stießen sie kleine Freudenschreie aus, wenn sie auf eine ganze Ansammlung von Krabben stießen, und widmeten sich mit einer so kindlichen Fröhlichkeit ihrer spielerischen Aktivität, dass ihr Kopf allmählich frei wurde. Sie hockten sich hinter Felsen, harkten den Sand durch und ließen mit einem Schwupp ganze Schulen von kleinen, durchsichtigen, vor Überraschung zappelnden Garnelen in den Kescher schwimmen. Dann griffen sie abwechselnd mit der Hand in das Netz, nahmen die Krustentiere, warfen sie in den Eimer und quietschten, wenn sie ihnen in die Finger zwickten. Dann setzten sie sich nebeneinander auf den inzwischen verlassenen Strand. Alice schmiegte sich an Fred und beobachtete mit ihm gemeinsam den Sonnenuntergang über dem Meer.

Als ihnen allmählich kalt wurde, gingen sie zurück zum Haus. Dort angekommen, sahen sie schemenhaft Lauras Gesicht am Fenster ihres Zimmers. Sie hatte sie beobachtet. Was dachte sie in diesem Moment?

»Hallo, mein Schatz? Ach, wie froh ich bin, endlich deine Stimme zu hören. Du fehlst mir so sehr! Es ist die Hölle hier. Alle glotzen mich an, als hätte ich Krebs. Ja, ich weiß, aber das ist doch kein Grund. Letzten Endes ist denen doch der Tod meines Vaters egal. Ihr Leben ändert sich dadurch kein bisschen. Na ja, höchstens ihr Urlaub.

Meine Mutter? Ich weiß nicht. Sie turtelt mit ihrem Typen. Ja, ich weiß, ich weiß. Natürlich sage ich dir Bescheid, wann ich zurückkomme. Wenn sie meinen Vater nach Hause überführt haben, wird ein Datum für die Beerdigung festgelegt. Nein, keine Ahnung. Vielleicht eine Woche. Aber bestimmt fahren wir nicht sofort am selben Tag. Versprich mir, dass du kommst! Doch! Ich möchte dich allen vorstellen. Ich bin jetzt erwachsen. Durch das mit meinem Vater sogar noch mehr. Ich möchte mit dir zusammenleben, Dimitri. Mir ist nichts anderes mehr wichtig außer du. Die anderen sind mir egal. Ich möchte so gern wieder mit dir schlafen, ich fühle mich so allein. Wie konnte ich nur leben ohne dich? Ohne das? Es ist mir egal, ich gehe nächstes Jahr nicht wieder zurück auf die Schule. Ich kümmere mich um die Musikschule, ich kümmere mich um dich, ich koche für dich. Wir leben in deinem kleinen Zimmer, nur wir beide. Und alles andere wird nicht so wichtig sein. Ich liebe dich. Ich … Warte, da kommt jemand, ich mach jetzt Schluss. Ja, mein Schatz. Ja, nach dem Essen, versprochen.«

»Laura, Liebes, darf ich reinkommen?«

Mathilde hatte an die Tür geklopft und war ohne abzuwarten sofort eingetreten. Als sie das entsetzte Gesicht des jungen Mädchens sah, wurde ihr klar, dass sie einen Fehler gemacht hatte.

»Entschuldige bitte, das war unhöflich von mir. Ich wollte dich nicht stören. Alles in Ordnung?«

»Super!«, log Laura mit einer viel zu fröhlichen Stimme, von der sich Mathilde nicht täuschen ließ.

Dennoch gab sie vor, Laura ihre gute Laune abzunehmen. Sie wollte Normalität heucheln? Kein Problem.

»Umso besser! Ich gehe runter und helfe Lucie in der Küche. Du kennst sie ja, sie hat inzwischen garantiert schon ein Riesenchaos angerichtet. Kommst du auch mit?«

»Ja, gern. Ich komme gleich.«

Nachdem Mathilde weg war, war Laura aufgestanden und hatte durchs Fenster gesehen. Sie sah die Umrisse von Fred und Alice, die aneinandergekuschelt am Strand saßen. Sofort packte sie wieder die Wut. Dabei wusste sie genau, dass er nichts dafürkonnte. Aber so empfand sie nun mal.

Wenn sie an ihren Vater dachte, stiegen Bilder ihrer Kindheit in ihr auf. Unaufhaltsam spulte sich der Film ihrer ersten Jahre wie eine blöde romantische Komödie vor ihrem inneren Auge ab.

Plötzlich erinnerte sich Laura daran, dass sie mit Juliette skypen musste, die ihr schon mehrere Mails geschickt hatte. Bisher hatte sie ihr noch nicht geantwortet.

Laura vergewisserte sich, dass niemand vor ihrer Tür stand, und blockierte, wie sie es in Filmen gesehen hatte, den Türgriff mit einem Stuhl. Dann tippte sie auf das kleine Telefonsymbol. Es klingelte ein paarmal, schließlich erschien das Gesicht der jungen Frau.

»Hallo, Laura, nett, dass du mich anrufst«, murmelte Juliette mit gebrochener Stimme und schluchzte dann: »Du kannst dir gar nicht vorstellen, wie furchtbar das ist!«

Laura fand es unerträglich, dass sie die Jackie Onassis mimte. Schließlich ging es hier um ihren verstorbenen Vater und nicht um einen Geliebten, den sie erst knapp ein Jahr kannte. Außerdem brauchte man seine Trauer nicht so zur Schau zu stellen.

Nachdem ihr Juliette das ganze Unglück bis ins kleinste Detail geschildert hatte, verspürte Laura den dringlichen Wunsch, das Gespräch zu beenden.

»Juliette, ich mache jetzt Schluss. Ruf mich morgen noch mal an, wenn du abreist. Falls du nichts dagegen hast, gebe ich deine Nummer einer Freundin meiner Mutter, damit ihr gemeinsam alles rund um die Beerdigung und den Transport organisieren könnt. Ich bin damit überfordert.«

»Und warum wird das alles von mir erwartet?«, rief Juliette ihr wütend entgegen.

Sie haderte mit ihrem Schicksal. Dass sie das durchmachen musste! Und bestimmt bereute sie es inzwischen, sich einen alten Knacker angelacht zu haben und sich jetzt mit diesem Mist herumplagen zu müssen. Sie war nun die Witwe eines Mannes, der sie zweifellos nicht geliebt hatte, und wurde durch die bizarre Situation mit Verpflichtungen konfrontiert, die sie nicht stemmen konnte.

»Weil ich seine Tochter bin und erst fünfzehn Jahre alt«, erwiderte Laura ruhig und beendete dann mit einer heftigen Bewegung ihres Zeigefingers diese Konversation, die schon viel zu lange gedauert hatte.

Hinter der Tür hörte sie das Lachen der Kinder, die im Treppenhaus herumtobten, und die aufgeregte Stimme Anouks, die sie zur Ordnung rief und sie bat, zurückzukommen, weil sie alle splitterfasernackt aus dem Bad gerannt waren und sich den Tod holen würden, wenn sie so weitermachten. Im Erdgeschoss klapperten die Töpfe und das Geschirr bei der Zubereitung des Abendessens.

Laura hatte das Bedürfnis zu reden. Sie musste sich an Lucie wenden. Die würde ihr bestimmt helfen können. Lucie wusste immer Rat, und vor allen Dingen verstand sie es, jede Situation aufzuheitern, sogar die schlimmste.

Also ging Laura hinunter.

9.

»Oh, Mathilde, du kommst genau richtig. Wo warst du denn so lange?«

»Ich habe mit Max telefoniert.«

»Das sehe ich. Du hast sofort einen guten Teil des Glows eingebüßt, den Pablo dir verliehen hatte. Man könnte meinen, du kämst gerade aus dem Boxring.«

»Wie der mir auf die Nerven geht! Er will die Kinder nicht länger nehmen, stell dir das mal vor! Wie oft habe ich ihn um einen Gefallen gebeten? Wer hat sich bislang immer um die Kinder gekümmert? Um ihre Wäsche, um …«

»Ja, ja, das wissen wir doch, Liebes. Max ist ein Scheißkerl, und ohne dich wäre er tot, erstickt im Dreck und von Depressionen aufgefressen.«

»Du hast ja gute Laune, wie schön.«

»Entschuldige Liebes, tut mir leid, aber ich habe richtig Stress mit dem Abendessen. Es ist schon 6 Uhr, und nichts ist fertig. Alle haben sich aus dem Staub gemacht, ich muss noch die Krabben entdarmen, Austern öffnen, das Brot rösten und den Aperitif vorbereiten. Mir ist schon klar, warum heute keiner das Kochen übernehmen wollte. Das ist doch unmenschlich, sich in den Ferien um so was kümmern zu müssen. Wie viel Zeit das in Anspruch nimmt! Und das, obwohl Winnie da ist, um zu helfen.«

»Es kann nicht jeder Krösus sein, Lucie. Und selbst wenn wir uns die Kosten teilen würden, könnten wir uns keinen Koch erlauben. Wir essen heute eben ein bisschen später, was ist denn daran so schlimm?«

»Es ist schlimm, dass wir dann bis Mitternacht aufräumen müssen, dass Lou um 8 Uhr ins Bett muss und um 7 Uhr wieder wach wird, dass ich kaputt sein werde und dass ich gern die wenigen Tage ausnutzen würde, die uns noch zusammen bleiben. Denn es ist ja sonnenklar, dass wir das Haus früher abgeben und alle zurück nach Paris zur Beerdigung müssen.«

Laura war in die Küche gekommen, ohne dass Mathilde und Lucie es bemerkt hatten. Sie war blass, ihre langen Haare waren seltsam zweifarbig – sicher eine pubertäre Laune – und fielen ihr trist rechts und links von einem Mittelscheitel herunter. Sie trug einen zu kurzen Pullover und eine Jeansshorts mit zu hoher Taille. Das musste gerade in Mode sein, sagte sich Lucie und bedauerte die Jugendlichen, die aufgrund des Hormonumschwungs oft etwas Speck ansetzten und dann auch noch so unvorteilhafte Kleidung tragen mussten. Ihren Mädchen würde das nicht passieren, so wahr sie Lucie Chevreux hieß. Dennoch war Laura schön. Definitiv.

Beide Frauen fühlten sich hilflos diesem großen Kind gegenüber, das sie seit seiner Geburt kannten und das fast wie ihre eigene Tochter war. Sollten sie mit ihr über Adrien sprechen? Oder sie auf andere Gedanken bringen? Lucie brach als Erste das unbehagliche Schweigen, legte die Utensilien zur Seite, die sie in den Händen hielt, und drückte Laura an sich.

»Es ist gut, dass du da bist, mein Schatz. Wir werden dich ein bisschen verwöhnen. Es tut mir so furchtbar leid mit deinem Papa, wir haben ihn alle sehr gemocht. Und dann so plötzlich! Wir werden immer für dich und deine Mutter da sein, das versprechen wir dir. Du kannst jederzeit zu mir kommen, wenn du mit jemandem reden möchtest. Oder zu Christophe.«

»Und auch zu mir!«, unterbrach Mathilde und umfing ihrerseits die beiden Frauen.

»Oh, die klebt aber an einem!«, scherzte Lucie.

Laura fing an zu lachen, riss sich jedoch schnell zusammen, sichtlich verlegen, dass sie auf die Ablenkung eingegangen war, als sei es ihre Pflicht, die Trauermaske aufzubehalten, die jeder von ihr zu tragen erwartete.

Ja, sie war unglücklich. So sehr, dass es ihr vorkam, als wolle der schlimmste Kummer, den sie bisher verdrängt hatte, alles mit sich reißen und als müsse sie Ströme von Tränen weinen. Man erwartete von Laura, dass sie weinte, schrie, sich unter Decken vergrub, das Essen verweigerte und nur von Zeit zu Zeit ihr Zimmer verließ, um mit geröteten Augen um ein wenig Wasser zu bitten. Doch sie konnte sich einfach nicht dazu überwinden und wusste sehr wohl, dass ihre Haltung die anderen beunruhigen musste.

»Du hast das Recht zu lachen, weißt du, mein Engel. Das ist kein Mangel an Respekt vor deinem Vater. Als meine Großmutter gestorben ist, habe ich mich ins volle Leben gestürzt, und glaub mir, ich brauchte das. Adrien hat das Leben und die kleinen Glücksgefühle mehr als jeder andere geliebt. Wenn es eines gibt, wovon ich fest überzeugt bin, dann, dass er es dir nicht übel nehmen würde. Im Gegenteil.«

»Danke, Lucie.«

»Gern geschehen, Schätzchen. Wenn du willst, gehen wir nach dem Essen einen trinken, nur du und ich.«

»Ich dachte, du hättest Angst, morgen früh zu müde zu sein, weil deine Tochter um 7 Uhr wach wird, obwohl sie doch ein Kindermädchen hat, das genau dafür da ist?«

»Was ist denn mit dir los?«, warf Mathilde ein.

»Oh, Entschuldigung, Frau Nachtschwärmerin. Ich komme jedenfalls nicht mit, auch wenn du es mir nicht vorgeschlagen hast. Morgen früh habe ich Surfunterricht.«

»Mathilde hat was mit dem Bademeister«, flüsterte Lucie Laura zu und warf ihrer Freundin einen spöttischen Blick zu.

»Nein! Mathilde?«, rief das junge Mädchen und konnte ein erstauntes Grinsen nicht unterdrücken.

»Lucie, wir haben doch vereinbart, nicht darüber zu reden!«

»Höhere Gewalt. Ich kenne nichts Besseres als Klatsch, um auf andere Gedanken zu kommen. Wusstest du, dass deine Mutter mit ihrem Physiklehrer geflirtet hat, als sie jung war?«

»Lucie! Du hast mir geschworen, es nie zu erzählen!«

Alice hatte unbemerkt die Küche betreten, gefolgt von Fred.

»Ach, das ist doch längst verjährt.«

Lucie ging zu Alice, lachte, nahm sie in den Arm und flüsterte ihr leise ins Ohr: »Wie geht's dir, meine Hübsche?« Alice erwiderte ihre Umarmung und beruhigte sie, dass es ihr bessergehe und sie den ersten Schock überwunden habe.

Die Zubereitung des Abendessens gestaltete sich erstaunlich fröhlich. Jeder gab sich Mühe, diese merkwürdige Runde so angenehm wie möglich zu gestalten. Mathilde begleitete das Essen der Kinder, und Anouk knüpfte eine lebhafte Unterhaltung mit Raph an, der neu in der Runde war. Jacques und er waren kurz zuvor angekommen und hatten sich diskret mitten in dem ganzen Durcheinander ein Plätzchen im Haus gesucht. Fred hatte jetzt das Kommando in der Küche übernommen, unter dem bewundernden Blick von Christophe, der mit einem Glas Weißwein in der Hand an der Frühstückstheke lehnte und gar nicht mehr aus dem Staunen über den neuen Bekannten herauskam.

»Das ist ja unglaublich, habt ihr das gesehen? Wie schnell er die Zwiebeln schneidet! Der Typ ist ein Genie. Er muss mir das beibringen, ich will alles lernen!« Lucie verdrehte amüsiert die Augen zum Himmel, mimte hinter seinem Rücken überschwängliche Begeisterung und brachte damit Éva zum Kichern, die sich vor Müdigkeit kaum noch auf den Beinen halten konnte. Jacques betrachtete sie mit einem verliebten Blick, so wie immer, was bei den anderen Paaren einen Stich der Eifersucht hervorrief und sie dazu brachte, auch ihre gegenseitige Liebe übertrieben zu zeigen. Lucie legte den Arm um Christophe, jedes Mal, wenn er vorbeikam, küsste ihn zärtlich auf den Hals, und das, obwohl sie sonst so prüde war. Alice bedachte Fred mit liebevollen Blicken. Sie hatte sich draußen auf einem der Liegestühle mit ihrer Tochter zusammengerollt, die sich für einen Moment der Vertraulichkeit zu ihr gesellt hatte. Sie lagen unter den Wärmestrahlern, in Wolldecken eingehüllt, und unterhielten sich leise. Die alte Vertrautheit zwischen ihnen hatte sich rasch wieder eingestellt. Laura weinte ein bisschen, was Alice beruhigend fand. Sie kamen überein, in zwei Tagen nach Paris zurückzukehren, wenn auch Adrien dort eintreffen sollte. Fred würde noch ein paar Tage länger in der Bretagne bleiben, weil Jérémy und Anouk gerade erst angekommen waren und Laura in ihrer Trauer gern einige Tage allein mit ihrer Mutter verbringen wollte. Alice war sichtlich erleichtert und hatte sich ein wenig entspannt. Hand in Hand beobachteten Mutter und Tochter gemeinsam die funkelnden Sternschnuppen.

»Wünschst du dir etwas?«, murmelte Laura.

»Natürlich, mein Schatz.«

Und Alice wünschte sich ganz fest, dass ihre Tochter glücklich würde, trotz ihres Kummers, trotz dieses plötzlichen Verlusts, kurz bevor sie zur Frau wurde. Sie schloss die Augen und flehte diese unbekannte Macht, die die Wünsche der Kinder erfüllt, an, ihren zu beherzigen, denn er war wichtig.

Dann gesellten sich die anderen zu ihnen.

»Hier friert man sich ja einen ab!«, rief Raph, der wie immer ein eng anliegendes T-Shirt mit V-Ausschnitt trug.

»Kein Wunder, so wie du angezogen bist. Dachtest du, du wärst auf Ibiza? Hier braucht man einen Wollpullover«, erwiderte Lucie und streichelte diskret seinen Unterarm, auf dem sich die Haare vor Kälte aufstellten.

Jacques entging diese Geste nicht, und er zog es vor, den Blick abzuwenden.

»Komm her, du eitler Kerl, nimm meinen Ralph Lauren«, sagte Christophe, der sich der Gruppe anschloss, und hielt dem Trainer einen lachsfarbenen, sorgfältig gefalteten Pullover hin.

Jacques kam es so vor, als hätte Christophe jetzt seinerseits die Brustmuskeln seines Gesprächspartners gestreift. Raph warf ihm einen kurzen amüsierten Blick zu und hob eine Augenbraue, als wolle er ihm seinen Eindruck bestätigen. Jacques drehte verlegen den Kopf weg.

»Champagner!«, schlug Christophe unvermittelt vor.

Alle sahen ihn erstaunt an.

»Was ist denn, habe ich etwas Komisches gesagt?«

»Schatz, ich bin mir nicht sicher, ob es der richtige Zeitpunkt ist, den Ruinart zu öffnen«, murmelte Lucie und warf einen furchtsamen Blick in Lauras Richtung, die jedoch die Augen verdrehte.

»Aber natürlich. Es gibt keinen Grund, es nicht zu tun. Es ist vollkommen egal, ob ihr Wein oder Cocktails trinkt, das ändert nichts. Und ich hätte jetzt gern Champagner.«

»In deinem Alter?«, wunderte sich Alice.

»Mama, ich bin keine zwölf mehr, falls du das noch nicht bemerkt hast.«

»Aber Laura … Du bist trotzdem noch viel zu jung dazu.«

Der Aperitif war lustig, und allmählich fand jeder seinen Platz in dieser kleinen bunten Gesellschaft. Fred eilte ständig zwischen Küche und Terrasse hin und her, brachte mit Knoblauch sautierte Crevetten, die Austern, die er in nur wenigen Minuten geöffnet hatte – die Freuden der Hotelfachschule, hatte er dem faszinierten Christophe erklärt –, und andere leckere Häppchen, die sich alle schmecken ließen und dazu mehr tranken, als vernünftig war. Alle redeten laut, lachten, und die Gruppe spaltete sich bald in kleine Grüppchen auf, die sich lebhaft unterhielten.

Der Geist Adriens schien über ihnen zu schweben. Jeder dachte auf seine Art an ihn und ließ sich dennoch von der Leichtigkeit der Unterhaltung mitreißen, um die Wunden für einen Abend zu lindern. Raph, den die Ereignisse kaum berührten, spielte seine Rolle ganz wunderbar. Er erzählte eine Anekdote nach der anderen über seine superreichen Klienten und flüsterte auch Namen von Stars, nachdem er detailliert ihre unsäglichen kleinen Marotten beschrieben hatte. »Nein, das glaube ich nicht! Sie doch nicht!«

Der Abend zog sich hin bis spät in die Nacht. Man hatte aufgeräumt und zu viele Zigaretten im Licht der Scheinwerfer geraucht. Die Digestifs wurden gereicht und Frédéric, Christophe, Jacques und Raph fanden sich zu einer alkoholseligen Freundschaftsrunde zusammen. Mathilde begleitete sie mit Enthusiasmus, kippte mehrere Schnäpse hinunter und zog an einem Joint, heimlich, weil Laura noch bei ihnen war. »Den habe ich von Pablo«, hatte sie im Vorbeigehen Éva zugeflüstert, die erstaunt gewesen war, sie nach zwanzig Jahren Abstinenz den Joint drehen zu sehen.

Während sie allmählich stoned wurde, verschickte sie SMS um SMS und lachte wie ein junges Mädchen, das sich auf sein erstes Date vorbereitet.

»Sag ihm doch, er soll rüberkommen!«, schlug Lucie irgendwann vor.

»Meinst du wirklich?«

»Aber klar!«, antworteten alle im Chor und bewiesen damit Mathilde, dass ihr geheimes Sommerabenteuer inzwischen allgemein bekannt war.

Pablo fand sich ohne eine Spur von Scheu mitten in dieser einschüchternden Gruppe ein. Er trug Jeans und Flipflops und ein Hoodie über dem offenbar nackten Oberkörper. Er warf ein einfaches »Hallo, allerseits« in die Runde und nahm begeistert den Pflaumenschnaps an, den ihm Fred gleich bei der Ankunft in die Hand drückte. »Auf ex!«

Mathilde umschmeichelte ihn, legte den Kopf auf seine Schulter, streichelte seinen Dreitagebart und flüsterte ihm Dinge ins Ohr, über die sie laut lachen musste.

»Wenn sie so weitermacht, lässt er sie garantiert bald fallen«, erklärte Lucie und verdrehte die Augen. »Die hat sich seit ihrer Jugend kein bisschen verändert. Sie muss die Typen immer gleich ganz vereinnahmen.«

»Ist doch egal, wir fahren sowieso in zwei Tagen«, beruhigte sie Éva und erinnerte sie damit daran, dass diese zauberhafte kurze Auszeit nicht andauern würde und dass sie tatsächlich ihren so heiß ersehnten Urlaub würden abbrechen müssen.

Mathilde macht es schon richtig, sagte sich Lucie daraufhin. Brauchte man in ihrem Alter noch Strategien, um einen Mann an sich zu fesseln?

Vor allem, wenn sowieso von vornherein klar war, dass es nur eine Affäre auf Zeit war.

Christophe hatte sie seit ihrer Ankunft kaum angerührt. Er sei kaputt, ihm tue alles weh, er habe zu viel getrunken, oder die Arbeit beschäftige ihn zu sehr, sodass er keine Lust habe. Behauptete er jedenfalls. Und was war mit ihrer

Lust? Gut, dass Raph jetzt da war. Würde sie es wagen, ihrer Begierde nachzugeben, und es zulassen, dass er sie in dem Haus berührte, das sie mit ihrem Ehemann teilte? Meistens waren es nur aus dem Ruder gelaufene Massagen gewesen. Damit hatte alles angefangen. Raph hatte ihre Bedürfnisse gespürt und sich allmählich weiter hinuntergearbeitet, während Lucies Atem rauer und schneller ging. Sie war heftig gekommen. Es war, als hätte sich dieser unerwartete und plötzliche Orgasmus schon ewig in ihr verborgen. Sie hatte am ganzen Körper gezittert und mehrere Minuten gebraucht, bis sie wieder in der Realität angekommen war und es wagte, die Augen zu öffnen. Raph hatte ihr zugelächelt, anscheinend froh, ihr einen Gefallen getan zu haben, wie er diesen Akt der Untreue genannt hatte, über den Lucie selbst ganz entsetzt gewesen war. Nein, das sei es doch gar nicht gewesen, nur ein Vergnügen der etwas anderen Art, eine tantrische Entspannung, die sich viele Frauen öfter gönnten, als sie es sich vorstellen konnte. Also hatten sie es wieder getan. Nicht oft und nur, wenn Christophe wieder mal weg war oder sich ihr zu sehr entzog. Sie empfand nichts für Raph, höchstens Dankbarkeit dafür, dass er sie mit diesem unbekannten Glück bekannt gemacht hatte. Aber Christophe fehlte ihr, zumindest ihr körperliches Zusammensein. Sie fühlte sich alt, abgewiesen und vor allem fett, denn es erschien ihr sonnenklar, dass er sie nur deswegen neuerdings vernachlässigte, weil ihr körperlicher Verfall sich jetzt bemerkbar machte. Dabei hatte sie ihn schon bekämpft, seit sie fünfundzwanzig war, ein Alter, in dem die Frauen damit beginnen mussten, alles zu tun, um ihren Ehemann an sich zu binden, weil es von da an bergab ging, wie man ihnen ihr Leben lang eingetrichtert hatte.

Jener eine Abend in Saint-Tropez hatte ausgereicht, um sie wieder in die Qualen ihrer Jugendjahre zu stürzen.

»Hast du zugenommen?«, hatte ihre Mutter sie kurz nach ihrer Ankunft gefragt.

Lucie hatte durchaus gespürt, dass sie ein bisschen mehr auf den Rippen hatte, aber sich bis dahin verboten zu überprüfen, wie viel genau. Denn nachdem sie als Jugendliche drei Jahre lang an so schweren Essstörungen gelitten hatte, dass sie beinahe daran gestorben wäre, hatten ihr die Ärzte verboten, sich einer Waage zu nähern. Sie hatte mehr oder weniger zu einem halbwegs normalen Verhältnis zum Essen zurückgefunden, indem sie jeden Tag Sport trieb und sich Brot und Zucker versagte. Fünfzehn Jahre lang hatte sie das durchgehalten. Doch dieser eine Abend hatte genügt, der böse Blick der Hexe auf ihr und das erloschene Verlangen Christophes, um sie wieder in die alten schlechten Gewohnheiten zurückfallen zu lassen. Nach jedem Essen ging sie auf die Toilette, um sich zu erbrechen. Sie öffnete die Wasserhähne, damit man sie nicht hörte, sie hatte Routine darin. Oft liefen ihr dabei die Tränen über das Gesicht, und sie musste sich anschließend neu schminken und schämte sich für ihr Verhalten. Doch sie liebte diese Leere in sich, und das Gefühl, dass sich endlich die Rippen unter ihrer Haut abzeichneten, dass ihr Bauch sich zurückzog und ihr Hintern immer kleiner wurde. Warum sah er das denn nicht? Der Gewichtsverlust musste spektakulär werden, damit er sie aufs Neue ansah, dann würde alles wieder in Ordnung kommen.

Lucie stand auf. Sie hatte zu viel getrunken, ihr schwindelte, sie musste noch einmal ins Bad. Alle waren vertieft in ihre Unterhaltungen, rauchten, tranken oder kifften, und keiner achtete auf sie. Alles war undeutlich und schwankte.

Sie löschte das Licht in der Küche, in der sich mittlerweile Dutzende leere Weinflaschen angesammelt hatten, und ging die Treppe hinauf zu ihrem und Christophes Zimmer. Es befand sich im zweiten Stock. Damit Christophe nicht misstrauisch wurde, ging sie aber zurück in den ersten Stock und dort auf die Toilette. Sie konnte nicht vorsichtig genug sein, und es war nicht auszuschließen, dass er sich schon hingelegt hatte. Sie glaubte nicht, dass sie ihn noch bei der Gruppe gesehen hatte, der sie eben Gute Nacht gesagt hatte. Doch normalerweise ging er nie, ohne sie zu küssen. Wieder ein neuer Beweis seiner Gleichgültigkeit. Enttäuscht schlich Lucie den Gang entlang, der sie zur Gemeinschaftstoilette auf diesem Stockwerk brachte, und kam am Zimmer von Raph vorbei. Licht fiel unter der Tür hindurch. Sie zögerte einen Moment. Traute sie sich hineinzugehen? Schließlich hatte jede Frau das Recht auf ein bisschen Vergnügen. Aber machte sie sich damit nicht zur unterwürfigen Mätresse, wenn sie sich derartig mitten in der Nacht ihrem Angestellten anbot? Oder würde er es als Befehl auffassen? Sie würde sich dafür schämen, wenn sie einen Mann zur Lust drängen müsste. Also blieb sie reglos vor der Tür stehen und machte sich bereit, leise anzuklopfen. Da hörte sie leise Stimmen. Schade, bestimmt telefonierte er gerade. Also setzte sie ihren Weg fort, ganz froh, ihrer Lust nicht nachgegeben zu haben.

Auf der Toilette wartete Lucie einen Moment, bis das

Rauschen der Wasserspülung verklungen war. Dann huschte sie geräuschlos über den Gang und blieb unvermittelt stehen. Eine Gestalt kam aus Raphs Zimmer und schloss die Tür mit unendlicher Sorgfalt hinter sich. Es war dunkel und keiner von beiden schaltete das Licht ein. Nur ein flüchtiger Mondstrahl erhellte kurz diese seltsame Szene.

Und da sahen sie einander.

In dieser bretonischen Nacht, in diesem merkwürdigen Sommer, standen sich Christophe und Lucie gegenüber. Und wussten nicht, was sie sagen sollten.

5. AUGUST

DIE BEERDIGUNG

1.

»Was zieht man bloß zu einer Beerdigung mitten im August an? Es herrscht eine Affenhitze.«

Mathilde stand in Unterhose vor ihrem Schrank, weiße Bikinistreifen auf dem gebräunten Körper. Ihre Haut pellte sich. Es war immer dasselbe: Man cremte sich ein, um sich zu schützen, aber ein bisschen Bräune sollte es schon sein, und dann vergaß man die Ränder, die Füße und die Ohren. An den Haarwurzeln über der Stirn zog sich ein dunkelrotes Band entlang, das den erhofften Effekt auf Antoine bei ihrer Rückkehr ein wenig verdorben hatte. Er war zufällig gerade da, zwischen zwei Flügen, und freute sich über ihre Rückkehr nach Paris, das sich inzwischen in eine Geisterstadt verwandelt hatte. Mathilde hatte zunächst gezögert und sich gesagt, dass es unmöglich war, ihn anzurufen, nachdem sie sich praktisch zwei Wochen lang nicht gemeldet hatte. Aber dann hatte sie nicht widerstehen können. Sie war allein. Alice und Laura wollten am Vorabend der Beerdigung, die sie gemeinsam mithilfe von Fred hatten vorbereiten müssen, lieber unter sich bleiben. Seitdem Juliette mit Adriens Leichnam aus Thailand zurückgekehrt war, hatte sie mit Abwesenheit geglänzt. Sie behauptete, ihr fiele das alles zu schwer. Offenbar wollte sie so schnell wie möglich diesen Albtraum beenden und überließ gern der richtigen Familie die Organisation rund um die Beerdigung.

Wider jede Erwartung hatte auch Lucie das Ferienhaus schnell verlassen und war mit Christophe und den Kindern noch am gleichen Tag wie Alice nach Paris zurückgekehrt. Und so war Mathilde nur mehr in der Bretagne zurückgeblieben, mit Jacques und Éva, Anouk, Fred, Jérémy und Raph, und die wenigen Tage, die ihnen geblieben waren, waren sehr angenehm gewesen.

In Paris hatte Mathilde ihre leere Wohnung wieder bezogen, wo hier und da einiges herumlag, was sie vergessen hatte einzupacken. Pullover, Kinderbücher, liegen gebliebenes Spielzeug.

Und nun, am 5. August, stand sie vor ihrem Schwebetürenschrank und dachte darüber nach, was sie zu Adriens Beerdigung tragen sollte. Das Leben war wirklich unvorhersehbar. Es war auf den Tag genau ein Jahr her, dass sie unten in der Provence vor dem Haus von Évas Eltern lachend beisammengesessen hatten. Mathilde war dort glücklich gewesen mit Max. Sie hatten noch das ganze Leben vor sich, so kam es ihnen jedenfalls vor. Inzwischen erwartete Max ein Kind mit einer anderen Frau.

Und Adrien war tot.

»Du bist schön«, meldete sich plötzlich eine verschlafene Stimme. Antoine war aufgewacht und versuchte, sie neben sich zu ziehen. »Nein, lass das! Ich muss in einer Viertelstunde los. Wirklich, Antoine, man kann nicht zu spät zu einer Trauerfeier kommen. Und vor allem nicht, weil man vorher noch Sex hatte.«

»Ach, wirklich? Ich habe schon oft gehört, dass die

Leute immer nach einer Beerdigung Sex haben, um sich lebendig zu fühlen.«

»Hinterher vielleicht, aber nicht vorher. Vor allem, wenn sie spät dran sind und nicht mal was hochgeschlossenes Schwarzes haben.«

Auf dem Weg ins Bad blickte sie wehmütig in das leere stille Zimmer von Théo und Martin. Sie sehnte sich danach, endlich ihre beiden Jungs wiederzusehen. Seit der Trennung versuchte sie, sich tapfer zu halten, wenn die beiden nicht da waren, und nicht zu heulen. Doch auch wenn sie sich inzwischen damit abfand, weil sie keine andere Wahl hatte und weil ihr Leben jetzt eben so war, wie es war, war jeder Moment ohne sie wie ein Schmerz, den man durch eine Vielzahl von Aktivitäten und durch Ausgehen zu unterdrücken versuchte.

Max hatte sich letzten Endes einverstanden erklärt, sie einige Tage länger zu behalten. Alexandra und Jérôme waren vorbeigefahren, um sie mit nach Griechenland zu nehmen. Und morgen würde sie sie endlich wiedersehen! Doch jetzt musste sie erst einmal ihre Freundin unterstützen und ihre eigenen Sorgen beiseiteschieben.

Antoine hatte sich inzwischen angezogen und war ihr gefolgt.

»Bist du sicher, dass ich dich nicht begleiten soll?«

»Ja, ganz sicher. Du kennst da niemanden, das ist doch unangenehm. Außerdem ist das keine Party. Es werden hauptsächlich Verwandte von Adrien kommen. Seine Mutter, seine Schwester, vielleicht Patienten, und wir. Ich weiß nicht, ob Alice es gut finden würde, wenn ich dich mitbringen.«

»Wie du willst«, sagte er enttäuscht. »Sehen wir uns heute Abend?«

»Antoine, bitte versteh das doch. Ich begrabe einen alten Freund, ich bin nicht zurückgekommen, um nett essen zu gehen. Heute Abend werde ich mit Sicherheit bei den Mädels sein, bei Alice. Nach der Beerdigung haben wir einen Imbiss organisiert. Die Leute werden lange bleiben, so ist das immer bei solchen Anlässen.«

»Aber du fährst doch morgen schon wieder, oder nicht?«

»Ja, gleich morgen früh. Ich fliege nach Griechenland zu den Kindern.«

»Also sehen wir uns erst, wenn die Schule wieder anfängt?«

»Ja, ich befürchte es.«

»Und wenn ich dich zum Flughafen bringen würde?«, fragte er begeistert.

»Warum nicht? Wir reden morgen noch einmal darüber.«

Mathilde mochte es nicht, wenn man sie vom Flughafen abholte, und noch weniger, wenn man sie hinbrachte. Sie fuhr lieber mit dem Taxi, sodass ein Fremder mit ihr diese Brücke zwischen zwei Welten, der vertrauten und der außergewöhnlichen, überquerte, ohne dass sie mit ihm reden musste. Wenn Antoine sie begleitete, würde er versuchen, so lange wie möglich bei ihr zu bleiben. Aber sie würde einen Weg finden, es ihm morgen zu sagen. Im Moment war es wichtig, dass er sie gehen ließ. Um ihn zur Eile zu treiben, bestellte sie einen Wagen von Uber.

»Michel ist in fünf Minuten da«, informierte sie ihn beiläufig, nachdem sie auf ihrem Handy herumgetippt und gleichzeitig ihre Sachen zusammengesucht hatte.

»Wer ist Michel?«

»Der Fahrer. Los, beeil dich!«

Am Ende traf sie viel zu früh in der Kirche ein. Es war halb drei, und die Trauerfeier begann erst um drei. Auf dem Vorplatz warteten bereits einige ältere Damen und Herren, die Mathilde nicht kannte. Sicher Verwandte von Adrien, die sie vermutlich zum letzten Mal bei Adriens und Alices Hochzeit gesehen hatte. Mathilde blieb gar nicht erst stehen, sondern ging sofort weiter zum Café an der Ecke. Sie hatte Hunger und mochte diese typischen Pariser Brasserien, die ihren altmodischen Charme bewahrt hatten.

Sie öffnete die Tür und sah ihn allein am Tresen sitzen, vor einem Glas Bier. Der Arme sah nicht gut aus.

»Vincent?«

Er erschrak, als er so plötzlich aus seinen Gedanken gerissen wurde.

»Darf ich?«, fragte sie, obwohl sie befürchtete, ihn zu stören.

Wenn er allein sein wollte, hätte sie das verstanden. Sie hätte sich selbst lieber in Ruhe an einen Tisch am Fenster gesetzt, um die Passanten zu beobachten und einen Schinken-Käse-Toast zu essen, bevor es richtig schlimm wurde: die Tränen, die Reden, die Zusammenbrüche.

»Natürlich. Du brauchst doch nicht zu fragen.«

»Hast du mit Alice gesprochen?«

»Ich bin gestern Abend bei ihr und Laura gewesen. Es war schwer. Alles erinnert mich an ihn. Wir haben uns alte

Fotos angesehen. Ich hätte gern mit Laura gesprochen und ihr gesagt, wie sehr er sie geliebt hat. Aber ich konnte nicht. Sie mussten mich stattdessen trösten.«

Er wirkte müde. Doch plötzlich lächelte er. Eine gut gekleidete Dame betrat das Café. Vincent erhob sich, um ihr zu helfen.

»Mathilde, darf ich dir meine Mutter vorstellen? Marie.«

»Natürlich, Marie! Wir haben uns bei der Hochzeit von Alice und Adrien gesehen. Aber das ist schon so lange her, bestimmt erinnern Sie sich nicht mehr an mich.«

»Doch, natürlich erinnere ich mich. Sie haben sich überhaupt nicht verändert.«

Mathilde sah ihre Hände zittern, und sie umklammerte ein Stofftaschentuch, so sehr, dass es fast ganz in ihren Händen verschwand.

»Habt ihr den Kleinen bei Évas Eltern gelassen?«, fragte sie schüchtern ihren geliebten Sohn und sah ihn mit einem Blick an, den Mathilde gut kannte und der ihr einen Stich ins Herz versetzte.

Ohne nachzudenken, legte sie eine tröstende Hand auf Maries Schulter, die bei dieser unvorhergesehenen Berührung zusammenzuckte.

»Wie glücklich Sie sein müssen, dass Sie jetzt den kleinen Jef haben«, flüsterte sie ihr ganz leise zu, um sie nicht zu brüskieren und um dieses plötzliche Zeichen der Zuneigung einer Unbekannten gegenüber zu erklären, der sie sich dennoch so nah fühlte.

»Ach und wie! Er ist ein Geschenk des Himmels, der Kleine. Ich habe mich so sehr nach einem Enkel gesehnt!

Natürlich wäre es mir lieber gewesen, wenn seine Eltern zusammengeblieben wären. Zu meiner Zeit hätte man sich nicht so einfach getrennt, aber was will man machen, heute geht alles viel schneller. Und vielleicht ist es auch besser so.«

»Das ist es, glauben Sie mir. Und Vincent und Éva organisieren sich wirklich sehr gut.«

»Und Sie, sind Sie noch mit dem attraktiven jungen Mann zusammen, von dem Sie so hingerissen waren?«, fragte Marie mit einem Lächeln.

»Nein, nicht mehr«, erwiderte Mathilde, der es leidtat, die Hoffnungen der älteren Dame zu zerstören. »Aber wir haben zwei süße Söhne, Théo und Martin.«

»Ach … Sie also auch.«

»Mama, in Paris trennt sich die Hälfte der Paare wieder, weißt du. Ich habe dir das doch schon erklärt. Und außerdem muss das nicht unbedingt schlimm sein. Schau mal, Alice hat einen sehr netten Mann gefunden, und Éva auch.«

»Und du, wann stellst du mir mal deine Freundin vor? Sie hätte dich heute begleiten sollen«, warf Marie ihm vor, die das Thema offenbar nicht zum ersten Mal ansprach.

Nervös blinzelte Vincent gegen einen imaginären Sonnenstrahl an, der ihn genau in diesem Moment blendete.

»Gehen wir?«, fragte er, ohne seiner Mutter zu antworten, und sprang von seinem Barhocker, nachdem er einen Zwanzigeuroschein auf die Theke geworfen hatte.

Mathilde nahm die Hand von Marie, und alle drei gingen wortlos in Richtung der Kirche, vor der sich inzwischen eine Menschenmenge versammelt hatte. Hilflos wartete sie vor einem langen schwarzen Leichenwagen.

Juliette war da, unterstützt von Vanessa. Beide waren von Kopf bis Fuß in Schwarz gekleidet, wie sie es bestimmt in den amerikanischen Serien gesehen hatten, die sie verschlangen. Vincent begrüßte sie und umarmte mit einer ernst gemeinten Herzlichkeit die letzte Partnerin Adriens, wobei ihm Vanessa Blicke zuwarf, die er ignorierte.

Adrien amüsierte sich bestimmt, lang ausgestreckt in dem Sarg, von dem Vincent kaum den Blick abwenden konnte. Wie klein diese Holzkiste war, die den großen Körper seines Freundes einschloss. Seine Eltern waren auch da, sie standen vor dem Leichenwagen. Madame Montel trug ein enges Trauerkleid, das sie bestimmt abschnürte, und daneben stand ihr viel zu magerer Ehemann mit dem hervorstehenden Adamsapfel. Über den kahlen Schädel hatte er eine lange Haarsträhne drapiert. Während seiner ganzen Kindheit hatte Vincent immer befürchtet, dass diese einmal plötzlich hochgeweht werden würde und dass darunter sein glatter und elender Schädel zum Vorschein käme, doch es war nie passiert. Sein altmodischer Anzug schlotterte um seine Gestalt, und er umklammerte seine Ledertasche, von der er sich niemals trennte.

Vincent, Mathilde und Marie gingen hinüber zu Jacques und Christophe, die weiter unten in der Straße standen. Beide trugen einen Anzug, der mit ihrer unverschämten Bräune kontrastierte. Sie waren schön, jung und strotzten vor Gesundheit, was die Ungerechtigkeit dieses Todes noch hervorhob, der einen der ihren entführt hatte.

»Bonjour, Madame.«

Christophe begrüßte als Erster Marie mit der natürlichen Grazie derer, die seit ihrer Kindheit auf solche

Übungen gedrillt wurden. Dann küssten beide Mathilde und umarmten Vincent auf diese männliche Art, die über das Händeschütteln hinausging, weil es die Umstände, ob glücklich oder unglücklich, so verlangten.

»Wo sind denn die Mädels?«, fragte Mathilde.

»Sie suchen einen Parkplatz«, erwiderte Jacques. »Selbst mitten im August findet man keinen. Man könnte meinen, dass ganz Paris bei der Arbeit ist.«

»Wie geht es Laura?«, erkundigte sich Marie.

»Den Umständen entsprechend ganz gut«, beruhigte sie Mathilde, obwohl sie seit ihrer Rückkehr noch nichts von Alice und ihrer Tochter gehört hatte.

Und dann erschienen sie plötzlich, niedergeschlagene, aber würdevolle Gestalten, in der kleinen angrenzenden Straße. Alice trug ein leichtes perlgraues Kleid und grazile Sandalen. Sie hielt Laura bei der Hand, die einen strengen Rock, ein schwarzes T-Shirt und eine Sonnenbrille trug. Ihre Haare glänzten seidig. Hinter ihnen ging Fred, die treue Stütze dieser beiden verletzten Frauen.

Auch Éva und Lucie erschienen. Als sich alle in einvernehmlichem Schweigen umarmt hatten, ging die kleine Gruppe nun rasch zu den anderen, um nicht im Abseits zu bleiben. Alle begrüßten Bekannte, sprachen mit leiser Stimme oder sogar besonders laut, um sich tapfer zu zeigen, von ihrem Beruf, von den Kindern.

»Kommt Max nicht?«, fragte Vincent Mathilde.

Obwohl sie sich nie besonders nahegestanden hatten, waren die Schicksale der beiden Männer doch unbestreitbar lange Jahre miteinander verbunden gewesen. Mathilde entschuldigte ihn, er passe auf die Kinder auf und habe keine Möglichkeit gehabt, aus dem Süden nach Paris zu kommen. Es sei zu weit, um mit dem Auto rüberzufahren, aber er grüße sie alle. Im Inneren war sie stinkwütend. Max hatte ihr versprochen, eine Kondolenzkarte zu schicken, aber wahrscheinlich hatte er dieses Minimum an Höflichkeit wieder mal zu lange vor sich hergeschoben.

Eine Frau mittleren Alters stürzte sich tränenüberströmt in die Arme von Alice und Laura. Es war Chantal, Adriens Sprechstundenhilfe, die zugleich ihre Arbeit und ihren angebeteten Chef verloren hatte, ausgerechnet mitten in den Sommerferien. Chantal, die Laura hatte aufwachsen sehen und die sie ganze Nachmittage lang hinter dem Empfang gehütet hatte. »Mein kleines Mädchen«, schluchzte sie, als sie Laura umarmte, die nun ihre bisher unterdrückte Trauer nicht mehr verbergen konnte. Was sollte jetzt aus ihr werden, dieser engagierten Stütze in allen Lebenslagen, nachdem sie zwanzig Jahre lang für denselben Zahnarzt gearbeitet hatte? Wer würde sie noch wollen in einer Zeit, in der nur die Jugend zählte und die Zahnärzte in der Hauptstadt sich sicherlich lieber mit einer jungen und hübschen Mitarbeiterin schmückten?

Der Priester erschien auf der Schwelle des riesigen Kirchenportals und bat sie einzutreten. Die Unterhaltungen verstummten, und alle setzten betretene Masken des Kummers und der Beherrschung auf. Die Trauernden, die Adrien Montel die letzte Ehre erweisen wollten und von denen viele ihren Sommerurlaub dafür unterbrochen hatten, strömten nach vorn zum Altar. Einige Kerzen verbreiteten einen schwachen Lichtschein. Vincent hob die Augen zu dem Christus am Kreuz, der ihn an seine Katechismusstunden erinnerte. Seine überaus fromme Mutter, die davon durchdrungen war, dass der Glaube jedes Leiden linderte, hatte ihn dazu gezwungen. Der Herr wache über ihn, sagte sie. Bete für Adrien, er erhört dich. Er war ein guter Katholik, denk daran. Scheiß auf all das! Adrien war nirgendwo sonst als in dieser verdammten Kiste. Sie wurde jetzt an ihnen vorübergetragen, begleitet von einem schlecht gespielten Song von den Stones, den Vincent für diese Gelegenheit ausgesucht hatte. Man hörte unterdrücktes Schluchzen, und Vincent dachte an das Gedicht, das Adrien und er gesprochen hatten. »Seufzer gleiten/die Saiten/des Herbstes entlang.« Er sah sie beide noch vor sich, wie sie ihre alte Französischlehrerin nachgemacht hatten, indem sie betont die Silben bei »Seufzer gleiten die Saiten« gedehnt hatten, und er musste ein Lächeln unterdrücken. Er konzentrierte sich auf diese Worte, auf diese glückliche Erinnerung, den lächelnden Adrien, um den Sarg nicht ansehen zu müssen. Er wurde von Männern mit unbeteiligter Miene getragen, deren Beruf sich darauf beschränkte, von morgens bis abends Leichen zu transportieren. Sie stellten den Sarg vor dem Altar ab und bedeckten ihn mit einem großen Blumenkranz.

Dann begann der Priester mit der Trauerfeier. Er sprach in salbungsvollen Worten von dem Verstorbenen, wie man es in solchen Fällen tut. Vincent las eine Passage aus dem Neuen Testament vor, von der er kaum etwas mitbekam, weil er zu sehr darauf konzentriert war, sauber zu artikulieren, nicht zu dicht vor dem Mikrofon zu sprechen und sich nicht von seinen Gefühlen überwältigen zu lassen. Laura tat das Gleiche, konnte aber nicht zu Ende reden.

Dann las Alice einen kleinen, sehr schönen Text, den sie für diese Gelegenheit geschrieben hatte, und jetzt flossen die Tränen.

Ein langes Schweigen, unterbrochen von erstickten Schluchzern, folgte ihrer bewegenden Rede. Laura schmiegte sich in die Arme ihrer Mutter, als diese an ihren Platz zurückkehrte, und die Frauen, die hinter Alice saßen, legten ihr alle die Hand auf die Schulter. Adriens Mutter betrachtete ihre ehemalige Schwiegertochter überrascht und interessiert, als entdecke sie diese Frau ganz neu, für die sie in all den Jahren nichts als Verachtung gezeigt hatte.

Dann ergriff wieder der Priester das Wort, und es wurde ohne große Begeisterung gesungen. Den Text konnte man einem kleinen Heft entnehmen, das vor ihnen auf die Bänke gelegt worden war. Der Priester intonierte laut ins Mikrofon und gab den Rhythmus und die Melodie vor, und nur wenige Mutige mühten sich ab, ihm zu folgen. Eine kleine ergraute Dame schlug die Akkorde auf der Orgel an. Wer war diese Frau, die ihre Zeit mitten in den Urlaubswochen dafür opferte, einen Nachmittag im Sommer verlor? War sie alleinstehend? Oder schwärmte sie für den Mann der Kirche, der ihr nicht mal einen Blick gönnte? Sieht gar nicht übel aus, der Typ, dachte Vincent. Anfang dreißig, mit dichtem Haar und noch jugendlichen Zügen. Kaum vorstellbar, dass er streng nach dem Zölibat lebte! Das hätte er Adrien zugeflüstert, wenn er da gewesen wäre. Kannst du dir das vorstellen, dass der ganz ohne Sex leben kann? Glaubt er so sehr an die Freuden des Jenseits, dass er sich dafür diese einfachen Annehmlichkeiten versagt? Sein Freund fehlte ihm jetzt schon.

Plötzlich fühlte er, wie die Tränen flossen, und er schämte sich. Vincent! Der Fels in der Brandung, der Unsensible, der Bulldozer, der uns alle für einen Platz an der Sonne niederwalzen würde. Doch er konnte nichts dagegen tun. Die Tränen rannen ihm unaufhaltsam über die frisch rasierten Wangen, als hätten all die Tränen, die er in den vergangenen Jahren zurückgehalten hatte, beschlossen, sich am heutigen Tag einen Weg in die Freiheit zu bahnen.

Wenig später traten die Trauergäste einer nach dem anderen an Adriens Sarg. Einige legten Vincent im Vorübergehen die Hand auf die Schulter, murmelten ihm tröstliche Worte zu oder nahmen ihn in die Arme. Seine Tränen hatten ihn gewissermaßen als Angehörigen ausgewiesen, den man trösten musste, während sich Juliette aufrecht, schweigsam und weitgehend gleichgültig zeigte. Als er ihre Hand nahm, flüsterte sie ihm zu: »Ich habe ihn geliebt, weißt du das?« Ja, das wusste er. Auf ihre Art hatte sie ihn geliebt und er sie. Dennoch würde sie schnell wieder in ihr altes Leben zurückkehren, und das war auch besser so. Sie würde wieder Kontakt zu ihren Freundinnen knüpfen, ihren Blog schreiben, Fotos von sich veröffentlichen, kleine idiotische Herzchen auf die Tierbilder in ihrem Snapchat-Profil kleben und schon bald diesen grausamen Tauchgang in die Welt der Erwachsenen vergessen, weil das alles viel zu früh gekommen war.

»Weine nicht, mein schöner Junge«, sagte Lucie zu ihm, umarmte ihn und wischte ihm das Gesicht mit einem kleinen frischen Tuch ab, das sie extra für ihn vorbereitet hatte.

Wie sauer er oft auf sie gewesen war, diese Mädels. Mathilde, Lucie und Alice, die unzertrennlichen Freundinnen, mit denen er sein Leben teilen musste, ohne eine Wahl zu haben. Adrien und er hatten zum Glück zusammengehalten wie Pech und Schwefel. Schließlich war es nicht zuletzt ihre Freundschaft gewesen, die die Gruppe in dieser Form zusammengeschmiedet hatte, denn sie hatten Alice und Éva miteinander bekannt gemacht. Nach der Trennung hatte Vincent sich zurückgewiesen gefühlt. Doch heute wurde er sich dieser tiefen Sympathie bewusst, die sie geteilt hatten, jenseits des Lachens, der Urlaube, der Abendessen und der hin- und herfliegenden Mails, und auch der Zerwürfnisse, die ihm manchmal unüberwindlich erschienen waren.

Endlich wandten sich alle zum Ausgang. Draußen blinzelten sie in die grelle Sonne, die hoch oben am azurblauen Himmel stand. Viele Gäste trugen Sonnenbrillen, wie in den Filmen, wo die Helden ihren Kummer hinter schwarzen Gläsern versteckten.

Éva und Jacques hielten sich an der Hand und scherzten sogar mit Christophe und Lucie. Diese vier, die einander so nahestanden, schienen froh zu sein, gleich am nächsten Tag wieder fahren zu können, diesmal in das Landhaus von Évas Eltern. Jacques konnte es nach seinen eigenen Worten gar nicht erwarten, endlich diesen märchenhaften Ort zu entdecken, von dem ihm alle mit glänzenden Augen vorgeschwärmt hatten. Alice und Fred verhielten sich zurückhaltender, aber dennoch sah ihnen jeder die Liebe an, die sie miteinander verband, schon allein durch die unendliche Zärtlichkeit, mit der Fred seine Freundin betrachtete. Diese wiederum ließ Laura nicht aus den Augen, die gerade in eine große Diskussion mit ihrer Großmutter verstrickt war.

Der Moment war fast angenehm, heiter, als könne man sich nach den Pflichten, die einem die religiöse Tradition auferlegte, endlich nach Belieben seiner Trauer hingeben. Alle machten sich bereit, gemessen den Kirchvorplatz zu verlassen, als Fred auf einmal wütend anfing zu schreien. Er ließ Alices Hand los, rannte die Stufen zur Straße hinunter und stürzte sich auf zwei Männer. Es waren Paparazzi, bewaffnet mit großen Fotoapparaten und Teleobjektiv. Rücksichtslos hatten sie das Paar abgelichtet. Fred beschimpfte sie, riss einem von ihnen die Kamera aus der Hand und warf sie zu Boden und schlug dem älteren Fotografen, der ihn ebenfalls beleidigt hatte, schließlich sogar mit der Faust ins Gesicht. Jacques griff ein und kümmerte sich um den Jüngeren, der rasch den Kürzeren zog. Christophe hielt Éva und Alice zurück, die sich entsetzlich schämten, und flüsterte ihnen zu, dass den beiden das guttun würde. Seit Jahrtausenden reagierten die Männer auf diese Weise ihre Anspannung ab, und diese Typen hätten Fred provoziert. Leute zu fotografieren, die gerade ihren Freund und Angehörigen beerdigt hatten, was war das nur für eine Welt? Und das alles nur, weil Alice ein Fernsehstar war.

Das wilde Geschrei der vier streitenden Männer ebbte ab. Fred und Jacques, zerzaust, aber lächelnd, kehrten zurück, sichtlich voller Stolz. Und die beiden Frauen hatten nicht das Herz, ihnen Vorwürfe zu machen. Schließlich verließen sie gemeinsam dieses Viertel, das sie von nun an nicht mehr würden durchqueren können, ohne an diesen Tag zurückzudenken.

Unter verlegenem Schweigen gesellten sie sich wieder zu den anderen.

Doch als sie zu viert durch eine kleine Seitenstraße gingen, blieb Fred plötzlich abrupt stehen.

Auf dem Bürgersteig gegenüber hatte sich eine Frau ganz bewusst hinter Vincent versteckt, um ihren Blicken zu entgehen. Doch der kurze Moment hatte Fred genügt, um die Gestalt zu erkennen.

Es war Liliane.

2.

Mit einem Champagnerkelch in der Hand überblickte Alice neugierig diese seltsame Runde, in der keiner so recht wusste, wie er sich verhalten sollte. Ihre Schwiegermutter oder besser Ex-Schwiegermutter hatte darauf bestanden, die Trauergäste in ihrer Pariser Wohnung zu empfangen. Alice hieß lächelnd alle herzlich willkommen, und schon bald drängten die Gäste sich vor dem Büfett und verspeisten mit Appetit Petits Fours.

Alice ging zu Laura hinüber, die auf ihrem Smartphone herumtippte, wie sie es schon während der letzten drei Tage ständig getan hatte, an denen sie zusammen die Feier organisiert hatten.

»Liebling, wem schreibst du eigentlich die ganze Zeit?«, fragte Alice ein wenig verzweifelt.

»Meinem Freund«, erwiderte Laura leicht herablassend, wobei sie ihrer Mutter fest in die Augen sah.

Alice zog sie daraufhin diskret in ein Nebenzimmer.

»Aber Schatz, das hast du mir ja gar nicht erzählt«, begann Alice erstaunt. »Wir vertrauen uns doch sonst immer alles an.«

»Ich wollte nicht darüber reden, verdammt noch mal.«

»Laura, bitte rede in einem anderen Ton mit mir. Ich verstehe ja, dass du deine Geheimnisse bewahren möchtest, aber warum bist du unter den gegebenen Umständen nicht zu mir gekommen? Und du hättest den jungen Mann doch auch mitbringen können? Wo ist er?«

»In Paris, gar nicht weit von hier. Unten, im Café gegenüber. Er denkt an mich, er versteht mich wenigstens. Er stellt mir die richtigen Fragen und schweigt, wenn es nötig ist.«

»Sag nicht solche Sachen, Laura, Liebes! Ich bin froh, dass du jemanden hast, der dich liebt. Möchtest du ihn nicht bitten heraufzukommen?«

»Ich glaube nicht, dass das eine gute Idee wäre, Mama«, erwiderte Laura in einem Ton, als würde sie gleich ein Geheimnis lüften.

»Und warum nicht? Wenn dich das in diesem Moment trösten würde, würde ich mich wirklich sehr freuen; wenn ich wüsste, dass du in Begleitung eines Jungen bist, den du liebst.«

»Mama, er ist kein Junge.«

Alice hielt kurz inne und versuchte, ihre Überraschung zu verbergen. Sie gab sich ganz entspannt.

»Du kannst tun, was du willst, Liebes. Ob Junge oder Mädchen, Hauptsache, du bist glücklich. Und in deinem Alter weiß man ja ohnehin noch nicht, wohin einen die Liebe trägt.«

»Mama«, entgegnete Laura verzweifelt, »ich bin doch nicht lesbisch! Was redest du denn da?«

»Aber du hast doch gerade selbst gesagt, dass es kein Junge ist?«

»Er ist ein Mann.«

»Was soll das heißen, ein Mann? Aber Laura, du bist erst fünfzehn. Wie alt ist denn dieser Mann?«

Alice geriet allmählich wirklich aus der Fassung. Schweißperlen hatten sich auf ihrer Stirn gebildet, und die stickige Luft ließ sie schwindeln. Vielleicht war es auch die Panik, die sie ergriff. Und das, wo sie geglaubt hatte, endlich durchatmen zu können nach diesen letzten, emotional schwierigen Tagen.

»Dreißig.«

»Wie bitte? – Wer ist er?«, stieß Alice zwischen zusammengebissenen Zähnen hervor.

»Du kennst ihn nicht. Und was würde das schon ändern? Wir lieben uns. Ich bin kein Kind mehr. Ob dreißig oder fünfundzwanzig, was ändert das?«

»Alles, natürlich! Du bist noch ein Kind, egal, was du denkst. Du solltest deine Jugend genießen, dich mit deinen Freundinnen amüsieren, abends ausgehen und nachmittags deine Hausaufgaben machen. Laura, dreißig! Das bedeutet, er ist doppelt so alt wie du. Ihr könnt nichts gemeinsam haben. Wie dem auch sei, ich verbiete es dir. Du bist minderjährig, ich habe die Verantwortung für dich, und noch entscheide ich, ob meine Tochter ein Abenteuer mit einem … einem Mann von …«

Alice konnte ihren Satz nicht zu Ende sprechen. Laura verdrehte demonstrativ die Augen zum Himmel, als wolle sie sagen: »Oh Gott, Mama, kannst du ätzend sein.«

»Setz dich«, sagte Alice und nahm auf einem Veloursofa Platz, das mit einer dicken Wolldecke bedeckt war – unerträglich an diesem stickigen Tag.

Laura ging zu ihr und setzte sich widerwillig an den Rand der Couch. Wenn Alice jetzt einen Fehler machte, bestand die Gefahr, dass Laura flüchtete, sich ihr entzog, mit diesem Unbekannten irgendwohin ging, diesem Kinderdieb, diesem perversen Dreißigjährigen, der zu einem Mädchen von Liebe sprach, das fast noch ein Kind war.

»Hast du mit ihm geschlafen?«, platzte es aus ihr heraus, obwohl Alice wusste, dass sie behutsam vorgehen und ein Klima des Vertrauens schaffen sollte, wie es die Psychologen, die Frauenzeitschriften und die idiotischen Ratgebersendungen rieten, die sie manchmal im Fernsehen sah. »Die Jugendlichen sind empfindlich, Sie müssen sie überwachen wie die Milch auf dem Herd und sie weder frustrieren noch den Kontakt zu ihnen verlieren. Sie betrachten Sie, ihre Eltern, als Feinde ihrer Freiheit, die ihr innerstes Bedürfnis hemmen, endlich die ersehnte Welt der Erwachsenen zu betreten.« Aber nein, sie musste unbedingt mit der Frage herausplatzen, abrupt und aggressiv. Laura sah sie überrascht an, und dann legte sich ein Schleier der Verachtung über ihr hübsches, trauriges Gesicht.

»Das ist das Einzige, was dich interessiert, oder?«

»Nein, Laura! Das wollte ich doch gar nicht … Ja, natürlich möchte ich das wissen, du bist doch meine Tochter! Das erste Mal sollte schön sein, überlegt, und das war es ja auch vielleicht. Aber du solltest mir so etwas nicht verheimlichen. Du musst zur Gynäkologin gehen, ich gebe dir die Telefonnummer von meiner Ärztin.«

Alice stolperte über ihre Worte und brachte alles durcheinander. Am liebsten hätte sie gebrüllt: »Gib mir mein Mädchen zurück, das sich noch vor wenigen Monaten zu mir ins Bett gekuschelt hat!« Wer war dieses streitlustige Ding, das vor ihr ihre sexuellen Erfahrungen verteidigte? Doch wenn Alice genauer darüber nachdachte, erinnerte sie sich an die Phase, als ihre angebetete Mutter sich von einem Tag auf den anderen von dem einzigartigen, vergötterten Ideal der Weiblichkeit in einen Störenfried verwandelt hatte, eine lächerliche Vierzigjährige, die meilenweit von den Sorgen der jungen Mädchen in ihrem Alter entfernt war. Der Schmerz über ihren plötzlichen Tod und die sehr schnell verklärte Erinnerung an diese Frau, die danach in den Augen ihrer Tochter wieder alle Tugenden besaß, hatten für immer die wenigen Monate ausgelöscht, in denen ihr Bild ins Wanken geraten war. In der Pubertät gerieten Töchter und Mütter oft aneinander. Alice wusste das, hatte aber geglaubt, dass der Kelch dieser alltäglichen Tragödie an ihr vorübergehen würde. Sie hatte geglaubt, eine freundschaftliche Beziehung mit ihrer Tochter führen zu können. Aber da hatte sie sich getäuscht.

»Ja, ich habe mit ihm geschlafen. Und wenn du es wissen willst, es war nicht mein erstes Mal. Davor hat es schon Paul gegeben, einen Jungen in meinem Alter, beruhigt dich das? Und wegen der Verhütung brauchst du dir auch keine Sorgen zu machen, ich nehme die Pille. Lucie hat mich zu ihrer Frauenärztin geschickt. Sie ist klasse, sie stellt mir nicht so viele Fragen wie du und verurteilt mich auch nicht. Dimitri ist dreißig, und ich liebe ihn. Ich habe ihn auf den ersten Blick geliebt. Mama, ich habe das Gefühl, als würde mein Herz explodieren, wenn ich ihn sehe, wenn ich an ihn denke, wenn wir zusammen sind. Ich kann nicht mehr essen, hast du bemerkt, wie dünn ich geworden bin? Nein, das hast du bestimmt nicht, weil du ganz auf das neue Baby konzentriert bist, und ich mache dir keine Vorwürfe, das ist ganz normal. Jedenfalls hat Dimitri das gesagt. Er verteidigt dich nämlich immer. Er ist mir gegenüber aufmerksam. Er hört mir zu, er ist meine Familie geworden.«

»Deine … Aber Laura, du hast doch eine Familie! Du redest ja, als wärst du eine Waise!«

»Ich bin Waise, Mama.«

»Halbwaise, Liebes. Ich bin deine Mutter, und Fred ist auch noch da, und er liebt dich sehr. Und auch das Baby, das uns viel Freude machen wird. Du wirst eine wunderbare große Schwester sein. Dieser Mann …«

»Dimitri.«

»Entschuldige. Dimitri. Er kann dich uns nicht wegnehmen, dafür bist du noch zu jung. Wenn er so verliebt und aufrichtig ist, wie du sagst, wird er das verstehen. Er hat doch bestimmt selbst eine Familie, oder?«

»Nein, er lebt allein. Er ist Ungar.«

»Na, prost Mahlzeit!«

Wieder war es Alice nicht gelungen, diplomatisch zu sein.

»Was soll das heißen?«

»Nichts, aber … Warum ist er Ungar?«

»Was soll der Quatsch? ›Warum ist er Ungar?‹ Bist du rassistisch, oder was? Ist es unnormal, kein Franzose zu sein? Ich habe dich für toleranter gehalten. Sind dir der Starruhm und das Geld zu Kopf gestiegen?«

»Hör auf damit, Laura! Wo lernt eine Fünfzehnjährige überhaupt dreißigjährige Ungarn kennen?«

»Es sind nicht mehrere, sondern es ist nur einer. Glaubst du etwa, alles über mein Leben zu wissen? Über meine Begegnungen entscheiden zu können, weil du mich in eine Privatschule für Reiche gesteckt hast, um sicherzugehen, dass ich nicht aus dem gesellschaftlichen Rahmen falle? Hat nicht geklappt, siehst du. Ich kann mich auch anderswo umsehen.«

»Wo, Laura?«

»Beim Klavierunterricht.«

»Wusste ich's doch! Du bist so komisch, seitdem du mit dem Kurs angefangen hast. Dieser verdammte Kurs, den dein armer Vater für eine so gute Sache gehalten hat. Er ist bestimmt ein anderer Schüler, den du dort getroffen hast, oder? Ich werde mal mit deinem Lehrer darüber reden.«

»Mama, es ist mein Lehrer.«

»Es ist dein Lehrer, der … Wie bitte? Dein Lehrer?«

»Ja, Dimitri ist mein Klavierlehrer.«

»Das ist eine sehr ernste Sache, was du mir da gerade erzählst, Schatz.«

»Warum? Glaubst du, er macht das mit allen seinen Schülerinnen? Hast du so wenig Respekt vor mir, dass du mich als nichts anderes betrachten kannst als ein Opfer auf einer langen Liste eines Perversen, der Musikstunden gibt, um Jugendliche kennenzulernen, die er ins Bett zerren kann?«

»Laura, wir werden diese Diskussion für heute beenden, ich habe Angst, dass ich ganz schlimme Dinge sage.«

Alice hatte sich zum Fenster umgedreht und die Gardinen zurückzogen, um ein wenig Licht in das kleine Zimmer zu lassen, in dem die Luft zum Schneiden war. Sie versuchte, sich wieder zu beruhigen und den Lärm in ihrem Kopf zum Schweigen zu bringen. Es schien ihr, als hätte sich darin eine Katastrophennachricht nach der anderen angesammelt und als kreisten sie jetzt alle umeinander, um sie besser quälen zu können.

»Du wolltest doch mit mir reden. Für mich ist das Thema ein für alle Mal beendet.«

»Nein, mein Schatz, das ist es nicht. Ich will nicht, dass du ihn wiedersiehst.«

»Ach, und wie willst du das verhindern? Willst du mir Hausarrest geben, während du bei deinem Freund lebst?«

»Ich gehe nicht mehr zu Fred. Ich bleibe bei dir. Wir müssen reden, wir beide. Ich hätte dich nicht so oft allein lassen dürfen. Ich dachte, das wäre in unser aller Interesse. Aber ich habe mich geirrt.«

»Er wartet unten auf mich, ich gehe jetzt zu ihm.«

»Laura! Wir haben heute deinen Vater verabschiedet. Dein Platz ist hier. Alle sind unseretwegen gekommen, deinetwegen, um dir zu sagen, wie sehr auch sie ihn geliebt haben, wie sehr du auf sie zählen kannst, jetzt und später. Du darfst nicht gehen.«

Doch Laura hatte schon die Tür geöffnet, war hinausgegangen und küsste jetzt ihre Großmutter. Sie wusste, dass Alice es nicht wagen würde, ihr vor Suzanne eine Szene zu machen. Alice beobachtete, wie sie ihrer Oma einige Worte ins Ohr flüsterte und dann mit ihrem Großvater sprach, der sich leicht angetrunken mit der Spitze des Zeigefingers an der Tischkante abstützte. Dann nahm Laura ihre Tasche und warf Alice einen mitleidigen Blick zu, die sofort zu ihr eilte.

»Geh nicht, Laura.«

»Auf Wiedersehen, Mama«, antwortete sie nur und knallte die Tür hinter sich zu.

Fassungslos blieb Alice einen Moment allein im langen Flur stehen. Dann stürzte sie zurück in den Salon, wo sie mit Fred zusammenstieß, der sie sofort beiseitenahm, um mit ihr zu reden.

»Nein, jetzt nicht«, erwiderte sie ungeduldig, überzeugt, dass er sie darauf ansprechen wollte, warum Laura gegangen war.

Als sie sich wieder unter die Trauergäste mischte, verzog Alice den Mund zu einem breiten Lächeln und wechselte höfliche und beruhigende Worte mit einigen Leuten, bevor sie schließlich derjenigen gegenüberstand, die sie gesucht hatte. Dann stürzte sie sich buchstäblich auf Lucie, die gerade mit Éva und Jacques im Gespräch war.

»Was soll das, diese Geschichte mit deiner Frauenärztin?«

3.

»Meinst du, sie wird ihr lange böse sein?«

Jacques wickelte gerade Jef, der mit gerunzelter Stirn undefinierbare Laute ausstieß. Feuchttücher, Windel, Wechselbody: Routiniert griff Jacques nach dem Zubehör für diese neue Aufgabe, die er sich rasch angeeignet hatte. Er liebte es, sich um den Kleinen zu kümmern, und er hatte ihm schrecklich gefehlt während dieses schwer erträglichen Tages. Als sie ihn so sah, sagte sich Éva erneut, dass sie großes Glück hatte und dass sie diese unglaubliche Chance nutzen musste, die ihr das Leben bot. Jacques war von der Sonne gebräunt, und seine kastanienbraunen Locken fielen ihm in das attraktive Gesicht. Konzentriert widmete er sich seinem Sohn.

Seitdem sie zusammengezogen waren, nur wenige Wochen, nachdem sie sich bei der Party in Évas Verlag wiedergetroffen hatten, hatte sich ihr Leben grundlegend verändert. Ihre Beziehung hatte sich wie selbstverständlich ergeben, ebenso wie ihre Kündigung, die sie gleich am nächsten Montag ihrem verhassten Vorgesetzten überbracht hatte. Von da an genoss sie in vollen Zügen ihr Leben zu dritt, die einfachen Freuden und die Momente intensiven Glücks. Ein Wermutstropfen war, dass Jef nachts noch oft aufwachte und ihnen nur wenige Stunden Schlaf gönnte.

Aber Jacques nahm seine Rolle als Stiefvater sehr ernst und stand sogar dann nachts auf, wenn er am nächsten Tag viel arbeiten musste. Er hatte seinerseits beschlossen, sich ernsthaft um sein berufliches Weiterkommen zu kümmern und den großen Sprung zusammen mit dieser Frau zu machen, an die er seit ihrem ersten Treffen ununterbrochen denken musste. Außerdem verbrachte Jef einige Stunden in der Woche bei Vincent oder Marie, sodass sie sich erholen konnten. Éva liebte ihre kleine Wohnung. Sie lebten im Hinterhof einer kleinen Straße im 9. Arrondissement – in Vincents Nähe –, nicht weit von Max' Restaurant entfernt. Sie hatten zwei Zimmer, ganz einfach, aber sehr hübsch, im sechsten Stock ohne Aufzug. Die zwei großen Fenster des Wohnzimmers boten einen Blick auf ein Meer von Ziegeldächern und einige Terrassen, auf denen sich die Sommertouristen erholten. Éva wurde nicht müde, von der offenen Küche aus diesen Anblick zu genießen und dabei mit Jacques zu plaudern, während dieser in der Wickelecke beschäftigt war. Nur ihr Schlafzimmer war von dieser charmanten kleinen Bühne des Pariser Lebens abgeschirmt.

Nach dem Trauerempfang für Adrien und dem Streit zwischen Lucie und Alice, den Éva versucht hatte zu schlichten, hatten sie sich von ihren Gastgebern verabschiedet, um Jef bei Évas Eltern abzuholen, deren Wohnung nicht weit entfernt lag. Schweigend waren sie durch die Straßen des 16. Arrondissements spaziert, um sich allmählich von den Ereignissen des Tages zu entfernen, wie wenn man sanft aus einem tiefen Schlaf erwacht. Hand in Hand, wie bei ihrem ersten Treffen, hatten sie das Glück genossen, endlich zusammen zu sein, ohne dass ein Hindernis sie trennte oder irgendeine Verpflichtung sie einengte. Auf einmal sah Jacques sie an und nahm sie in die Arme. Ohne ein Wort küsste er sie leidenschaftlich und weckte ihre unstillbare Lust. Rasch zog er sie in einen Hauseingang, um ihrer brennenden Begierde nachzugehen. Sie liebten sich hemmungslos, und es war ihnen egal, ob jeden Moment Hausbewohner vorbeikommen konnten. Das Leben war einfach zu kurz, um darüber nachzudenken, und wie selten ergaben sich diese Momente, die sich einem für immer ins Gedächtnis einbrennen würden. Évas Schweißperlen auf der Stirn vermischten sich mit ihren Tränen. Sie schluchzte unkontrolliert und drückte Jacques fester an sich. Dann sahen sie sich an, ganz ernst, bevor sie in Lachen ausbrachen, weil sie sich plötzlich ihrer Verrücktheit bewusst wurden. Sie waren junge Eltern und hatten sich wie Jugendliche benommen.

An diesem Abend, als der orangefarbene Himmel idyllische Schnörkel über den von der Nachmittagssonne erhitzten Dächern zeichnete, waren sie glücklich, und Éva fragte sich, ob sie das Recht hatte, dieses Glück auszukosten, während ihre Freundin so schwere Schicksalsschläge erleiden musste. Jacques erriet Évas Gedanken. Er kam zu ihr und umarmte sie, nachdem er Jef in sein Bettchen gelegt hatte.

»Uns geht's gut, oder?«, murmelte er, ohne wirklich eine Antwort zu erwarten.

»Ja, sehr. Aber was ist mit Alice? Und jetzt auch mit Lucie?«

»Das geht schon wieder vorüber, mach dir keine Sorgen. Die Emotionen haben heute hohe Wellen geschlagen, kein Wunder, dass beide die Fassung verloren haben. Und Laura wird schon wieder zurückkommen.«

»Glaubst du?«

»Ich habe zwei kleine Schwestern, ich weiß, wie diese Wesen ticken. Sie wollen beweisen, dass sie erwachsen sind und dass sie niemanden brauchen. Bis sie wieder zurückkommen, weil sie letztendlich doch noch Kinder sind.«

»Meinst du, deine Schwestern kommen uns mal besuchen?«

»Elisa auf jeden Fall. Sie wünscht es sich schon seit Wochen, aber sie ist ja bei unseren Eltern eingesperrt, die Arme. Man könnte sich bessere Orte vorstellen, um gesund zu werden.«

»Du hättest ihr vorschlagen sollen, zu uns zu kommen, ich hatte dich doch darum gebeten.«

»Aber Schatz, unsere Wohnung ist doch viel zu klein. Und ich weiß nicht, ob es wirklich eine gute Idee wäre, einen Teenie, der sich gerade von seiner Krebskrankheit erholt, und ein drei Monate altes Baby im selben Zimmer unterzubringen. Elisa braucht Ruhe und Fröhlichkeit, und Ruhe findet sie bei meinen Eltern auf jeden Fall. Sie hat mir erzählt, dass sie jeden Abend gleich nach dem Essen um 8 Uhr ins Bett geht, also wird sie wohl bald wieder auf dem Dampfer sein. Für die Fröhlichkeit sorgen schon ihre Freunde. Die paar Tage mit ihnen sind genau das Richtige für sie. Allemal besser jedenfalls, als den Alltag eines verliebten Paares zu teilen, das sich ständig küsst.«

Dabei presste er erneut sein Becken an ihres und fing an, an ihrem Ohr zu knabbern. Éva schob ihn mit der Hüfte beiseite.

»Jacques, weißt du, was wir noch alles zu tun haben? Für einen Säugling zu packen kostet mehr Zeit und Konzentration, als einen Businessplan auszuarbeiten.«

»Rede bloß nicht von der Arbeit! Ich habe es Christophe geschworen, und du musst unsere Vereinbarung respektieren.«

»Ich habe nicht von dir, sondern von mir gesprochen.«

»Ach? Weißt du jetzt, was du machen möchtest?«

»Ich habe gewisse Vorstellungen. Aber zwei Selbstständige in der Familie sind vielleicht doch keine so gute Idee.«

»Éva, du solltest dich nicht nach mir richten, sondern das tun, wozu du Lust hast. Du musst nicht auf deine Wünsche verzichten, nur weil du einen absurden Kerl kennengelernt hast, der sein eigenes Geschäft aufziehen will.«

»Wir werden sehen. Aber du hast recht, jetzt sollten wir uns wirklich auf den Urlaub konzentrieren. Man kann nicht behaupten, dass das vergangene Jahr sehr erholsam war. Noch eine letzte Anstrengung, und dann können wir endlich faulenzen. Komm, Monsieur Brel, ich brauche deine Hilfe!«

Danach waren sie mehrere Stunden lang beschäftigt und sortierten, bügelten und falteten die Wäsche, die der eifrige Trockner ausspuckte. Dann listeten sie alles auf, was sie noch für ihr Baby brauchten. Schnuller, Windeln – wie viele? Mein Gott, wenn sie zehn Tage lang unterwegs waren und ihn zehnmal am Tag wickelten, mindestens, mussten sie dann tatsächlich hundert Stück einpacken? Nein, schließlich fuhren sie nicht an den Nordpol.

Völlig erschöpft öffneten sie schließlich eine Flasche Weißwein und gönnten sich ein rettendes Glas. Es war schon kurz vor Mitternacht. Sie hörten nur ein wenig Jazz, der vom Hof heraufstieg, und genossen schweigend den lauwarmen Luftzug, der ihre Gesichter streichelte. Endlich war Wind aufgekommen und machte die Atmosphäre fast erträglich. Vielleicht würden sie einigermaßen schlafen können, wie es bisher nicht möglich gewesen war, seitdem sie nach Paris zurückgekehrt waren. Gegen 2 Uhr nachts zogen sie sich schließlich aus und fielen aufs Bett, müde und nur darauf aus, einige Stunden Schlaf vor der langen Reise am nächsten Tag zu bekommen.

Als sie endlich das Licht gelöscht hatten, fing Jef in seinem Bettchen an zu jammern und zu weinen. Sie schalteten das Licht wieder ein und versuchten, ihn zu beruhigen, erst leise flüsternd, dann mit leisem Singen, dann wiegten sie ihn und nahmen ihn mit ins Bett, wickelten ihn, bliesen sanft über seine Stirn, um ihn zu entspannen, flüsterten ihm ins Ohr, mit halb geschlossenen Augen, selbst halb eingeschlafen. Dann stand Jacques auf, wanderte im Wohnzimmer hin und her und kam dabei an den Fenstern vorbei. Er warf müde Blicke zum verlassenen Horizont, an dem kein Licht mehr sichtbar war. Alle Welt schlief, ganz gewiss. Außer ihm, der diese unaufhörlichen, durchdringenden Schreie ertragen musste.

Gegen 6 Uhr morgens schliefen sie endlich ein, alle drei aneinandergeschmiegt, die Arme über dem Baby verschränkt, das friedlich schlummerte. Drei Stunden später waren sie auf dem Bahnsteig des Gare de Lyon mit Lucie, Christophe und ihren Kindern verabredet. Fünf Stunden lang würden sie gemeinsam unterwegs sein, in einem Waggon auf Gedeih und Verderb zusammengepfercht.

SOMMERPAUSE

1.

»Er hat gesagt, in sieben Minuten! Wo bleibt der denn bloß, wir verpassen noch den Zug!«

Éva stand auf dem Bürgersteig und trat nervös von einem Fuß auf den anderen. Umgeben von ihren vier Koffern, dem Kinderwagen, dem Reisebettchen und Jefs Maxi-Cosi, das Handy in der Hand, verfolgte sie angespannt den Weg des Taxis, das sie in ihrer Panik gerufen hatte, um zum Bahnhof zu kommen. Jacques und sie hatten den Wecker nicht gehört, den sie extra früh genug gestellt hatten, damit sie Zeit hatten, um noch die Reste einzupacken, eine Tasse Kaffee zu trinken und die Wohnung ohne Panik zu verlassen. Doch sie hatten erst um 8 Uhr 4 die Augen aufgeschlagen, plötzlich geweckt von Jef, der gluckste und sich zwischen ihnen räkelte. Entsetzt waren sie in die erstbesten Klamotten gesprungen, die ihnen in die Hände fielen, hatten sich nicht geduscht, das heiße Wasser abgesperrt und schnell die Jalousien runtergelassen, ihr Gepäck gegriffen und Jef im Schlafanzug in den Maxi-Cosi gepfropft – er konnte unterwegs trinken. Der Zug ging um 9 Uhr 2. Lucie hatte vor ein paar Tagen für ein Heidengeld die Tickets erstanden. Es seien die Letzten gewesen, hatte sie sie gewarnt. Es war ohnehin ein Wunder gewesen, dass sie noch sieben zusammenhängende Plätze mitten im August ergattert hatte. Nein, sie durften den Zug keinesfalls verpassen. Lucie hatte es Éva eingeschärft, weil sie sie kannte. Sie kam immer zu spät zu allen Verabredungen, und sie war diejenige, auf die man im Restaurant am längsten wartete. Éva gab sich Mühe, aber sie schaffte es nie. Auch wenn sie noch so akribisch die Zeit kalkulierte, die sie brauchen würde, um pünktlich zu sein, kam ihr immer irgendetwas dazwischen. Heute war es jedoch etwas anderes. Sie hatten in der Nacht nicht geschlafen. Jacques' Gesicht war angespannt, und er hatte dunkle Ränder unter den Augen, die ihn jedoch eher noch attraktiver machten. Er war ruhiger als Éva und bemühte sich, auch sie zu beschwichtigen.

»Er kommt gleich, reg dich nicht auf.«

»Es ist 8 Uhr 32! Nein, 33! Wir verpassen den Zug, wir verpassen den Zug! Lucie kennt mich. Wir bekommen keine Fahrkarten mehr. Und was machen wir bloß mit Jef? Wir können doch nicht bei 40 Grad im Schatten den ganzen Tag am Bahnhof herumlungern und auf den nächsten Zug warten. Und fahren überhaupt noch welche? Außerdem habe ich die Schlüssel. Verdammt noch mal, trinkt der noch irgendwo einen Kaffee, dieser Fahrer?«

Die Chevreux waren ihrerseits bereits seit einer halben Stunde am verabredeten Treffpunkt. Wie immer war Lucie schon im Morgengrauen aufgestanden. Sie hatte eine Stunde lang ihre Yogaübungen gemacht und dabei in aller Ruhe über die kürzlichen Ereignisse nachgedacht. Über Adriens Tod, den Urlaub in der Bretagne, den sie hatten abbrechen müssen, und vor allem über die überraschenden

Ereignisse des letzten Abends dort, die ihr Leben auf den Kopf gestellt hatten.

An jenem Abend, als sie und Christophe, der gerade aus Raphs Zimmer gekommen war, einander gegenübergestanden hatten, hätte sie am liebsten so getan, als wäre nichts gewesen. Innerhalb weniger Sekunden hatte sie sich selbst eingeredet, dass es eine ganz normale Situation war. Christophe hatte bestimmt irgendetwas bei seinem Freund geholt, ein Buch, eine Kopfschmerztablette, was wusste sie denn, und sie hatte einfach unverschämtes Glück gehabt, dass sie nicht selbst in diesem Moment im Zimmer gewesen war und von den sehr speziellen Diensten profitiert hatte, mit denen sie ihr Trainer verwöhnte. Doch dann hatte Christophe als Erster die Maske fallen lassen. Er war zu ihr gegangen, hatte ihre Hände in seine genommen und sie dabei fest angesehen, offenbar bereit, ihr ein Geheimnis zu enthüllen. Verlegen durch solche Intimität, wollte Lucie noch einmal die Banalität der Situation heucheln und die Wahrheit weit von sich schieben.

»Du solltest jetzt zu Bett gehen, mein Liebster, es ist schon spät«, hatte sie einfach gesagt und ihn zur Treppe geschoben, die zu ihrem Zimmer führte.

Doch Christophe hatte sich nicht gerührt. Denn wenn er nicht mit Lucie darüber sprach, was würde dann aus ihrer Beziehung werden? Er liebte sie, ohne jeden Zweifel, und er wollte den Rest seiner Tage mit dieser Frau verbringen, die er vor vielen Jahren geheiratet hatte. Sie hielt ihn aufrecht. Ohne sie war er nichts weiter als ein guter Internatsschüler, der in der Welt der Erwachsenen mitspielte. Doch er hatte gefehlt und heimlich von dieser neuen Begierde gekostet, die ihn ergriffen hatte. Seit diesem seltsamen Tag, an dem er dem ebenso mächtigen wie unerwarteten Bedürfnis nachgegeben hatte, diesen Männerkörper zu umarmen, der ihn verrückt machte, gingen ihm ständig quälende Fragen durch den Kopf. Heute musste er darüber reden. Auch wenn seine Ehe eine Zeit lang unter der plötzlichen Enthüllung leiden würde, musste Lucie es wissen. Das Geheimnis war zu bedrückend, um es weiterhin allein mit sich herumzutragen. Er hatte sie noch nie angelogen, und er ertrug diese Geheimnistuerei nicht länger.

»Lucie, ich muss dir etwas sagen«, flüsterte er ihr zu, als sich hinter ihnen plötzlich Raphs Zimmertür öffnete.

Er betrachtete sie schweigend, mit einer Zuneigung, die sie beide beruhigte. Er trug nur Shorts. Sein wohlgeformter Körper ließ beide erschauern. Raph bat sie, zu ihm hereinzukommen. Sie betraten sein gemütliches Zimmer, das zum Hafen hin lag und in dem man die Stimmen ihrer Freunde ganz aus der Nähe hörte. Fred lachte zu laut und bot den anderen Alkohol an, Jacques sang mit seiner schönen Stimme Seemannslieder, und das Ganze wurde von dem Rauschen der Wellen untermalt, die sich regelmäßig wie ein Metronom am Kai brachen. Raph ließ sie auf seinem Bett Platz nehmen. Dann warf er ein dunkles T-Shirt über die kleine, muschelverzierte Lampe, die als Einzige das Zimmer erhellte, und dämpfte dadurch das Licht. Sofort wurde die Atmosphäre sanft und entspannt. Alle drei schienen das plötzliche Schweigen zu akzeptieren, diese seltsame Nähe, ohne dass sie verlegen wurden. Und dann geschah das Unglaubliche. Mit einer Hand näherte Raph Christophes Gesicht Lucies Mund und ermunterte ihn, seine Frau zu küssen. Dann glitten ihre Hände über Lucies Körper. Sie liebkosten einander und streichelten sich, bis die Lust sie alle drei ergriff und sie abwechselnd stöhnten und Seufzer ausstießen, die sie nicht mehr unterdrückten. Langsam zogen sie sich aus und gaben sich ihren Gefühlen hin.

Nachdem sie sich zu dritt geliebt hatten, schmiegten sich Christophe und Lucie aneinander, ganz erfüllt von Glück und der wiederentdeckten Leidenschaft. Sie küssten sich so heftig, dass ihre Zähne aneinanderschlugen. Auf ihre Einladung hin legte sich Raph zu ihnen, einen Arm über sie gebreitet. Ihre Atemzüge vermischten sich und verliehen der Situation eine Zärtlichkeit, die in krassem Gegensatz zu den ausschweifenden Szenen einige Minuten zuvor stand.

Dann schliefen sie ein.

Im Morgengrauen, als sich die ersten ockerfarbenen Streifen über den Himmel zogen und einen schönen Tag für die bevorstehende Abfahrt ankündigten, schlüpfte Lucie aus dem Bett. Sie warf noch einen Blick auf die beiden lang ausgestreckten schönen Männer. Das alles erschien ihr irreal, und die Erinnerungen an den Abend zuvor kehrten Stück für Stück wieder, unzusammenhängende Bilder, die unerwartet in ihrem noch schläfrigen Geist aufstiegen. Ihr Körper schmerzte von der Heftigkeit ihrer gemeinsamen Leidenschaft. Der Zustand erinnerte sie an die erste Zeit ihrer Ehe. Sie hatten sich stundenlang geliebt, um das Feuer zu löschen, das sie verzehrte. Ohne einen Laut schlich Lucie die Treppe hinunter und setzte Wasser auf. Durch das Küchenfenster beobachtete sie die Fischer, die sich ihre erste Zigarette anzündeten, ihre vom Salzwasser steifen Öljacken anzogen und dann ohne Umschweife ihre gereinigten Netze in die Boote warfen. Lucie goss heißes Wasser in eine Teeschale. Dann öffnete sie die Tür und ging einige Schritte hinaus auf den Kai. Es war kalt, und die Härchen an ihren Armen richteten sich im Wind auf, doch sie achtete nicht darauf. Sie setzte sich an den Rand des Kais und ließ ihre schmerzenden Beine gegen den kühlen Stein baumeln. Zum letzten Mal überblickte sie den Ozean, der stolz und dunkel die Schiffe umtanzte, die eines nach dem anderen den schützenden Hafen verließen. Die Tasse brannte in ihren Händen. Sie trank einen Schluck und schloss die Augen vor dem idyllischen Bild. Dann ging sie hinauf, weckte sanft Christophe, nahm ihn an der Hand und führte ihn mit hinauf in ihr Zimmer. Sie schlüpften unter die kühlen Decken ihres frisch gemachten Bettes, Lucie schmiegte den Kopf an seine Brust, und dann fielen sie noch für einige Stunden in einen ruhigen Schlaf.

An diesem Morgen hatte sie es sich schon ganz früh mitten auf der Teakholzterrasse ihrer riesigen Wohnung in der Rue des Martyrs auf ihrer Yogamatte bequem gemacht und an diese Nacht zurückgedacht. Konnte sie mit diesem Moment leben, in dem sie sich hatte gehen lassen? Mit dem Anblick von Christophe in den Armen eines anderen, eines Mannes? Doch, das konnte sie. So unwahrscheinlich es erscheinen mochte: Lucie, die von ihrer Erziehung in ein Korsett gepresst und streng erzogen worden war, hatte diesen Verstoß gegen ihre Grundsätze sofort akzeptiert.

Mehr noch, sie begrüßte diese plötzliche Erweiterung ihres Horizonts, diesen Tabubruch, den sie sich vorher niemals hätte vorstellen können. Dass sie diesen Moment mit Christophe geteilt hatte, hatte sie wieder näher zusammengebracht. Sie wusste jedoch nicht, ob sie mit den Mädels darüber reden würde. Wahrscheinlich nicht mehr mit Alice, ihrer ältesten Freundin. Und auch nicht mit Éva, die als Letzte zu ihrer Gruppe gestoßen war. Mathilde kam auch nicht infrage, denn sie konnte keine Geheimnisse für sich behalten. Der Klatsch war für sie eine Art Markenzeichen, das einerseits ihren Charme ausmachte, ihre Verwandten und Freundinnen aber andererseits oft zur Verzweiflung trieb. Nein, es würde ihr Geheimnis bleiben, ihres und Christophes. Mehr denn je hatte diese Erfahrung sie zusammengeschweißt, die manche als pervers gebrandmarkt hätten. Doch sie schämte sich nicht.

Die Sonne war ganz aufgegangen. Lucie meditierte einige Minuten lang vor ihrer Tasse Matcha-Tee und ließ ihre Gedanken, gute wie schlechte, für eine Weile an sich vorüberziehen. Einige Vögel stimmten ein hübsches Morgenlied an. Alles war perfekt. Bald würden sie sich mit Jacques, Éva und dem Baby für den zweiten Urlaub in diesem bewegten Sommer treffen, und endlich würden sie das Glück genießen können. Dann kam Charlotte, schlich sich ganz leise an ihre Mutter heran und setzte sich hinter sie, noch ganz verschlafen und in ihrem blütenweißen Nachthemd, das über ihren hübschen gebräunten Körper fiel. Ihre wirren Haare umrahmten ihr zartes kleines Gesicht mit den mandelförmigen Augen, und sie legte beide Arme um die Brust ihrer Mama, die ohne sich zu erschrecken – denn dieses Ritual gehörte zu ihren Gewohnheiten – voller Glück das morgendliche Kuscheln annahm.

»Hast du gut geschlafen, mein Schatz?«, fragte Lucie, die Augen noch immer geschlossen, und schob den Moment hinaus, in dem dieser Tag richtig beginnen würde.

»Ich glaube, ich habe geträumt, ich wäre Beyoncé«, antwortete ganz ernst ihre Tochter, die Arme immer noch um ihre Mutter geschlungen.

»Ein hübscher Traum, Liebchen. Hast du ein Konzert gegeben?«

»Ja, es war supertoll. Die Leute haben zu meiner Musik gesungen, ich habe schöne Paillettenkleider getragen, und meine Haare waren auch ganz toll und haben im Wind geflattert. Alle haben mich bewundert. Ich war richtig enttäuscht, als ich aufgewacht bin. Ach, Mama, ich wäre so gern endlich groß.«

»Das hat doch noch Zeit, Charlotte. Genieße noch eine Weile deine Sorglosigkeit.«

»Aber ich bin gar nicht sorglos, ich habe viele Probleme. Zum Beispiel hat mir Marguerite mein rosa Kleid mit den Sternen weggenommen und es danach nicht mal in die schmutzige Wäsche getan. Jetzt kann ich es gar nicht mit in den Urlaub nehmen. Und das ist doch wirklich ein Riesenproblem, meinst du nicht, Mama?«

»Doch Schatz, natürlich«, erwiderte Lucie lächelnd, stand auf und küsste ihre Älteste auf die Wange. »Es ist wirklich ein Riesenproblem.«

Noch vor wenigen Monaten hatten solche Gesten der Zärtlichkeit keinen Platz in ihrer Familie gehabt. Lucie war dem Beispiel ihrer Eltern gefolgt und hatte nicht einmal daran gedacht, die Liebe zu ihren Kindern anders als durch Autorität auszudrücken. Man hatte ihr beigebracht, dass das beruhigend auf Kinder wirke und ihnen eine gute Basis für das Leben biete, die Sicherheit, dass ihre Eltern immer für sie da wären. Doch auch sie hatte sich verändert, den Sockel ihrer Überzeugungen umgestürzt und begonnen, die Familientradition zu verändern. Seitdem hatte sich die Beziehung zu ihren Töchtern, die zuvor schon sehr gut gewesen war, noch vertieft. Charlotte, Marguerite und Lucie küssten sich seitdem auch ganz ohne Grund – beim Aufstehen und beim Zubettgehen, um Danke zu sagen oder wenn die Kinder aus der Schule kamen. Die kleine Lou, die im September geboren worden war, hatte mit ihrem Clownsgesicht und dem ständigen Lächeln zusätzliche Fröhlichkeit in ihr Haus gebracht. Alle waren ganz verrückt nach diesem Baby mit den feuerroten Haaren, das die Mitglieder dieser allzu disziplinierten Familie noch enger zusammengeschweißt hatte.

Einige Minuten später erschien auch Marguerite, die Zweitälteste. Sie hüpfte fröhlich herum bei der Aussicht, gleich mit dem Zug zu fahren und in das Haus zurückzukehren, das sie von klein auf kannte.

»Fahren wir bald los, Mama? Wann denn? Ist es bald 8 Uhr? Und wie spät ist es jetzt? Und jetzt? Und jetzt?«

Und so fragte sie unablässig, ohne auf die Idee zu kommen, selbst auf die Uhr über dem Kamin zu schauen. In der Küche bereitete Winnie das Frühstück vor. Auf dem Glastisch vor dem großen Verandafenster, das die Chevreux hatten einbauen lassen, hatte sie das zuckerfreie Müsli für Lucie und die dampfende Teekanne hingestellt, die diese, wie jeden Morgen, ganz austrinken würde. Es gab Filterkaffee für Christophe und dazu seine Haferkekse. Für die Mädchen hatte sie Pfannkuchen mit Vollkornmehl zubereitet, deren Duft die Wohnung erfüllte. Vor der Tür warteten die Koffer darauf, dass die letzten Kleinigkeiten eingepackt wurden, nachdem sich alle die Zähne geputzt, rasiert und geschminkt und die Kulturbeutel verschlossen hätten. Winnie stand an der Kochinsel und bereitete vegetarische Brote zu, die sie in kleine Plastikboxen luftdicht verpackte. Madame würde niemals in den Speisewagen gehen und schon gar nicht erlauben, dass die Mädchen einen vulgären Schinken-Käse-Toast voller Gluten, Zucker und anderen Giften verschlangen. Christophe gesellte sich jetzt zu ihnen, die kleine Lou an sich gedrückt, die ihr Gesicht an seine breiten Schultern schmiegte. Obwohl die Mädchen um sie waren, konnte Lucie einen Anflug von Zärtlichkeit nicht unterdrücken. Winnie tat wie immer so, als sähe sie nichts, zu sehr gewöhnt an die Intimität dieser Familie, in der sie nur eine Nebenrolle spielte, obwohl sie immer da war und alle sie akzeptierten und schätzten. In einigen Stunden würde sie jedoch auch endlich bei ihrer Familie sein und drei Wochen Pause von der Familie Chevreux haben, die auch zu ihrer Familie geworden war.

»Guten Morgen, mein Schatz«, flüsterte Lucie und gab Christophe einen flüchtigen Kuss auf den Hals. Dabei atmete sie den betörenden Duft ihres Mannes ein.

Dann nahm sie ihre kleine Tochter auf den Arm, die vor Vergnügen gurrte und sich begeistert in die Haare ihrer Mutter verkrallte. Lucie stieß einen Schmerzensschrei aus, und alle lachten, weil sie so entsetzt aussah und Lou so begeistert. Dann frühstückten sie gut gelaunt, bevor alle nacheinander duschten, ihre restlichen Sachen zusammenpackten und die letzten Vorkehrungen trafen.

Um Viertel vor acht standen sie wie aus dem Ei gepellt in einer Reihe auf dem Bürgersteig in der Rue des Martyrs bereit. Die älteren Mädchen trugen paillettengeschmückte Rucksäcke, leichte Sommerkleidchen, passende Sandalen und elegant geflochtene Zöpfe; Lou lag in ihrem Kinderwagen. Christophe, ebenfalls tadellos frisiert, trug eine leichte Sommerjacke über dem Polohemd und den Chinos und hatte eine Reisetasche über die eine, einen Tennisschläger über die andere Schulter geschwungen. Die wenigen Passanten, die zu dieser frühen Stunde durch die Straße gingen, blieben stehen, um diese Familie wie aus dem Katalog zu bewundern, die brav vor der Tür wartete, bevor sie zu anderen Orten reiste, die wahrscheinlich genauso schick waren wie sie. Dann war das Großraumtaxi eingetroffen, und der Fahrer hatte ihre zahlreichen Gepäckstücke eingeladen. Als er sie fragte, ob sie eine bestimmte Musik wünschten, schlug Christophe ein Lied von Charles Aznavour vor, das seiner Meinung nach wunderbar zu diesem Familienausflug passte. Während die fröhliche Melodie ertönte, bewunderte Lucie durch das Fenster die Stadt, von der sie wusste, dass sie ihr schon bald fehlen würde. Niemals könnte sie anderswo leben, so viel war sicher. Lucie betrachtete die Häuser am Seine-Ufer. Wer wohl hier wohnte? Wie konnte der Alltag dieser Leute aussehen, die morgens ihre Fenster öffneten und diese wunderbare Umgebung erblickten, wenn sie auf ihren kleinen

Balkonen oder den riesigen Terrassen Platz nahmen, die sie fieberhaft mit den Blicken suchte. Doch wenn Christophe wirklich weiterhin seine neue berufliche Laufbahn verfolgte, war es gewiss, dass Lucie niemals ihren Traum würde verwirklichen können, eines Tages hierher in eines dieser außergewöhnlichen Apartments zu ziehen. Doch er machte ja nur eine Midlife-Crisis durch, redete sie sich ständig ein, eine vorübergehende Phase. Nachdem die erste Begeisterung verflogen und das Projekt in ruhigeres Fahrwasser gelangt war, würde er wieder in den Anzug des einflussreichen und finanziell erfolgreichen Geschäftsmannes schlüpfen.

Als sie am Rathaus vorbeikamen, ergriff Christophe Lucies Hand, verschränkte seine Finger mit ihren und streichelte ihren Zeigefinger. Ein Schauder überlief sie. Hinter ihrer Sonnenbrille zwinkerte er ihr zu, ein Zeichen dafür, dass ihre neue Intimität sehr real war. Hinten im Wagen diskutierten Charlotte und Marguerite fröhlich über ein Buch. Lou starrte mit runden Augen ihr Kindermädchen an, das sie fest und besitzergreifend im Arm hielt. Wahrscheinlich würde Winnie die Kleine fehlen, obwohl sie sich sehr darüber freute, endlich Urlaub zu haben.

Vor dem Bahnhof war es mit der Heiterkeit der fröhlichen Truppe urplötzlich vorbei. Mit Entsetzen stellten sie fest, welche Menschenmassen sich jetzt schon rings um das Bauwerk drängten. Unablässig strömten Scharen von bepackten und entnervten Reisenden an diesen Transitknoten, um dort die Züge zu erobern. Lucie graute davor, viele Stunden mit diesen Leuten dicht an dicht verbringen zu müssen. Der Sommerurlaub ist doch unfassbar obszön, dachte Lucie Chevreux und fragte sich ernsthaft, ob sie die Ferien nicht hasste.

»Pardon, pardon … Entschuldigen Sie. Charlotte, pass bitte auf, du trittst der Dame auf die Füße. Warte, bis die Leute sich gesetzt haben. Marguerite, was machst du denn da? Der Herr hinter dir möchte gern durch. Entschuldigen Sie bitte, Monsieur. Christophe, setz Marguerite bitte auf ihren Platz, ja?«

»Ich versuche gerade, die Koffer zu verstauen, Schatz.«

»Aber warum hast du sie denn nicht vorne stehen lassen wie alle anderen auch?«

Lucie benahm sich jetzt wie eine Oberlehrerin. Sie fand, dass der brillante Christophe Chevreux in puncto häuslicher und organisatorischer Aufgaben noch einiges zu lernen hatte.

»Ich habe es versucht, stell dir vor«, erwiderte er, verärgert darüber, wie ein Dummkopf behandelt zu werden. Christophe presste die Tasche nun mit aller Kraft in das Gepäckfach und ließ sich dann endlich auf seinen Sitz fallen, erleichtert darüber, dass er es geschafft hatte, während der Strom der dicht gedrängten Urlauber seine Prozession fortsetzte.

Lucie atmete geräuschvoll aus, froh, die albtraumhafte Durchquerung der lauten Bahnhofshalle hinter sich gebracht zu haben. Die Menge war so dicht gewesen, dass sie befürchtet hatte, nicht lebend wieder hinauszukommen. Lucie Chevreux, geborene de Magny, musste nur selten solche Unannehmlichkeiten über sich ergehen lassen wie andere Normalsterbliche. In Paris bewegte sie sich mit

Funkmietwagen, Taxi oder Uber fort, seitdem Christophe keinen Chauffeur mehr hatte, und ansonsten reiste sie nur erster Klasse. Doch diesmal hatte sie keine andere Wahl gehabt, als die letzten Fahrkarten zu kaufen, die noch erhältlich waren.

Sie schloss die Augen, atmete tief durch, wie ihre Yogalehrerin es ihr beigebracht hatte, und versuchte so, sich von ihrer Umgebung zu distanzieren. Die beiden Plätze neben ihnen waren glücklicherweise leer, und zwar aus gutem Grund, da sie eigentlich für Jacques und Éva bestimmt waren. Wo blieben sie bloß? Der Zug würde bald abfahren. Lucie schickte ihrer Freundin schnell eine SMS.

Genau in diesem Augenblick kamen Jacques und Éva den Gang entlang, mit angestrengten Gesichtern, nur der kleine Jef lächelte aus seinem bunten Tragesäckchen heraus.

»Oh nein, Schätzchen, was hast du da für ein schreckliches Ding! Warum hast du mir nicht gesagt, dass du ein Tragesäckchen brauchst, ich habe zuckersüße in der Boutique, ganz frisch eingetroffen!«

»Das ist jetzt nicht der richtige Moment, Lucie.«

Außer Atem biss Éva die Zähne zusammen und warf Jacques finstere Blicke zu, der die Chevreux nicht mal höflich begrüßte, wie Lucie feststellte, die sehr auf solche Förmlichkeiten achtete. Natürlich konnte man sich streiten, das passierte oft, aber man durfte nicht andere unter seiner schlechten Laune leiden lassen, das war eine der Grundregeln im gemeinsamen Urlaub. Während sie darüber nachdachte, tödlich beleidigt, weil Éva so mit ihr geredet hatte, vor allem vor den anderen Reisenden, warf das normalerweise so zärtliche und verliebte Paar ohne große Worte seine Sachen unter den Tisch, auf ihre Sitze und sogar auf die Sachen der Chevreux. Alle starrten die keuchenden, sichtlich am Rand der Erschöpfung balancierenden Eltern an, doch keiner wagte, etwas zu sagen. Éva und Jacques blickten starr vor sich hin. Lucie warf Christophe einen verschwörerischen Blick zu. Hast du sie gesehen, das ist doch furchtbar, oder? Was ist denn mit denen los? Christophe antwortete ihr mit zustimmenden Grimassen. Als der Zug sich in Bewegung setzte und der Waggon sich allmählich mit dem Rascheln von Alufolie und dem Knacken geöffneter Brotdosen füllte, brach Éva endlich das Schweigen, das sich auf ihre kleine Gruppe gelegt hatte:

»Wir hätten beinahe den Zug verpasst!« Lucie, die noch immer beleidigt war, tat so, als hätte sie sie nicht gehört, und spielte demonstrativ mit Lou, die laut lachte.

»Hier ist die Mama! Mama, sag Mama, Schätzchen.«

»Okay, bitte entschuldige«, sagte Éva schließlich zu Lucie, die einen kleinen eleganten Seufzer ausstieß, die charmanten Augenbrauen hochzog und dann den Kopf ihrer Freundin zuwandte und strahlend lächelte.

»Na also, ist doch gar nicht so schwer! Habt ihr gesehen, Kinder? Wenn man eine Dummheit gemacht hat, muss man sich entschuldigen. Man muss zugeben …«

»So, das reicht jetzt, oder?«, grummelte Éva, während Lucie aufstand und sie herzlich rechts und links auf die Wangen küsste.

»Natürlich. So, und jetzt hören alle auf zu schmollen, einverstanden? Jacques?«

»Na schön.«

»Also, du bist neu und weißt noch nicht Bescheid. Aber Éva und ich fahren seit Ewigkeiten gemeinsam in Urlaub, erst nur wir beide und später mit unseren Partnern, und jetzt mit unseren Familien, und wir haben ein paar wichtige Regeln aufgestellt, damit wir uns im Urlaub nicht verfeinden. Eine davon ist, dass man sich zusammenreißt. Doppelt so sehr, ja dreifach so sehr wie normalerweise. Ich weiß, das ist viel verlangt, weil man das ja auch in einer Partnerschaft ständig tun muss, nicht wahr, mein Schatz?«

Christophe lächelte schwach und hatte keine große Lust zu antworten.

Lucie übertrieb es mit ihren beruhigenden Worten; sie war nicht gerade eine geborene Diplomatin. Sie fühlte sich noch immer tief verletzt durch den kürzlichen Streit zwischen ihr und Alice und fragte sich ernsthaft, ob sie überhaupt zu einer Freundschaft fähig war. Seit der Sache mit der Gynäkologin redete Alice nicht mehr mit ihr. Aber was hätte sie denn machen sollen, als Laura zu ihr gekommen war und sie um Hilfe gebeten hatte? Hätte sie sie mit ihrem Problem alleinlassen sollen, mit dem Risiko, dass sie schwanger wurde? Mit Wochen der ängstlichen Unsicherheit, in denen sie nicht gewagt hätte, sich jemandem anzuvertrauen? Nach stundenlangen Diskussionen, bei denen Lucie versucht hatte, Laura zu überzeugen, sich an ihre Mutter zu wenden, hatte sie endlich zugestimmt, das junge Mädchen zu ihrer Ärztin zu schicken. Vorher musste Laura ihr jedoch versprechen, Alice die volle Wahrheit zu sagen, sobald sie den Mut dazu fand, und ihr den Musiklehrer vorzustellen, der kleinen Mädchen das Herz stahl. An einem Julinachmittag war Laura in die Boutique gekommen, als

Lucie auf der Durchreise in Paris die Buchführung überprüfte und für einige Stunden die Freude genoss, sich nützlich und lebendig zu fühlen. Ihr Beruf war ihr sehr wichtig und hatte sie vor einiger Zeit aus einer tiefen Depression gerissen. Als die Ladenglocke klingelte, hatte sie die beiden schüchtern hereinkommen sehen, Hand in Hand. Laura lächelte ihrer Patentante zu, die unbedingt ihren geliebten Freund kennenlernen wollte. Alle drei waren danach in ein Café gegangen. Laura war die Meinung ihrer Patentante sehr wichtig, und sie erhoffte sehnsüchtig ihren Segen. Nach und nach hatte sich die Atmosphäre entspannt, nachdem die gute Fee festgestellt hatte, dass der junge Mann seine Freundin wirklich liebevoll und aufmerksam behandelte.

Lucie hatte Erfahrung mit Männern und entlarvte unfehlbar die Verführer, die Dummschwätzer, die von Liebe sprachen, um eine Frau ins Bett zu bekommen und sie anschließend für die Nächste gleich wieder fallen zu lassen. In ihrer Jugend hatte sie einige von ihnen kennengelernt. Indem sie den mächtigen Christophe Chevreux zehn Jahre lang bei öffentlichen Anlässen begleitet hatte, hatte sie ihre Kenntnisse des männlichen Geschlechts noch vertieft. Sie hatte die Lügner kennengelernt, die ahnungslosen Betrogenen, die Rachsüchtigen, die in ihrer Jugend hässlich gewesen waren, und die verlassenen, verbitterten Ehemänner, die übermäßig Attraktiven, die nicht wussten, wohin mit ihren Verehrerinnen, die frustrierten Intellektuellen, die tuntigen Schwulen, die verkrachten Künstler und die ernsthaft Verliebten. Lucie bildete sich ein, auf den ersten Blick verborgene Schwächen zu erkennen. Aber dieser Dimitri wirkte ehrlich. Und sehr verliebt. Es war durchaus wahrscheinlich, dass er sich so mönchisch seinem Instrument und der Musik gewidmet hatte, dass er nicht die Zeit gefunden hatte, sich viel mit Liebesdingen zu beschäftigen. Er war zwar schon dreißig, wirkte aber wesentlich jünger, und mit seiner vergeistigten, abgehobenen Art passte er kaum in eine Schublade. Als sie schließlich auf die Musik zu sprechen kamen, fingen seine Augen an zu leuchten. Der junge Mann wurde lebhaft und bewies den Charme, der Laura vermutlich betört hatte. Lucie hatte die beiden sogar ein wenig beneidet, weil sie sie an die schönsten Zeiten ihrer ersten Jugendliebe erinnerten. Die Liebe, die sie vereinte, war spürbar. Und all das brachte Lucie wieder zu ihrem Leben als Erwachsene zurück, als Mutter einer großen Familie, deren Sorgen meilenweit von denen der jungen Leute entfernt waren. Als sie sich verabschiedet hatten und die beiden Hand in Hand davongingen, sah sie ihnen nach. Bestimmt klopfte ihnen das Herz bis zum Hals.

Plötzlich überkamen sie Schuldgefühle. Sie hatte keine Zeit gehabt, Alice das alles zu erklären, als diese sich auf sie gestürzt und sie zur Rede gestellt hatte.

Sie hätte es ihr so gern erklärt und Alice an diese Zeit erinnert, als sie gemeinsam entschieden hatten, wie sie mit Lucies Schwangerschaft umgehen würden. Sie hätte sie gern an dieses namenlose Kind einer Teeniemutter erinnert, deren Übergewicht es zu verdanken war, dass sie die Schwangerschaft hatten verheimlichen können. An diese schmerzliche Wunde, die sich nie ganz geschlossen hatte. Die brennende Wunde, in die jeden Tag Salz gestreut wurde, wenn sie an das Kind dachte, daran, wie alt es jetzt sein musste, an das Schicksal dieses kleinen unbekannten Wesens. Und an diesen Dreckskerl, der sie im Stich gelassen hatte, nachdem er von der Schwangerschaft erfahren hatte. Sie hätte Alice gern an diese Tage erinnert, die sie weinend in ihrem hübschen Zimmer in der Wohnung im 16. Arrondissement verbracht hatten, voller Angst, dass die schreckliche Catherine de Magny von dieser Schande für ihre Familie erfuhr. Alice war ihr damals eine so große Stütze gewesen – und ihre Mutter, die sie irgendwann ins Vertrauen gezogen hatten, weil sie das Geheimnis nicht länger für sich behalten konnten. Einige Wochen später war Alices Mutter gestorben und hatte das Geheimnis mit sich ins Grab genommen, das jetzt nur noch sie beide kannten.

Wenn sie mit Alice über all das hätte reden können, hätte sie vielleicht ihr Verhalten besser verstanden.

»Lucie? Woran denkst du?«

»Wie bitte?«

»Träumst du, Schatz?«

»Ja, entschuldige. Ich ... Die Kinder müssen inzwischen vor Hunger sterben, oder? Christophe, gib mir bitte die Tasche mit dem Proviant.«

Christophe erhob sich seufzend, zog die Tasche heraus und reichte sie Lucie. Als Lucie die Tasche öffnete, konnte sie einen Schrei nicht unterdrücken. Der Brei hatte die Windeln verschmiert und auch die Plastiktüten, die die Brote enthielten. Der Apfelsaft hatte den Boden der Tasche überschwemmt und sie damit ruiniert. Und jetzt tropfte er auch noch auf das hübsche bestickte Baumwollkleidchen von Lou, die genau darunter stand. Ohne ein Wort setzte sich Lucie wieder hin, stellte die Tasche ab, drehte sich zu den Kindern um und erklärte:

»Kinder, heute kümmert sich Papa auf der Zugreise um alles. Mama ist außer Betrieb.«

Dann griff sie zur Sportzeitung und vertiefte sich in eine spannende Geschichte über den Transfer eines Fußballers.

Noch vier Stunden bis zum Ziel.

2.

»Calimero!«

Schon die ganzen drei Tage, die sie in dem sehr komfortablen Clubhotel verbrachten, war Mathilde strahlender Laune. Sie war höflich und nett zum Hotelpersonal und warf mit ein paar Brocken Griechisch um sich, die sie gelernt hatte.

Es kam ihr so vor, als wären alle Männer, denen sie seit ihrer Ankunft begegnet war, nur zu dem Zweck rekrutiert worden, sie zu erregen und zu erfreuen. Théo und Martin schienen sie nicht allzu sehr vermisst zu haben. Sie wirkten glücklich und nahmen täglich mit ihren Cousinen Louise und Bianca an den Aktivitäten des Miniclubs teil. Mathilde bewohnte mit ihnen ein bescheidenes, aber angenehmes Zimmer. Ein breiter Balkon zog sich vor dem großen Fenster mit Meerblick entlang. Von dort aus hielten sie schon frühmorgens Ausschau nach freien Liegestühlen und rannten dann schnell hinunter und legten ihre Handtücher darauf.

Die Tage vergingen ohne Streitigkeiten und Geschrei, und die Morgenstunden in Paris, die immer so laut und stressig waren, schienen weit entfernt zu sein. Hier genossen Théo und Martin die Zeit, morgens noch ein wenig mit ihrer Mutter kuscheln oder herumtoben zu können. Danach standen sie gemeinsam auf und machten sich für das köstliche Frühstück fertig.

An diesem Morgen sagte sich Mathilde, die durch die Sonnenbräune und die Sorglosigkeit um Jahre jünger wirkte und andere Feriengäste und das Personal auf dem Weg zum Frühstücksbüfett lächelnd grüßte, dass sie schon seit vielen Jahren nicht mehr so glücklich gewesen war. Die Scheidung hatte etwas Gutes, und sie fragte sich allmählich, ob ihr neues Familienmodell, unter dem sie anfangs so gelitten hatte, nicht das praktischste für Familien des 21. Jahrhunderts war. Seit ihrer Ankunft in Griechenland stellte sie fest, dass sich die Veränderungen bis in den Urlaub hineinzogen.

Beim Speisebereich angekommen, stürzten Théo und Martin gleich an den gemeinsamen, mit einer weißen Tischdecke und bunten Blumensträußen gedeckten Tisch. Alexandra, die wie immer so elegant gekleidet war, wie Mathilde es nie gelingen würde, las einen heiteren Ferienroman, während ihr Ehemann, der schöne Jérôme, wie jeden Morgen die *Le Monde* auf seinem Tablet durchblätterte. Ihre Töchter spielten unterdessen brav mit ihren Puppen und Ausmalbildern. Wieder einmal bewunderte Mathilde das absolut idyllische Bild, das diese kleine Familie abgab.

»Guten Morgen, ihr Lieben!«

»Hallo, Mathilde. Ich habe dir schon deinen Kaffee bestellt, er wird gleich gebracht. Und auch schon Kakao für die Jungs. Hast du gut geschlafen?«

»Ja, trotz unserer vielen Cocktails gestern Abend erstaunlich gut.«

»Trotz deiner vielen Cocktails, wolltest du wohl sagen?«, präzisierte Alexandra, und Jérôme zwinkerte ihr über seiner Tasse Tee zu.

»Wie du willst«, gab Mathilde zu, die sich kaum noch an den gestrigen Abend erinnern konnte und die spitze Bemerkung ihrer Schwester ignorierte. Außerdem war sie überzeugt, dass diese auch nicht gerade mäßig getrunken hatte. »Sind wir spät ins Bett gegangen?«

»Nein, wir sind gegangen, als der Miniclub geschlossen hat, wir mussten schließlich die Kinder abholen. Aber wir sind lange genug geblieben, um uns deine schönsten Choreografien anzusehen.«

»Ach ... Ich habe getanzt?«, fragte Mathilde schüchtern.

Hatte sie sich wirklich auf die Tanzfläche gewagt? Das Letzte, woran sie sich erinnern konnte, war eine fröhliche Unterhaltung mit einem sehr liebenswerten jungen Griechen, der ihr von seinem Alltag auf der Insel erzählt und sie unter dem Einfluss des Alkohols kräftig angebaggert hatte. Sie fühlte sich aufgekratzt durch die Musik und die Hitze dieses Abends, der ebenso beschwingt war wie die Vestalinnenrobe, die sie noch am Nachmittag in der Hotelboutique erstanden hatte und stolz zum griechischen Abend trug. Sie hatte ihre Haare nach Anleitung eines YouTube-Videos aufgedreht und hochgesteckt, unter den faszinierten Blicken von Théo, der ihr bei der seltsamen Frisur helfen musste. »Es sieht gar nicht so aus wie im Video«, hatte er nach einer Viertelstunde vergeblicher Versuche bemerkt. Mathilde hatte daraufhin beschlossen, dass es so trotzdem in Ordnung war. Und so hatte sie anschließend stolz das Foyer durchquert, in griechischen Sandalen, mit gestrafftem Rücken und erhobenem Hals, überzeugt, von Kopf bis Fuß den herrlichen Statuen zu gleichen, die man in den Touristenprospekten am Empfang bewundern konnte. Voller Selbstbewusstsein hatte sie sich vorgenommen, ihren Urlaub in vollen Zügen zu genießen. Sie war jung und begehrenswert, hatte vor Kurzem erst einem jungen Surflehrer den Kopf verdreht – also brauchte sie wohl keine Angst vor den schönen Griechen zu haben. Rings um den Swimmingpool hatten die Angestellten alles schön geschmückt und Hunderte kleiner Kerzen aufgestellt, die in der sternklaren Nacht leuchteten. Der Abend war dazu gedacht, die Gäste näher zusammenzubringen, und die meisten kamen auch. Nur wenige zogen sich in das Restaurant zurück, in dem man extra bezahlen musste.

Als Mathilde an diesem Abend auf Alexandra und Jérôme wartete, nahm sie sich Zeit, allein die herrliche Aussicht auf den bevorstehenden sorglosen Abend zu genießen. Sie war ganz entspannt, da sie tagsüber viel Sport getrieben und sich dann auch noch ein Schaumbad gegönnt hatte, während sich ihre Kinder einen Film auf dem Tablet ansahen – nein, sie hatte keine Gewissensbisse, sie hatte schließlich auch Urlaub und damit das Recht, die strikten Erziehungsregeln für einen Moment der wohlverdienten Entspannung zu durchbrechen. Dann ging sie zur Bar, wo sich schon einige weiß gekleidete Gäste – natürlich viel weniger elegant als sie – darum drängelten, an die Reihe zu kommen, schließlich war alles gratis. Ein kleiner Mann in verschlissener Bermudahose hielt ihr ein Glas Ouzo hin, und sie kippte es unter den entsetzten Augen seiner fülligen Gattin in einem Zug hinunter, die in die gleiche Vestalinnenrobe wie Mathilde gehüllt war. Sie musste sie natürlich ebenfalls in der Hotelboutique gekauft haben. Die Dame packte ihren kleinen Mann, fest entschlossen, sich von den Speisen und Getränken und diesen gefährlichen weiblichen Wesen zu entfernen, die ihren Gatten in seinen Shorts bedrohten. Mathilde hatte dann noch ein Gläschen von diesem leckeren Anisschnaps bestellt, der gar nicht so nach Alkohol schmeckte, vor allem mit Eis. Vollkommen harmlos, dachte sie. Fast wie Milch, vertraute sie ihrer Schwester an, die inzwischen eingetroffen war. Das Zelt hatte sich gefüllt, ohne dass es ihr aufgefallen war. Dutzende anderer Gäste waren eingetroffen, die meisten ähnlich gekleidet wie sie. Manche versuchten sogar einen Sirtaki, den sie am Nachmittag am Strand gelernt hatten, in einem Kurs, an dem auch Mathilde teilgenommen hatte. Dann bat der Clubchef zu Tisch. Alex und Jérôme setzten sich widerstrebend, mit dem ersten Glas Ouzo noch in der Hand, während Mathilde versuchte, ein letztes von dem Kellner zu ergattern, der seinen griechischen Stand gerade zusammenklappte. An ihrem Tisch fand sich auch das ungleiche Paar wieder, der kleine Mann und seine füllige Frau. Diese reagierte ganz pikiert, als sie Mathilde sah, die ein Glas in der Hand hielt, breit lächelte und laut redete. Zu laut. Ebenfalls am Tisch saß ein Mann, der offenbar darauf wartete, dass er angesprochen wurde. Er hatte kastanienbraunes Haar und braune Augen und trug ein beigefarbenes Hemd und eine Stoffhose im gleichen Ton. Aus der Nähe betrachtet sah er gar nicht mal so übel aus. Jérôme bot an, den Tischgästen Wein einzuschenken. Es war wie bei einer Hochzeit, wo man seine Tischnachbarn nicht kennt, aber wohl oder übel mehrere Stunden ausharren muss. Man musste geradezu trinken, um die Situation erträglich zu gestalten. Mathilde, die schon leicht angeheitert war, übernahm die Rolle der Tischherrin und stellte allen banale Fragen, um die Unterhaltung anzuregen. Das ungleiche Paar kam aus der Auvergne, wo es eine Reinigung betrieb. Mathilde griff gleich den Faden auf und erzählte von dem Film *Eine saubere Affäre* von Anne Fontaine, in dem Miou-Miou und Charles Berling ein Paar spielten, das ebenfalls eine Reinigung betrieb und sich in denselben jungen Mann verliebte. Alle um den Tisch schwiegen betreten, bis der Mann in Beige laut anfing zu lachen. Überrascht drehten sich alle zu ihm um. Dann stellte er sich vor: Wissenschaftler, Seismologe oder so etwas Ähnliches. Jérôme stellte ihm viele Fragen, die der Mann in Beige lebhaft beantwortete. Am Schluss hatte Mathilde ihr Handy gezückt und begonnen, Antoine SMS zu schicken. Seit ihrer Ankunft in Griechenland hatte sie ihm auf seine Nachrichten nicht mehr geantwortet, die sich traurig in ihrer Eingangsbox ansammelten. Er war mit seinem Sohn allein in die Berge gefahren, wo sie Wanderungen zu Berghütten unternahmen, wie seine Fotos bewiesen, die er ihr geschickt hatte. In anderen Nachrichten schickte er Grüße von seinem Sohn Arthur an Théo, seinen besten Freund. Mathilde fügte ihren Nachrichten den kleinen lächelnden Emoji hinzu, löschte ihn wieder, entschied sich für ein Herz, dann eine Sonne und ein Augenzwinkern. Die Gäste verließen allmählich den Tisch – alle außer dem gelehrten Wissenschaftler, der sich neben ihren Schwager gesetzt hatte, um ein offenbar lebhaftes Gespräch weiterzuführen, von dem sie nichts verstand. Die Kinder aus dem Miniclub tollten zwischen den Tischen umher, mit bunt geschminkten Gesichtern und begeistert darüber, noch so spät aufbleiben zu dürfen. Sie waren in bunte Kostüme aus Krepppapier gehüllt und stimmten jetzt ein unverständliches Lied unter dem wohlwollenden Blick ihrer Animateure an, die ebenfalls lustig ausstaffiert waren. Mathilde schnappte sich ihre Söhne zwischendurch und küsste sie ab. Alkohol machte sie sentimental, und sie liebte ihre Kinder mehr denn je. Sie konnte nicht ohne sie leben, ihre Babys. Und das war alles, was zählte, wie sie Alexandra ins Ohr schrie. Diese war offenbar gewöhnt an die sentimentale Überschwänglichkeit ihrer Schwester, wenn sie zu viel getrunken hatte, nickte nur gelassen und bewunderte die hübschen Kleider ihrer Töchter.

»Hast du gesehen, Mama, ich bin ein Pokémon!«, rief Théo über die laute Musik hinweg, als die entzückende Parade vorbeikam.

Mathilde zeigte sich begeistert, wie es von ihr erwartet wurde, und rief ihm zu, es sei toll und einfach super. Théos Gesicht verschwamm bereits vor ihren Augen. Martin fiel schon fast um vor Müdigkeit. Er war erst zwei, hatte aber bisher tapfer mit den Großen mitgehalten. Jetzt schlief er aber in seiner Batman-Verkleidung fast ein. Alexandra, die ebenfalls schon gähnte, schlug ihrer Schwester vor, die Kinder zu Bett zu bringen, und Mathilde war froh darüber, denn sie hatte noch keine Lust, schon so früh aufs Zimmer zu gehen. Sie küsste erneut ihre Söhne ab und ließ sie dann mit ihren Cousinen ziehen. Mathilde blieb mit Jérôme und dem Seismologen allein am Tisch zurück, zog ihre Schuhe aus, gönnte sich ein weiteres Glas Wein und begann eine holprige Unterhaltung mit einer Tischnachbarin – und das war die letzte einigermaßen klare Erinnerung, die sie an jenen Abend hatte. Sie wusste nicht, wie sie ins Zimmer zurückgekommen war. Beim Erwachen lag sie jedenfalls im Bikini auf dem Bett – die Hitze –, und sie hatte sich abgeschminkt, wozu sie sich gratulierte.

Aber was hatte sie bloß bis zum Ende des Abends gemacht? Es war ein Mysterium. In dem Moment, wo sie das Thema ihrem Schwager gegenüber anschneiden wollte, erschien der Mann in Beige. Jérôme freute sich ganz offenbar, seinen neuen Freund wiederzusehen, der heute nichts mehr mit dem farblosen Wissenschaftler von gestern Abend zu tun und den Mathilde ignoriert hatte. Er trug Shorts und ein schickes T-Shirt, das seinen Oberkörper und seine Bräune betonte, und hielt lächelnd einen Tennisschläger in der Hand.

»Wir treffen uns also um zehn?«, fragte er.

»Klar. Auf keinen Fall später. Um zehn ist es schon sehr heiß.«

»Ja, und es ist gefährlich, in der prallen Sonne zu spielen«, mischte sich Alexandra ein.

»Keine Sorge, mein Schatz, ich passe gut auf. Ich setze einen Sonnenhut auf, creme mich gut ein und trinke viel Wasser«, neckte sie ihr Ehemann.

Mathilde lächelte, als sie ihnen zuhörte. Jérômes neuer Freund ließ sie nicht aus den Augen. Was merkwürdig war, weil sie sich nicht daran erinnerte, mit ihm geredet zu haben. Es sei denn … Einige Bilder blitzten in ihrem Kopf auf, aber sie konnte absolut nicht sagen, ob derjenige, mit dem sie sich offenbar unterhalten hatte, die Züge dieses Mannes getragen hatte.

Mathilde hatte vor, am Swimmingpool zu relaxen und dann Wasserski zu fahren – zu viel mehr war sie heute nicht fähig. Ihr tat alles weh, und sie war froh, dass sie ihre Augen hinter ihrer großen Sonnenbrille verstecken konnte. Der Mann verabschiedete sich von ihrer Gruppe und schlenderte los zu einem unbekannten Ziel. Jérôme drehte sich zu Mathilde um.

»Du hättest ein bisschen netter sein können.«

»Wie bitte? Ich war doch nett.«

»Na, ich weiß nicht. Du hättest nach dem gestrigen Abend wenigstens mit ihm reden können!«

»Was? Haben wir … Also, ehrlich gesagt kann ich mich nicht mehr sehr gut an gestern Abend erinnern. Aber ich habe das Gefühl, als könntest du mich aufklären«, sagte Mathilde, zunehmend beunruhigt.

»Machst du Witze?«

»Sehe ich so aus?«

Daraufhin warf ihr wiederum Alexandra einen amüsierten Blick zu und beschloss, ihrer Schwester reinen Wein einzuschenken.

»Du hast wie eine Verrückte getanzt. Daran musst du dich doch erinnern! Man hat dich nicht mehr von der Tanzfläche gekriegt. Und dann hast du dich auf den armen Benjamin gestürzt.«

»Wer ist Benjamin?«

»Na, der Mann, mit dem wir gerade gesprochen haben, der Seismologe. Und dann seid ihr zwei an den Strand gegangen. Ihr wart stundenlang verschwunden. Stimmt's, Jérôme?«

»Ja, und zwar so lange, dass ich schließlich nicht mehr auf euch gewartet habe und schlafen gegangen bin. Vorher habe ich mich nur versichert, dass du nicht ertrunken bist und dass der sympathische Wissenschaftler nicht in Wirklichkeit ein gefährlicher Psychopath ist, der von betrunkenen Müttern besessen ist.«

Mathilde verzog das Gesicht. Ihr war nicht zum Scherzen zumute. Die Lage war ernst.

»Ich habe euch schließlich auf einem Boot gefunden, und du hast ihm die leidenschaftliche Geschichte deiner Trennung von Max ins Ohr gebrüllt.«

»Ach du Scheiße! Und?«

»Was dann passiert ist? Keine Ahnung. Ich weiß nur, dass ihr Händchen gehalten habt und dass er dich heute Morgen ziemlich verliebt angeschaut hat.«

»Ist nicht wahr!«, verteidigte sich Mathilde, der jetzt vage Erinnerungen vor den müden Augen tanzten – der Weg durch die Alleen des Clubs, geklammert an den Arm eines Komparsen, dem Mann in Beige wahrscheinlich, die Tanzfläche, die sich um sie drehte, und schmerzende Glieder.

»Man kann nicht das Gegenteil behaupten«, bestätigte Alexandra. »Los, Mathilde, versuch, dich zu erinnern!«

Nichts. Je mehr sie versuchte, sich den gestrigen Abend vor Augen zu führen, desto mehr entzog er sich ihr. Sie musste diese Sache unbedingt aufklären. Verdammt, sie hatte wieder mal Blödsinn gemacht.

»Kommt Kinder, wir gehen zum Miniclub!«

Mathilde versuchte, ihre Würde zurückzugewinnen, und schlüpfte wieder in die Rolle der organisierten Mutter. Sie schnappte sich ihre überdrehten Jungs und die beiden Töchter ihrer Schwester und verabschiedete sich erhobenen Hauptes von ihren Verwandten.

»Mathilde? Du hast deine Strandtasche vergessen!«, rief ihre Schwester ihr nach, ein spöttisches Lächeln auf den Lippen.

Ärgerlich zuckte Mathilde mit den Achseln, ergriff ohne ein Wort zu sagen den erstaunlich leeren Beutel und folgte den Kindern.

Auf dem Weg zum Miniclub ging ihr blitzartig auf, warum sie heute Morgen ihren Bikini noch getragen hatte. Sie erinnerte sich an die kräftigen Hände des Mannes auf ihrem Rücken. An sein vom schwachen Mondlicht erhelltes Gesicht und seinen höchst attraktiven Körper, der unter seiner Kleidung zum Vorschein gekommen war. Und an ihr idiotisches Glucksen, als sie unbedingt in ihrem schönen weißen Kleid schwimmen gehen wollte. Und an ihre kleinen hysterischen Schreie, als die Wellen mit regelmäßigem Rhythmus ihre beiden ineinander verschlugenen Körper bedeckt hatten, und wie sich ihre Lippen trafen. Mathilde schloss die Augen, erfüllt von Scham.

Oje, sie hatte wieder einmal Unsinn angestellt!

3.

Das Geschäft hatte vom 3. bis zum 28. August geschlossen. Fred verdrehte die Augen zum Himmel. Er war heute Morgen joggen gegangen, um über die Ereignisse der letzten Tage nachzudenken, und war überall auf dasselbe Bild gestoßen. Die Stadt hatte sich geleert, und abgesehen von einigen netten Brasserien, die nach und nach ihre Türen öffneten, machten alle übrigen Geschäfte Sommerpause. Bäckereien, Zeitungskioske, die Supermärkte an der Ecke, Lebensmittelläden, ganz zu schweigen von den zahlreichen winzigen Geschäften mit kleinem, frischem Sortiment, die in den Straßen rund um seine Wohnung eröffnet hatten. Die Besitzer waren in die Sonne gefahren.

Fred war auf der Suche nach einem Blumenladen. Er wollte seiner geliebten Alice, die noch schlief, Leckereien und Blumen mitbringen, damit sie endlich wieder einmal lächelte und für einen Augenblick ihre Sorgen vergaß. Alice konnte sich gar nicht mehr über ihren sich runden-den Bauch und auf die herrliche Zukunft freuen, die vor ihnen lag. Es schien, als hätte sich ihre ganze Umgebung gegen sie gewandt. Zu allem Überfluss hatte Fred vor einigen Tagen eine unangenehme Entdeckung gemacht: Seine Mutter Liliane hatte eine Affäre mit Vincent, dem besten Freund Adriens und Exmann von Éva. Er hätte sie ohrfeigen können! Liliane hatte ihn flehentlich angesehen, doch er hatte sich nur schweigend weggedreht, während sie versuchte, ihm alles zu erklären. Natürlich war es altmodisch, diesen Altersunterschied zu verurteilen. Viele Paare scherten sich nicht mehr um die althergebrachten Konventionen. Aber ausgerechnet seine eigene Mutter! Mit einem Kerl, der genauso alt war wie er. Was erhoffte sie sich? Seine Absolution? Die konnte sie vergessen. Alice hatte versucht, ihn zu beruhigen und ihm zu erklären, dass die Liebe die Menschen zusammenbrachte, ohne dass sie sich dagegen wehren konnten. Doch er wollte nichts hören, ja, nicht einmal darüber reden. Sollte sie doch mit ihrem jungen Liebhaber gehen. Sie war achtundfünfzig Jahre alt und hatte einen vierzigjährigen Sohn, so war das.

Er setzte mit kleinen Schritten seine morgendliche Laufrunde fort, fest entschlossen, mit diesem verflixten Blumenstrauß nach Hause zu kommen, koste es, was es wolle. Als er am Théâtre du Châtelet vorbeikam, fiel Fred ein, dass er nicht weit vom neuen Restaurant entfernt war. Alice hatte ihm verboten nachzusehen, wie die Arbeiten vorangingen.

Wenn er sich ein klein wenig weiter nach links hielt, wäre er nur noch ein paar Meter von der Baustelle entfernt gewesen. Er hätte nur zu gern der Versuchung nachgegeben, aber er hatte es Alice versprochen. Während ihres Urlaubs würde er nicht am Herd stehen und die Umbauarbeiten einem Architekten aus ihrem Freundeskreis anvertrauen, der sie im Notfall kontaktieren würde. Waren die Zementplatten ordentlich gelegt worden? Hatten sie an die Säulen neben der Bar gedacht? Die Vorstellung, in keiner Weise eingreifen zu können, war für Frédéric Bardin unerträglich, einen unverbesserlichen Workaholic, der seit zwanzig Jahren seine Küche nicht verlassen hatte, bis ihn die Frau seines Lebens regelrecht angefleht hatte. Fern von Paris konnte er den Entzug ertragen, aber die Sucht rückte wieder gefährlich nahe, seit sie nach Paris zurückgekehrt waren. Sie mussten möglichst schnell wieder von hier weg, sonst würde er Alice womöglich enttäuschen.

In dem Moment, als er darüber nachdachte, fand er einen netten Kiosk, der geöffnet hatte. Was für ein Glück! Er würde einige Zeitschriften für Alice kaufen. Das würde sie auf andere Gedanken bringen und war fast so gut wie ein Blumenstrauß. Als er eine Zeitschrift aus dem Stapel herauszog, stellte er fest, dass der Paparazzo, dem er auf Adriens Trauerfeier eine verpasst hatte, trotz seiner Drohungen seine Fotos an den Meistbietenden verkauft hatte. Das überraschte ihn nicht wirklich. »Fred und Alice: Ihre Beziehung schwankt im Herzen des Sommers.« Das hatte gerade noch gefehlt! Fred war stinksauer und musste sich zusammenreißen, um nicht den ganzen Stapel Zeitschriften in die Seine zu werfen. Aber der arme Verkäufer konnte schließlich nichts dafür. Er kaufte daher ein Exemplar des Schmierblättchens, das er in aller Ruhe auf der Terrasse eines Cafés lesen würde. Vier Seiten voller Fotos. Wenig Text – schließlich gab es auch nicht viel zu sagen. Beim Umblättern wuchs seine Empörung jedoch, als er ein Foto entdeckte, das ihn in lebhafter Auseinandersetzung mit Liliane zeigte, nachdem er sie in Begleitung von Vincent entdeckt hatte. »Mit den Nerven am Ende und vollkommen außer sich attackiert der Koch seine eigene Mutter!« Wer waren diese Kerle, dass sie es wagten, sich derart schamlos in sein Leben einzumischen? Diesmal würden er und Alice gemeinsam die Zeitschrift verklagen. Fred kochte innerlich vor Wut.

Wie spät es wohl sein mochte? Seit ihrer Rückkehr aus der Bretagne schlief Alice so viel, dass es sie erschreckte. Sie musste die Medikamente wieder absetzen und ihr altes Leben wieder aufnehmen. Nachdem Laura geboren worden war und sie eine nächtliche Welt jenseits der Diskotheken entdeckt hatte, hatte sie sich angewöhnt, lange vor den anderen im Haus aufzustehen. Lucie war genau wie sie. Oft telefonierten die beiden Freundinnen schon früh am Morgen miteinander, bevor der Strom der familiären und beruflichen Verpflichtungen sie mitriss und daran hinderte, ihre Gedanken, Gefühle und alltäglichen Sorgen zu teilen.

Die beiden Frauen empfanden tiefe Bewunderung füreinander, und der gegenseitige Respekt, den sie sich seit ihrer Kindheit bewiesen, hatte sie daran gehindert, sich trotz ihrer unterschiedlichen Lebenswege voneinander zu entfernen. Die ersten Freunde, die Schwangerschaften, der Einstieg ins Berufsleben, Alices Scheidung – gemeinsam hatten sie die wichtigsten Ereignisse ihres Frauenlebens gemeistert, ohne dass sich ihr Verhältnis je gelockert hätte. Natürlich mischte sich Lucie oft ein, ohne Zurückhaltung und manchmal auch auf eine übergriffige Art, aber dieser Charakterzug hatte Alice nie etwas ausgemacht. Doch was Lucie mit Laura gemacht hatte, übertraf alles, was sie in der Vergangenheit je angestellt hatte. Für wen hielt sie sich? Für Lauras Mutter? Sie hatte schon drei Töchter. Mit welchem Recht übernahm sie die Mutterrolle bei ihrem einzigen Kind? Mit einem Mädchen zur Gynäkologin zu gehen und ihr die Pille verschreiben zu lassen, waren grundlegende Schritte im Leben einer Frau. Niemals wäre es ihr in den Sinn gekommen, dies jemand anderem zu überlassen. Aber nein, Madame Chevreux musste sich einmischen und ihr damit zu verstehen geben, dass sie eine schlechte Mutter war und die Bedürfnisse ihres eigenen Kindes nicht verstand. Sie hatte ihr diese Intimität geraubt, ohne sich auch nur im Geringsten vorzustellen, wie sehr sie ihr damit wehtat. Tränen brannten ihr in den Augen, und sie hätte in diesem Moment am liebsten ihre ganze Wut rausgelassen, Lucie damit konfrontiert und ihr die schlimmsten Dinge an den Kopf geworfen, um ihr Gefühl der Ohnmacht zu lindern und ihr kleines Mädchen wieder zu sich zurückzuholen. Erneut griff Alice zu ihrem Handy und versuchte, Laura zu erreichen, und erneut antwortete ihr nur die Mailbox. In diesem Moment hörte sie die Eingangstür. Fred kam nach Hause. Sie hatte geglaubt, sich nach Einsamkeit zu sehnen, und war erleichtert gewesen, als sie gehört hatte, wie er aufstand, in seine Sportsachen schlüpfte und sich schon im Morgengrauen dieses neuen Tages hinausschlich, von dem sie nicht wusste, was sie mit ihm anfangen sollte. Doch als sie ihn jetzt nach Hause kommen hörte, war sie unglaublich glücklich. Er war ihr Stützpfeiler, ihr Freund, ihr Geliebter. Was für ein Glück sie hatte, auf die liebende Anwesenheit dieses Mannes zählen zu können, für den sie all die Jahre blind gewesen war und der geduldig darauf gewartet hatte, dass sie ihr Schicksal mit seinem verband.

»Hallo, mein Schatz!«

Er trug ein breites Lächeln auf dem schönen Gesicht und

hielt eine Zeitschrift in der Hand. Sie hatte plötzlich Lust, ihm zu sagen, wie sehr sie ihn liebte und wie dankbar sie war, dass er einfach da war. Ohne Vorwarnung sprang sie aus dem Bett und schmiegte ihren Kopf an seinen feuchten Hals.

»Aufpassen, ich bin ungeduscht!«

»Ich liebe deinen Körpergeruch«, gurrte sie und umarmte ihn noch fester.

Seit der Nachricht vom Tod Adriens hatten sie keinen Sex mehr miteinander gehabt. Die Vorstellung von Freds Händen auf ihrem Körper, während Adrien die Welt verließ, war ihr unerträglich gewesen.

Fred hob sie hoch, und Alice umschlang seine Taille mit ihren zarten Schenkeln. Sie ließen sich aufs Bett fallen.

»Ich liebe dich«, flüsterte er und bedeckte sie mit Küssen, erleichtert von ihrer Heftigkeit, dieser Lust, die jetzt wieder ihr Recht forderte und ihnen einige Minuten Pause verschaffte, bevor der neue Tsunami sie erfasste, der sich gerade zusammenbraute.

Normalerweise war Alice eher zurückhaltend, doch diesmal beschloss sie, sich ganz von der Leidenschaft überwältigen zu lassen und sich diesem Feuer zu unterwerfen, das ihren Körper erfasst hatte, ihren Bauch verbrannte, ihr Schreie entlockte, die sie nicht zu unterdrücken versuchte. Die Sommerhitze hatte die Wohnung erobert, und jetzt wurde es noch heißer durch die Strahlen der Sonne, die jetzt schon hoch am wolkenlosen Himmel dieses besonderen Tages stand, der ihnen wie aus der Zeit gefallen erschien. Sie verloren sich ganz in ihrem Zusammensein, im Hier und Jetzt, fest aneinandergeschmiegt. Keines der üblichen Geräusche stieg vom Hof aus durch das offene Fenster; das Gebäude war verlassen. Nur die Vögel zwitscherten fröhlich und hüpften auf den Mauervorsprüngen herum. Auch sie genossen diese seltsame Zwischenzeit, während derer die Stadt ihren Rhythmus verlangsamte, den Pegel ihres betäubenden Lärms senkte und den Strom seiner üblicherweise gehetzten Bewohner reduzierte, die gestresst und von den bösartigen Zeigern ihrer Uhren geknechtet waren, anstatt sich dem Glück hinzugeben, am Leben zu sein.

»Alice, ich muss mit dir reden«, sagte Fred nach einer Weile, nachdem er wieder zu Atem gekommen war.

»Aha. Gibt es ein Problem?«, erkundigte sich Alice beunruhigt. Schon an Freds Tonfall erkannte sie, dass er ihr etwas Wichtiges zu sagen hatte.

Außerdem hieß »Ich muss mit dir reden«, soweit sie wusste, immer, dass es schlechte Nachrichten gab.

»Ja und nein. Wir müssen es ruhig angehen lassen, das sind die Spielregeln. Das Gesetz des Marktes.«

»Geht es um das Restaurant? Gibt es Probleme mit den Arbeiten?«

»Aber nein, mein Schatz. So schlimm ist es nun auch wieder nicht.«

Ohne ein Wort zu sagen, reichte er ihr die Zeitschrift. Sie nahm sie, stellte kühl fest, dass auf der Titelseite eine Reportage über sie angekündigt wurde – sie gewöhnte sich allmählich daran –, und blätterte dann rasch die Hochglanzseiten durch, bis sie endlich auf den Artikel stieß. Ihre Finger klebten an den Seiten und hinterließen helle Stellen. Ihre Augen hefteten sich auf das Foto von Laura, die so schön aussah mit den blonden, zu einem komplizierten Zopf geflochtenen Haaren, ihrem entrückten Blick und ihren noch kindlich vollen Wangen. Zum ersten Mal betrachtete sie diese junge Frau, deren Foto in der Zeitschrift abgebildet war, wie eine Fremde, und erkannte voller Schreck, dass die Kindheit allmählich vorbei war und sie und ihre Tochter, ganz unabhängig von dem Klavierlehrer, ein neues Gleichgewicht würden finden müssen. Das Bild ihrer Tochter brach ihr fast das Herz. Laura fehlte ihr so sehr! Sie hätte sie so gern in die Arme genommen, sie daran erinnert, wie sehr sie sie liebte und wie sehr auch ihr Vater sie geliebt hatte, und mit ihr zusammen die Geschichte weitergeschrieben, die sie zu dritt begonnen hatten.

»Und, gehen wir zum Angriff über?«, unterbrach Fred ihre Gedanken.

»Zum Angriff? Auf wen?«

»Auf die Zeitschrift natürlich! Ist dir klar, was die gemacht haben? Ein junges Mädchen ohne Erlaubnis so abzubilden! Bei der Beerdigung ihres Vaters! Und das nur, weil ihre Mutter im Fernsehen auftritt und sich in einen Typen verliebt hat, der in der Gastronomie ein bisschen bekannt ist.«

»Du hast recht. Wir müssen sie in ihre Schranken weisen.«

»Ich rufe meinen Anwalt an. Obwohl ich mir vorstellen könnte, dass dieser Blödmann bei seinen hohen Honoraren jetzt irgendwo auf einer Jacht seine Glatze in die Sonne hält. Aber er könnte mir vielleicht den Namen eines Kollegen geben, der auf solche Fälle spezialisiert ist.«

»Auf solche Fälle …«

»Ja, ich weiß. Aber Schatz, ich befürchte, dass wir uns an solche Übergriffe gewöhnen müssen. Vor allem aufgrund deiner Schwangerschaft – die werden ausflippen! Vielleicht sollten wir doch dem Rat deiner Produzentin folgen …«

»Wie bitte? Das sagst ausgerechnet du? Fred, du hast geschworen, dich niemals an die Medien zu verkaufen. Kannst du dir vorstellen, wie wir in unserer Küche oder auf dem Wohnzimmersofa posieren und so tun, als würden wir Tee trinken, nur um einem Fotografen spitze Freudenschreie zu entlocken?«

»Ich weiß, was ich gesagt habe, und ich denke noch immer so. Aber wenn es nun die einzige Möglichkeit wäre, damit man uns in Ruhe lässt?«

»Kommt gar nicht infrage!«

»Ach, willst du wirklich keine schönen Fotos von uns, wie wir dick geschminkt Hähnchenattrappen aufschneiden? Wir könnten sie rahmen lassen und später unseren Enkeln zeigen.«

»Wie furchtbar!«

Alice schien eine Grundsatzdiskussion vom Zaun brechen zu wollen, doch plötzlich musste sie bei der Vorstellung dieser albernen Fotosessions lachen, die sie vielleicht über sich ergehen lassen mussten. Aber wahrscheinlich war es wirklich Zeit für eine Homestory mit allen Schikanen, wie man sie ihr schon seit Langem nahegelegt hatte. Was würde schon dabei herauskommen außer ein paar schönen Fotos, anschließendem Frieden und dem Neid von Lucie? Und der käme ihr momentan gerade recht. Dieses eine Mal würde sie im Scheinwerferlicht stehen. Alice griff nach dem Handy und suchte eine Nummer heraus.

»Ah, da haben wir sie ja. Hallo? Könnte ich bitte mit Martine Calment sprechen? Hier ist Alice Montel. Ja, ich bin es. Vielen Dank, sehr nett von Ihnen. Nein, wir haben während der Sommerferien geschlossen. Ja, ich werde es ihm ausrichten. Sehr nett. Nach dem Ende der Ferien. Nein, wir wissen noch nicht, ob es ein Mädchen oder ein Junge wird. Ja, danke, ich warte.«

Während sie ihrer Gesprächspartnerin geduldig antwortete, verdrehte Alice die Augen zum Himmel. Sie hatte sich inzwischen an diese übergriffigen Fragen Wildfremder gewöhnt, zu denen diese sich berechtigt fühlten, nur weil sie berühmt war.

Fred schlenderte ins Bad. Alice hasste es, wenn man ihr beim Telefonieren zuhörte, das wusste er.

Im Badezimmer mit den makellosen Fliesen war die Helligkeit fast blendend, trotz der Leinenvorhänge, die Alice hatte aufhängen lassen, als sie entdeckt hatte, dass der Nachbar von gegenüber sie ausspionierte. Fred ließ sich ein Bad einlaufen und sich dann genüsslich ins lauwarme Wasser gleiten. Kleine Schaumbläschen bildeten sich, und er beobachtete, wie sie friedlich auf dem Wasser trieben. Seine Badehose zeichnete sich auf seinem Körper ab, und es entstand ein lustiger Kontrast zwischen seinem gebräunten Bauch und seinem blassen Geschlecht.

Plötzlich riss Alice die Tür auf, das Handy in der Hand und ein breites Grinsen im Gesicht.

»Pack die Koffer, Schätzchen, wir reisen ans andere Ende der Welt!«

»Wie bitte?«

»Die Zeitschrift schenkt uns eine Woche auf den Malediven in einem Fünf-Sterne-Resort für einen Nachmittag Fotoshooting.«

»Aber ich dachte …«

»Man lebt nur einmal! Zusätzlich habe ich zwei Tickets für Laura und ihren Mozart für Arme rausgeschlagen.«

»Was? Sie fahren mit uns?«

»Höchstwahrscheinlich. Ich habe ihr eine SMS geschickt, da sie ja nicht ans Telefon geht, wenn ich sie anrufe. Sie kann sich auch einfach bei der Verlegerin melden, wenn sie will, sie bucht den beiden dann einen Flug unmittelbar nach uns. Wir fliegen schon heute Nachmittag. Irgendetwas sagt mir, dass wir uns schnell entscheiden sollten, bevor sie es sich anders überlegen. Luft und Liebe sind schön und gut, aber noch besser sind sie auf einer tropischen Insel.«

»Hast du wirklich Lust, deine Ferien mit diesem Klimperheini zu verbringen?«

»Mir bleibt nichts anderes übrig. Und außerdem …«

»Ja? Alice?«

»Man muss mit seinen Feinden leben, wie es so schön heißt.«

»Wer hat das gesagt?«

»Keine Ahnung, hab ich irgendwo aufgeschnappt.«

Sie lächelte, sichtlich entzückt von ihrem Komplott, das Fred nicht so recht durchschaute. Dann drückte sie ihm einen knallenden Kuss auf die Nase, lief fröhlich ins Schlafzimmer und rief:

»Malediven, wir kommen! Los, du Faulpelz, in spätestens einer Stunde brechen wir auf! Pack deinen Koffer!«

Was für ein denkwürdiger Tag, sagte sich Fred und verließ folgsam seinen wässrigen Kokon.

4.

»Oh, sind Sie das, da auf dem Foto?«

Das Haar mit Frischhaltefolie bedeckt, damit die Feuchtigkeitspackung besser einziehen konnte, saß Lucie beim Friseur und erschrak, als ihr die Friseurin eine Zeitschrift unter die Nase hielt. Sie gewöhnte sich allmählich daran, Interviews mit Alice in Zeitschriften zu entdecken, begleitet von ihrem Agenturfoto, häufig demselben, auf dem sie schüchtern lächelte. Aber sich selbst auf den Hochglanzseiten einer Zeitschrift zu sehen, versetzte ihr einen Schock. Als die erste Überraschung vorbei war, betrachtete sie sich näher. Sie fand sich hässlich, enttäuschend. Der Unterschied zwischen ihrer Selbstwahrnehmung und dieser nicht mehr jungen, etwas zu mageren Mutter mit dem hageren Gesicht und der zu affektierten Kleidung auf dem Foto versetzte ihr einen ernsthaften Schrecken. So sahen sie also die anderen? Christophe an ihrer Seite wirkte dagegen wie ein Filmstar. Er trug einen Anzug wie zu seinen Zeiten als erfolgreicher Geschäftsmann und sah darin fantastisch aus. Und außerdem wirkte er viel jünger als sie. Es war eine himmelschreiende Ungerechtigkeit, dass Frauen dazu verdammt schienen, den gemeinsamen Weg mit ihren Partnern im doppelten Tempo zurückzulegen. Angst erfüllte mit einem Mal die schöne Lucie, und mit der

Plastikfolie um den Kopf und dem ungeschminkten Gesicht konnte sie nicht mal zur Beruhigung in den Spiegel schauen.

»Ja, das bin ich.«

»Ist ein guter Freund von Ihnen gestorben? Oder etwa ein Verwandter?«

»Wie man's nimmt. Ich bin mit Alice Montel befreundet.«

In dem Moment, als sie es aussprach, spürte sie einen Stich. Waren sie immer noch Freundinnen? Würde Alice ihr verzeihen? Denn schließlich konnte eine Freundschaft, genau wie die Liebe, eines Tages für immer zerbrechen. Sie versuchte, sich damit zu trösten, dass ihre Beziehung wenigstens nicht nach und nach brüchiger geworden war, was sicherlich schlimmer gewesen wäre. Aber trotzdem konnte sich Lucie nicht damit abfinden. Zum ersten Mal hatten sie sich derart heftig gestritten. Alice hatte Auseinandersetzungen stets vermieden, und Lucie erkannte, dass ihre Freundin sich ihr gegenüber bisher nie ungeduldig gezeigt hatte, obwohl sie sie bestimmt oft gereizt haben musste. Alice war im Grunde diejenige gewesen, die fast vierzig Jahre lang die Harmonie zwischen ihnen bewahrt hatte. Lucie hatte Alice nichts vorzuwerfen, denn sie war so gut wie perfekt. Schon ihre Mutter hatte sie ihr immer als Beispiel vorgehalten: Ständig hatte sie das kleine blonde Mädchen gelobt. Sie sei Klassenbeste, eine exzellente Pianistin, ein braves Kind und überdies so schlank und graziös, dass sie sich daran ein Beispiel nehmen solle. Lucie war oft furchtbar eifersüchtig gewesen. Alice war die Tochter, die Catherine gern gehabt hätte, so viel war klar. Dennoch war es Alice gelungen, Lucies Verletztheit und Wut wegen dieser ungerechten Bevorzugung zu beschwichtigen, indem sie sie nie ausnutzte und nie die Talente zur Schau stellte, mit der die Natur sie gesegnet hatte. Alices Bescheidenheit war gewiss ihr größter Vorzug, aber auch eine Schwäche, durch die ihr lange der verdiente Erfolg vorenthalten worden war. In der Schule hatte sie sich nie in den Vordergrund gespielt, ebenso wenig wie später in der Küche, wo Fred einschreiten musste, damit sie endlich eine Stellung akzeptierte, die ihrem Können entsprach. Bis heute errötete sie und zuckte mit den Achseln, wenn man hervorhob, dass sie diejenige von den Freundinnen war, die die steilste Karriere gemacht hatte.

»Sie hatten es wirklich nötig.«

»Wie bitte?«

»Ihre Haare brauchten dringend Feuchtigkeit. Möchten Sie einen Kaffee, während das Produkt einzieht? Eine Maniküre? Eine Pediküre?«

Lucie unterdrückte eine verächtliche Grimasse. Glaubte diese junge Frau mit den orangestichigen Haaren wirklich, sie würde ihr ihre Hände anvertrauen, die gerade in einem renommierten Pariser Institut eine Modellage erhalten hatten? Als würde sie sich in einem kleinen Provinzsalon behandeln lassen! Am Ende würde sie ihr noch einen Schnitt oder eine Färbung vorschlagen! Lucie lächelte über die Absurdität der Frage.

»Nein, vielen Dank. Ich muss telefonieren.«

Im selben Moment betrat Éva den Friseursalon, Jef im Tragesack, gefolgt von Charlotte und Marguerite.

»Wow, wie siehst du denn aus?«

»Was macht ihr denn hier?«, fragte Lucie, entsetzt, dass man sie in diesem Zustand ertappte.

»Du siehst lustig aus, Mama. Ich hätte dich beinah gar nicht erkannt«, rief Charlotte und sprang um ihren Sessel herum.

»Das wäre auch besser gewesen«, murmelte Lucie, verärgert darüber, dass sich die drei ohne zu zögern gleich auf sie gestürzt hatten.

»Ich bin vorbeigekommen, schließlich hast du mir gesagt, dass du hierhergehst. Chris und Jacques kommen auch gleich, sie sind mit Lou auf dem Markt. Es ist so schön, du musst es dir unbedingt ansehen! Wir haben jede Menge Sachen für heute Abend eingekauft. Oliven, Steaks, Rosé, Fougasse-Honigkuchen, Melonen …«

»Ja, ja, das sehe ich ja alles gleich. Aber bitte sag nicht immer Chris zu Christophe. Das klingt wie eine Figur aus einer Realityshow. Und sie kommen doch nicht hierher, um Gottes willen? Während ich dieses Präservativ auf dem Kopf habe?«

»Was ist ein Präservativ, Mama?«, fragte Marguerite, fasziniert vom Aussehen ihrer eleganten Mutter. »Bleibst du so, ist das deine neue Frisur?«

»Ach, du grüne Neune. Setzt euch mal da drüben hin, ihr beiden. Tante Éva kommt gleich, ich muss ihr kurz etwas sagen. Und ich gehe auch gleich mit euch auf diesen Markt der Kalorienbomben.«

Brav setzten sich die beiden Mädchen auf die kleine Bank neben der Eingangstür, nicht ohne unterwegs das Handy mitgenommen zu haben, das Éva ihnen hinhielt. Sie hatte extra für die Kinder eine Episode von Sam Sam heruntergeladen. Lucie hatte ihr die Serie im Zug gezeigt. Éva war im Stillen entsetzt gewesen. Sie lehnte es ab, dass man Kinder vor dem Bildschirm deponierte, wenn man seine Ruhe haben wollte, aber wenn sie mit den Jahren der gemeinsamen Urlaube etwas gelernt hatte, dann, dass man sich keinesfalls in die Erziehung anderer Kinder einmischen durfte. Man durfte keine Ratschläge erteilen, die Kinder nicht bestrafen, ihnen etwas vorwerfen oder sie anschnauzen, auch wenn sie, wie man selbst fand, über die Stränge geschlagen hatten. Éva hatte beschlossen, sich den Gewohnheiten der Chevreux anzupassen, die wissen mussten, was sie taten, da sie drei Kinder mit einem gewissem Erfolg erzogen – Charlotte und Marguerite waren entzückend, höflich und vergleichsweise einfach –, während sie nicht einmal richtig wusste, wie sie mit einem drei Monate alten Säugling umgehen sollte.

»Was ist los?«

»Schau mal.«

Lucie schlug die Zeitschrift auf der ersten Seite der Fotoreportage auf, mit einem Seitenblick auf die Mädchen, um sich zu vergewissern, dass sie nicht herüberkamen.

»Scheiße!«

»Das sagt man nicht!«

»Entschuldigung, Kinder. Das kann doch nicht wahr sein! Diese Ratten! Reicht es ihnen nicht, sie den ganzen Tag zu verfolgen? Müssen sie sie auch noch belästigen, wenn sie gerade von der Trauerfeier für ihren Exmann kommt? Moment mal, was macht denn Freds Mutter da? Sie sieht gar nicht übel aus.«

»Keine Ahnung. Hast du gesehen, wie ich aussehe? Wie ein Hausmütterchen! Ich bin eine alte Schachtel.«

»Lucie, ist das für dich wirklich das Wichtigste? Außerdem siehst du sehr gut aus. Aber du hast ganz schön abgenommen, oder? Pass ein bisschen auf dich auf. Ich dagegen bin wahnsinnig fett. Und hässlich!«

Lucie antwortete nicht, was Éva wie üblich ärgerte, da sie genau wusste, was ihre Freundin davon hielt, dass sie sich nach der Schwangerschaft noch nicht wieder um ihre Figur gekümmert hatte.

»Hast du sie angerufen?«

»Wen, Alice? Du weißt doch, dass sie nicht mehr mit mir reden will.«

»Das ist doch lächerlich. Ihr könnt euch doch nicht auf ewig verkrachen. Ihr seid schon so lange befreundet! Ruf sie an, entschuldige dich, und macht weiter wie zuvor.«

»Ich, mich entschuldigen? Was denn noch? Weißt du nicht mehr, dass ich genau das getan habe und sie uns trotzdem rausgeschmissen hat, Christophe und mich, vor allen Leuten? Kannst du dir vorstellen, wie peinlich das war? Meine älteste Freundin! Praktisch meine Schwester! Ohne mich wäre ihre Tochter womöglich schon schwanger und würde schon bei der Familienberatungsstelle um eine Abtreibung bitten.«

»Aber warum hast du denn nicht mit Alice darüber geredet?«

»Weil ich es Laura versprochen hatte. Sie wollte das selber tun. Wenn man das Vertrauen einer Jugendlichen missbraucht, hat man keinerlei Einfluss mehr auf sie, glaub mir. Und momentan ist es wirklich wichtig, dass irgendjemand das hat. Schließlich bin ich die Einzige, die weiß, wo sie ist, und die die Telefonnummer ihres Freundes hat.«

»Was? Du hast ihn kennengelernt? Oh Lucie, das ist alles so schrecklich.«

»Beruhige dich. Er ist ein netter Kerl. Ich weiß, was ihr alle denkt, und so habe ich anfangs selbst gedacht. Vergiss nicht, dass ich auch Töchter habe. Es würde mich wahnsinnig machen, wenn eine von ihnen mit fünfzehn einen doppelt so alten Freund anschleppen würde. Aus diesem Grund ist die Intervention einer Außenstehenden, zum Beispiel der netten Patentante, einfach besser. Was hätte ich denn deiner Meinung nach tun sollen? Laura hatte mir versprochen, mit Alice zu reden, aber sie steht entweder die ganze Zeit in der Küche oder ist bei Fred. Ich mache ihr keine Vorwürfe, aber so ist es nun mal. Die Wochen sind vergangen, und Laura hat keine Gelegenheit gefunden. Dann sind alle in Urlaub gefahren, und dann … ist Adrien gestorben.«

Éva legte den Arm um Lucie, deren Stimme angefangen hatte zu zittern, während sie sich erklärte, und jetzt hingen Tränen an den Spitzen ihrer hübschen Augenwimpern. Eine solche sensible Seite hätte ihr Éva gar nicht zugetraut. Ihre liebevolle Geste löste in der tapferen Lucie eine heftige Reaktion aus, obwohl sie ansonsten nur selten ihre Gefühle zeigte. Sie fing an zu schluchzen und versuchte, ihr Gesicht zu verbergen. Ihre Töchter waren in der Nähe und durften sie auf keinen Fall in diesem Zustand sehen. Die Geschichte mit der Plastikhaube war schlimm genug, und die eventuelle baldige Ankunft von Christophe und Jacques erhöhte noch ihre Panik.

»Bitte geht jetzt, Éva. Ich möchte nicht, dass er mich so sieht.«

»Wer?«

»Christophe natürlich.«

»Aber er ist dein Mann! Du müsstest dich ihm doch in jeder Lage zeigen können.«

»Ach, und warum, glaubst du, hat meine Ehe schon so lange gehalten?«

»Du wirst dich niemals ändern.«

»Niemand ändert sich je, Liebes. Man passt sich an.«

»Ach, ich mag dich doch auch so, weißt du. Ich kenne dich jetzt seit zehn Jahren und habe dich noch nie weinen sehen.«

»Umso besser. Schließlich sind wir nicht hier, um uns den ganzen Tag in Selbstmitleid zu suhlen. Und worüber kann ich mich auch schon beklagen? Ich habe drei wunderbare, gesunde Kinder, einen Ehemann, um den mich ganz Paris beneidet, eine florierende Boutique, treue und kluge Freundinnen – alle außer dir natürlich.«

»Na klar«, scherzte Éva und versetzte ihr einen leichten Stoß gegen die Schulter.

Die beiden Frauen lächelten sich zärtlich im Spiegel zu, der ihre Gesichter reflektierte, das sonnengerötete von Éva und das aufgelöste von Lucie, gekrönt von ihrer Plastikhaube.

»Würden Sie mir jetzt zum Waschbecken folgen?«

Die junge Friseurin, offenbar eine Frohnatur, war hinter ihnen aufgetaucht und setzte der Konversation ein Ende. Lucie hatte endlich ihre Rüstung abgelegt. Das musste Éva ausnutzen. Sie kannte jetzt ein Mittel, um die Geheimnisse von Lucie Chevreux ans Tageslicht zu bringen. Diese Gelegenheit würde sie sich nicht entgehen lassen.

»Treffen wir uns im Marktcafé? Ich gebe dir ein Glas Weißwein aus.«

»Éva, es ist nicht mal 12 Uhr!«

»Na und? Wir sind doch im Urlaub! Sei doch nicht so gehemmt. Lass dich mal gehen, trink, iss, lass das Sportstudio ausfallen! Was riskierst du schon? Und wozu fährt man überhaupt in die Ferien, wenn man sich dort dieselben grotesken Regeln auferlegt, die man das ganze Jahr über zwanghaft befolgt?«

Damit erhob sich Éva. Jef war inzwischen eingeschlafen und hatte den Kopf bequem an die Schulter seiner Mutter gelegt, die mit den Fingern schnippte, als sie an Charlotte und Marguerite vorbeiging. Sie sprangen auf und folgten ihrem Feldwebel des Tages. Als Lucie ihnen nachschaute und dann den Kopf rückwärts ins Waschbecken neigte, als sie fühlte, wie das lauwarme Wasser angenehm über ihre Kopfhaut lief, sagte sie sich, dass Éva nicht unrecht hatte. Was konnte schon passieren, wenn sie einmal das stumme Diktat Catherines durchbrach? Sie konnte doch auch mal in den Tag hineinleben, und es wäre doch wirklich idiotisch, das mit leerem Magen zu tun, abgesehen davon, dass ihre Figur sowieso niemanden mehr interessierte.

»Soll ich Sie noch föhnen?«

»Nein danke, ich lasse sie lufttrocknen«, hörte sich Lucie erwidern, die seit ihrem dreizehnten Lebensjahr nie mehr das Haus verlassen hatte, ohne ihre widerspenstigen Haare mit der Rundbürste zu zähmen.

Sogar nach jeder der drei Geburten hatte sie gleich nach

der Verlegung in das Mutter-Kind-Zimmer einen Spiegel, ein Glätteisen und ihr Schminktäschchen verlangt. Aber nachdem Christophe sich so verändert hatte, konnte ihr es doch auch nicht schaden, ein bisschen natürlicher zu wirken. Diese erstaunliche Idee erregte sie ebenso, wie sie sie ängstigte.

Eine halbe Stunde später kam sie aus dem Friseursalon, und der Mistral spielte mit ihren hübschen blonden Locken. Diese und die große Sonnenbrille auf der Nase verliehen ihr ein Gefühl der Freiheit, wie sie es seit Jahrzehnten nicht mehr empfunden hatte. Die Zikaden sangen wacker ihr Sommerlied, und die Marktgeräusche und -düfte erfüllten die kleine gepflasterte Straße. Ein junger Mann kam vorbei, lächelte ihr zu, entschuldigte sich und entfernte sich wieder.

»Pardon, Mademoiselle.«

»Trinken wir noch einen?«

»Hast du nicht immer gesagt, mittags sollte man noch nichts trinken?«

»Ach, egal. Ich dachte, du wolltest, dass ich mich ein bisschen gehen lasse«, erwiderte Lucie, der von den ersten beiden Gläsern kühlen Weins schon schwindlig war.

»Deine Haare sehen wirklich schön aus. Warum trägst du sie nie so? Ich wusste gar nicht, dass du Locken hast.«

»Das weiß niemand, Liebes. Außer Alice. Nicht mal Christophe hat mich jemals ohne Brushing gesehen.«

»Du bist echt doof. Ich bin sicher, dass er das wunderschön findet. Aber jedenfalls bin ich froh, dich ein bisschen beeinflusst zu haben. Man könnte meinen, dass meine kleinen Ratschläge schon die ersten Früchte tragen. Was bringt dich eigentlich so zum Lächeln?«

»Alice. Ich habe ihr eine Nachricht geschickt, um die Sache zu klären. Sie ist nicht mehr böse auf mich. Ich bin ja so erleichtert! Manchmal ist es verrückt, wie Freundschaft und Liebe sich vermischen. Dass sie mir nicht mehr böse ist, bedeutet mir alles. Mir geht es richtig schlecht ohne sie.«

Ihr drittes Glas wurde auf den kleinen runden Tisch zwischen sie gestellt. Éva hatte Jef und die Mädchen Christophe und Jacques anvertraut, die schon nach Hause gefahren waren. So konnten sie diesen ruhigen Moment ohne Kinder, Partner oder sonstige Verpflichtungen einmal richtig genießen. Die Terrasse war mit Familien gefüllt, die sich an jedem Markttag hier drängten. Es tat gut, eine Tasse Kaffee, einen Pastis oder eine Limonade zu trinken, bevor man wieder in sein ruhiges Ferienhaus zurückkehrte. Etwas weiter hinten auf dem Platz drehte sich ein Karussell mit Holzpferden, auf dem begeistert die Kinder lachten. Lucie nahm sich vor, heute Nachmittag mit den Kindern hinzugehen. Und ihnen eine Crêpe zu spendieren! Sie würden sich sehr darüber freuen.

»Sollen wir Erdnüsse bestellen?«, fragte sie spontan.

»Wer sind Sie? Sie sind doch nicht Lucie Chevreux!«

»Nein, ich bin ihre böse Zwillingsschwester, die sich gern vollstopft und Party macht.«

»Oh, sie scheint ziemlich sympathisch zu sein«, freute sich Éva, erstaunt über die radikale Verwandlung ihrer Freundin.

Lucie starrte wie gebannt auf ihr Handy.

»Aber vielleicht sollten wir besser zahlen?«, schlug Éva vor, der die Hitze und der Alkohol langsam zu schaffen machten. »Es ist schon fast eins. Was guckst du denn so skeptisch?«

»Ach, nichts. Eine junge Frau hat mir auf Facebook eine Freundschaftsanfrage geschickt. Dabei kenne ich sie gar nicht.«

»Na und? Mir passiert das andauernd. Aber nur selten mit Frauen. Habt ihr gemeinsame Freunde?«

»Nein, keine. Aber nicht das erstaunt mich, sondern ihr Alter. Sie ist erst dreiundzwanzig. Was hat eine junge Frau in diesem Alter mit mir zu tun?«

»Keine Ahnung. Jede Menge. Vielleicht ist sie schwanger und hat von deiner Boutique erfahren. Oder sie ist Journalistin und möchte eine Reportage über dich schreiben. Oder vielleicht braucht sie virtuelle Freunde und hat nur probeweise angeklopft. Warum beunruhigt dich das? Das kann uns doch egal sein, oder?«

»Ja, du hast recht. Lass die Rechnung kommen. Ich geh kurz auf die Toilette.«

Lucie erhob sich nur mit Mühe von ihrem Stuhl und versuchte, das überfüllte Café zu durchqueren, wobei sie ganz ordentlich schwankte. Eine SMS erschien auf Lucies Smartphone, das auf dem Tisch lag. Éva beugte sich nach vorn und sah, dass es Alice war, und ihr fielen die kleinen Palmen und psychedelischen Wale aus dem Katalog der idiotischen Emojis auf, die sie gern ihren Nachrichten hinzufügte. »… wir kommen!«, schrieb sie. Éva wurde neugierig und konnte sich nicht zurückhalten, das Handy zu entriegeln, um mehr zu erfahren. Die Malediven! So kurz vor der Eröffnung ihres zweiten Restaurants und der Geburt ihres Kindes … Die Nachricht verschwand, und das Facebook-Fenster erschien, das Lucie offen gelassen hatte. Man sah das Profil der jungen Frau, die ihr die Freundschaftsanfrage geschickt hatte. Sie war noch sehr jung, hatte ein Puppengesicht und war Studentin der Kunstgeschichte. Sie hatte hübsche Locken und ein charmantes Lächeln – und eine verblüffende Ähnlichkeit mit Lucie. Genauer gesagt, sie war Lucies Ebenbild. Nur zwanzig Jahre jünger.

»Also, gehen wir?«

Éva fühlte sich ertappt und hätte vor Schreck beinahe den Tisch umgeworfen. Sie reichte Lucie verlegen ihr Handy. Dann sagte sie:

»Okay, wer Letzte wird, muss das Essen für die Kinder machen!«

Dann rannten sie wie Teenies laut lachend zu den Fahrrädern.

5.

Es war der erste Morgen nach ihrer Ankunft an diesem paradiesischen Ort. Die Ruhe auf der wundervollen Insel, die märchenhafte Szenerie, als schwebe man mitten in diesem klaren, funkelnden Wasser, hatten die Erinnerung an all die schlimmen Ereignisse der Zeit verbannt. Alice warf einen Blick durch die kleine Holztür, die sie offen gelassen hatte, und beobachtete ihren schlafenden Liebsten. Er lag mit ausgebreiteten Armen auf dem großen, mit blütenweißem Leinen bezogenen Bett. Er schlief ohne Decke, um sich sanft vom Ventilator fächeln zu lassen, der diskret und rhythmisch an der Decke ihres Zimmers rotierte. Die Zeitschrift hatte sich nicht lumpen lassen. Der Bootsführer, der sie zum Hotel gebracht hatte, hatte ihnen versichert, dass es sich um das schönste Resort handle und dort viele französische und internationale Stars, ja sogar Staatschefs logierten. Sie waren nach Einbruch der Dunkelheit eingetroffen und hatten die Schönheit der Umgebung noch gar nicht richtig genießen können. Alice und Fred tranken zur Begrüßung einen exotischen Cocktail, während sie darauf warteten, dass man sie mit einem Elektromobil zu ihrer Hütte brachte. Diese stand wie all die anderen auf Stelzen im Meer und war ihnen sofort wie der wunderbarste Ort der Welt erschienen. Fred und Alice hatten sich zurückhalten müssen, um nicht vor den Augen des jungen Hotelangestellten, der ihnen ihre Unterkunft zeigte, vor Freude herumzuspringen. Erst als sie wieder allein waren, fielen sie sich in die Arme und tanzten durch das Zimmer. Erschöpft von der Reise, hatten sie sich bald hingelegt und das Auspacken der Koffer auf den nächsten Morgen verschoben. Sie hatten alle Zeit der Welt.

Alice hatte sich nach der Dusche in einen flauschigen Hotelbademantel gehüllt und las noch einmal die Nachricht auf ihrem Handy, die sie in der Nacht von Laura erhalten hatte. Sie hatte den Vorschlag ihrer Mutter angenommen und würde sich bald zusammen mit ihrem Freund zu ihnen gesellen. Alice war überglücklich.

»Bist du wach?«

Alice zuckte leicht zusammen, als sie Freds Stimme hörte, der immer noch mit geschlossenen Augen auf dem Bett lag und sie mit einer Handbewegung einlud, zu ihm zu kommen. Das ließ sich Alice nicht zweimal sagen. Das Leben war schön an diesem zeitlosen Morgen, und sie würde alles dafür tun, dass es so blieb.

»Mama! Nein! Nicht in den Miniclub!«

Martin klammerte sich an Mathilde, als hinge sein Leben davon ab. Jeden Morgen dasselbe. Genau wie in Paris, wenn sie ihn in die Krippe brachte – da stürzte er sich auch immer gleich auf die Spielsachen, krallte sich aber verzweifelt an sie, wenn sie ihm zum Abschied zuwinkte und zur Tür ging.

Martins Geschrei bohrte sich schmerzlich in ihren Schädel, der immer noch pochte, obwohl sie literweise Obstsaft, Tee und Kaffee in sich hineingeschüttet und ordentlich gefrühstückt hatte. »Théo, mein Schatz, kümmere dich um deinen kleinen Bruder, ja? Ich hole ihn vor dem Mittagsschlaf ab. Sei so lieb.«

Gutmütig ließ Théo seinen neuen besten Freund und das Auto stehen und streichelte seinem verzweifelten kleinen Bruder über den Kopf. Seit der Scheidung nahm er sich die Rolle des älteren Bruders sehr zu Herzen, was Mathilde zu Tränen rührte.

Ohne weiter zu warten und bevor Martin beschließen konnte, ihr nachzulaufen, nutzte Mathilde einen Moment seiner Unaufmerksamkeit, um sich zu verdrücken und sich mit einem kleinen Wink von den Betreuerinnen zu verabschieden. Als sie endlich den Miniclub verlassen hatte und durch den erstaunlich üppigen Garten spazierte, beruhigte sich endlich ihr Herzschlag, und sie vergaß Martins Tränen. Sie lief unbewusst in Richtung der Tennisplätze, wo sie fröhlich die Bälle hin- und herspringen hörte. Sie interessierte sich für Tennis und verfolgte schon seit ihrer Jugend gespannt die Spiele beim Turnier Roland Garros im Fernsehen, wobei sie selbst leider kein Talent für diesen Sport besaß.

Langsam näherte sich Mathilde den Plätzen und erblickte den verschwitzten Jérôme, der sichtlich begeistert mit seinem neuen Partner Tennis spielte. Dieser Benjamin sah irgendwie sexy aus. Und bei diesem Gedanken stiegen wieder Bilder vom Abend zuvor in ihrem Kopf auf. Sie hatte sich ganz eng an seine Schulter geschmiegt. Und sie erinnerte sich an seinen Duft und an ihre ineinander verschränkten Hände und daran, dass sie ihm ihre Lebensgeschichte erzählt hatte. Hoffentlich hatte sie ihn nicht allzu sehr damit genervt.

Sie drehte sich um, weil ein Ball vom Platz flog, und in dem Moment begegneten sich ihre Blicke. Er lächelte sie an und zwinkerte ihr zu, als sei es vollkommen normal, dass sie dort stand, halb versteckt in den Büschen, von wo aus sie sie beobachtete, in ihrem lächerlichen Pareo und mit ihrer Sonnenbrille, wie ein kleines Mädchen, das sich verirrt hat.

Und plötzlich erinnerte sie sich ganz genau daran, was letzte Nacht passiert war. Er hatte sie geküsst, und es war herrlich gewesen.

»Ehrlich gesagt ist der Urlaub ohne Kindermädchen doch ganz schön anstrengend, findest du nicht?«, flüsterte Lucie Christophe zu, als sie zusammen in der provenzalischen Küche standen. Sie wirkten hilflos inmitten der vielen Tüten vom Markt und wussten nicht so recht, was sie machen sollten. Éva und Jacques mussten sich um Jef kümmern, der, wie sie meinten, etwas auszubrüten schien. Lou lag in ihrer Babywippe auf dem Küchentisch und betrachtete lächelnd und fasziniert ihre Erzeuger bei ihren Versuchen im Haushalt. Charlotte und Marguerite spielten auf der Terrasse. Sie hatten ihre Mutter angebettelt, baden gehen zu dürfen, aber Lucie hatte es ihnen verboten, weil erstens keine erwachsene Aufsichtsperson dabei war und sie zweitens die Mittagssonne für zu schädlich hielt.

»Gehören die Eier in den Kühlschrank?«

Christophe hatte überhaupt keine Ahnung vom Haushalt, aber es schien ihm Spaß zu machen, zusammen mit seiner Frau mit anzupacken. Er betrachtete es allerdings eher als eine Art Spiel. Nachdem er jedoch nicht mal wusste, was er mit all dem Obst und dem Gemüse überhaupt anfangen sollte, schnitt er einfach schon mal Scheiben von einer Wurst ab, die Jacques und er bei einem Stand für lokale Spezialitäten auf dem Markt gekauft hatten. Lucie schichtete die Lebensmittel zu thematischen Haufen auf, was auch keine Lösung war, ihr aber den Eindruck vermittelte, beim Aufräumen zu helfen. Da sie an ihrem Vorsatz festhalten wollte, die Zügel im Urlaub ein weniger lockerer zu lassen, stellte sie anschließend einen großen Topf Wasser auf den alten Gasherd – die Kinder sollten ausnahmsweise mal Nudeln zu essen bekommen. Ihr fehlte einfach die Motivation, Gemüse zu schnippeln, und Lou, die eigentlich schon zugefüttert wurde, würde ein Fläschchen bekommen, davon würde sie auch nicht sterben. Als Christophe mit einem Bier hinausging, beugte sich Lucie erneut über ihr Handy und betrachtete das Profil der geheimnisvollen jungen Frau, die Kontakt zu ihr aufnehmen wollte. Was sie Éva nicht verraten hatte, war, dass an der Freundschaftsanfrage ein kleines persönliches Schreiben hing:

Guten Tag. Ich heiße Anaïs und bin 23 Jahre alt. Vor Kurzem haben meine Eltern mir eröffnet, dass ich adoptiert wurde, als ich noch ein Baby war. Sie fragen sich sicher, warum ich Ihnen das schreibe, und das auch noch, über Facebook. Doch vielleicht können Sie sich auch schon denken, worüber ich gern mit Ihnen reden würde. Bitte seien Sie ganz unbesorgt: Ich werde mich nicht in Ihr Leben einmischen und will auch kein Geld. Aber ich habe viele Fragen, die mich und meine Herkunft angehen. Unter normalen Umständen hätte ich Ihre Identität niemals erfahren, wenn ich nicht zufällig an eine redselige Mitarbeiterin im Bürgerhaus geraten wäre, der mein Fall zu Herzen ging, da sie vor etwas über zwanzig Jahren den Weg einer verzweifelten Jugendlichen gekreuzt hatte, der es gelungen war, ihre ungewollte Schwangerschaft vor ihrer Familie zu verbergen. Ich könnte es verstehen, wenn Sie mir nicht antworten würden. In diesem Fall werde ich Sie nicht mehr belästigen. Wie gesagt, es liegt mir fern, mich in Ihr jetziges Leben einzumischen, wenn Sie es nicht wünschen. Ich befürchte, dass mein Brief schmerzliche Erinnerungen in Ihnen auslösen wird, und bitte Sie, sich die Zeit zu nehmen, die Sie brauchen, um Ihre Entscheidung zu treffen, ob Sie meine Freundschaftsanfrage annehmen wollen oder nicht, bevor wir uns vielleicht sogar persönlich begegnen. Vermutlich sind Sie gerade im Urlaub und besuchen Ihre Seite nicht so oft. Ich werde geduldig warten.

Und übrigens: Sie sind eine sehr schöne Frau.

Bis bald. Anaïs

Wie oft hatte Lucie an dieses Kind gedacht, das sie in einer Dezembernacht zur Welt gebracht hatte, in einem abgelegenen Geburtshaus weit entfernt von ihren Eltern. Alice und ihre Mutter hatten sie dorthin begleitet.

Bei jeder neuen Geburt von Charlotte bis hin zu Lou war in ihr immer wieder die Erinnerung an diesen Tag aufgekommen, als sie ihr Kind weggab, damit es von einer liebenden Familie adoptiert werden und Lucie ihr normales Leben weiterführen konnte. Wieder hatten sie die Scham und die unermessliche Traurigkeit erfüllt, keine andere Lösung für dieses kleine Mädchen gefunden zu haben, das für immer seine Wurzeln suchen würde. Jetzt war der Tag gekommen, an dem ihre Vergangenheit sie schließlich eingeholt hatte. Jetzt, wo sie achtunddreißig Jahre alt war, klopfte eine schon erwachsene junge Frau bei ihr an, um ihre Bekanntschaft zu machen, damit sie erfuhr, woher sie stammte. Lucie überkam Panik. Was würde Christophe sagen, wenn er die Wahrheit über seine Ehefrau herausfand, die doch von Nonnen erzogen worden war? Ob sie ihm eine solche Vergangenheit zumuten konnte?

Lucie hätte so gern mit Alice geredet, doch sie war weit weg, und sie wollte sie nicht auf den Malediven stören, wo sich die Arme von den aufwühlenden Ereignissen erholte. Nur sie würde sie verstehen, ihr zuhören. Und ihr Ratschläge geben. Was sollte sie nur tun? Jefs Weinen riss sie aus ihren Gedanken. Jacques kam mit dem Kleinen in den Armen in die Küche. Er war sichtlich besorgt.

»Geht es ihm immer noch nicht besser?«

»Nein, er lässt sich einfach nicht beruhigen. Wir haben alles versucht. Er hat seine Milch getrunken, wir haben ihn zweimal gewickelt, haben ihn in sein Bettchen gelegt, wir haben ihm Lieder vorgesungen, ihm den Schnuller gegeben, ihn in den Armen gewiegt, nichts hilft. Glaubst du, dass er krank ist? Vielleicht hat er etwas Schlimmes. Wir hätten ihn vielleicht nicht mitnehmen sollen. Er ist noch zu klein, um mit in Urlaub zu fahren. Vielleicht ist es auch die Hitze.«

»Beruhige dich. Alles ist neu und potenziell erschreckend für ein Baby, oder auf jeden Fall verunsichernd. Hat Jef Fieber?«

»Nein.«

»Na also. Du kannst nicht mit einem Baby, das kein Fieber hat und seit einer Stunde quengelt, zum Arzt gehen.

Hast du etwa im Internet recherchiert? Bestimmt, oder? Hör mal, das ist strengstens verboten!«

»Stimmt, habe ich«, antwortete Jacques gequält. »Er könnte einen Gehirntumor haben.«

»Na klar«, scherzte Lucie. »Oder eine nervöse Depression, ein Burnout oder … ein kleines Magengeschwür vielleicht?«

»Meinst du?«, fragte Jacques entsetzt, während sich sein Sohn schreiend in seinen Armen wand.

»Ach, Quatsch. Wenn du im Internet recherchierst, machst du dich nur verrückt. Wenn man ihn sich so ansieht, könnte man auch wirklich meinen, dass unserem kleinen Jef irgendetwas fehlt. Schau mal, wie er die Fäustchen ballt, die Stirn runzelt und sich windet. Gib ihn mir mal, und pass du so lange auf die Nudeln auf.«

»Was heißt das, auf die Nudeln aufpassen? Wie lange kochen sie denn schon?«

»Keine Ahnung, warum?«

Jacques verdrehte die Augen, vertraute Lucie seinen Sohn an, probierte eine Muschel und verzog das Gesicht. Sie waren genauso matschig wie in der Kantine. Neben ihm massierte Lucie den Bauch des Säuglings. Jef beruhigte sich sofort, sichtlich getröstet von der Massage. Seine Züge hatten sich bereits entspannt, als Lucie sich auf einen kleinen Weidenstuhl neben Lou setzte, die in ihrer Babywippe inmitten von Kartoffeln, Tomaten und Melonen eingeschlafen war.

»Du bist toll«, flüsterte Jacques und goss die Nudeln erst in ein Sieb und dann in den Mülleimer. Dann füllte er den Topf wieder mit Wasser und stellte ihn auf den Herd.

»Er hat Bauchweh, das ist alles. Winnie hat mir die richtige Massagetechnik gezeigt. Schau mal, er ist eingeschlafen.«

Sie drückte den kleinen Jungen gegen die Brust und sah ihn mit einem so zärtlichen Blick an, wie Jacques ihn noch nie an ihr gesehen hatte. Lucie, das perfekte Luxusweib, steckte wirklich voller unbekannter Fähigkeiten und Überraschungen. Éva hatte recht, diese Frau verdiente es, näher kennengelernt zu werden. Christophe mochte er natürlich sehr, aber in Gegenwart seiner Ehefrau fühlte er sich unwohl. Aber er hatte ihr offenbar unrecht getan, wie ihm in den letzten Tagen aufgefallen war. Im Licht dieses frühen Nachmittags spielte die Sonne hübsch in ihren goldenen Locken, als sie mit den beiden Babys dort in der Küche saß. Als Christophe in der Küche erschien, betrachtete er Lucie mit unendlicher Zärtlichkeit, streichelte ihr übers Haar und flüsterte ihr etwas ins Ohr. Jacques drehte sich diskret um und tat so, als müsse er sich um den verbeulten Topf kümmern, in dem das Wasser einfach nicht heiß werden wollte. Dann nahm er dankend den Vorschlag Christophes an, auf der Terrasse ein Getränk zu sich zu nehmen, um sich von den morgendlichen Strapazen zu erholen. Als er an Lucie vorbeikam, dankte er ihr mit leiser Stimme.

Nachdem die beiden Männer den Raum verlassen hatten, genoss sie einen Moment die herrliche Stille. Jef schlief an ihrer Brust, ein kleines Engelslächeln um den zarten Mund, und auch Lou schlummerte friedlich. Lucie nahm ihr Handy und entsperrte mit einem Wischen den Bildschirm, auf dem ein Foto ihrer drei Töchter erschien, ging noch einmal auf Facebook und bestätigte die Freundschaftsanfrage von Anaïs.

Max fläzte sich auf dem Sofa im Wohnzimmer ihrer großen Wohnung an der Place des Ternes, wohin sie am Abend zuvor zurückgekehrt waren. Das Restaurant würde in wenigen Tagen wiedereröffnen. Der Urlaub war für sie vorbei, und sie hatten viel zu tun. Die letzten beiden Augustwochen waren schon ein Vorgeschmack auf die Anstrengungen, die sie in den kommenden Monaten erwarteten. Doch immerhin ging es noch nicht gleich los, und sie konnten sich allmählich an die Arbeit gewöhnen nach diesen Wochen des Nichtstuns, die jedoch genau genommen nicht so erholsam gewesen waren wie erhofft. Arianes Vater hatte bis zum Schluss die Stellung in dem großen Haus gehalten und sie nur an den beiden letzten Tagen allein gelassen. Alexandra hatte Théo und Martin abgeholt, und sie hatten endlich ihre Zweisamkeit genießen und in Ruhe nach Paris zurückkehren können. Unterwegs hatten sie zweimal in hübschen Landhotels übernachtet, die ganz bezaubernd gewesen waren. Dort hatten sie noch einmal über die Vergangenheit Arianes gesprochen, von der Max so wenig wusste. Ja, sie hatte tatsächlich vor fünf Jahren einen Mann geheiratet, in den sie sich unsterblich verliebt hatte, einen berüchtigten Kokser mit dem Aussehen eines *bad boy*. Er hatte keine Papiere gehabt und alles darangesetzt, um in Frankreich bleiben zu können. Er hatte Ariane mit seinen Liebeserklärungen umgarnt und sie davon überzeugt, dass sie für immer zusammengehörten und ihr Bund vor Gott und den Menschen besiegelt werden müsse, oder besser: vor dem Standesbeamten, denn man wolle sich doch nicht mit Familientraditionen herumärgern und schon gar nicht mit ihrem Vater, der diese Verbindung nicht gutheißen würde. Sie hatte schließlich akzeptiert und einige Jahre unter dem Diktat eines perversen Narzissten gelebt, der sie immer wieder zwischendurch verlassen hatte und von dem sie manchmal mehrere Monate nichts gehört hatte. Sie hatte alles mitgemacht, alles ertragen, unglaublich gelitten in der Erwartung, dass sich irgendwann etwas ändern würde. Doch eines Tages war er dann einfach verschwunden. Sie hatte diese Ehe schon fast vergessen, die sie mit ihm verband. Max tat es weh, als sie ihm ihre Hörigkeit schilderte, weil er sich einbildete, die Beziehung müsse leidenschaftlicher gewesen sein als ihre. Er versuchte, seine Eifersucht zu verbergen, doch abends im Restaurant war er maulfaul und mürrisch. Da Ariane keinen Alkohol mehr trank und inzwischen schnell müde wurde, glaubte sie, Max fehlten die ausgelassenen Abende mit seinen Freunden. Daher war sie einverstanden, als er am Abend ihrer Ankunft, gleich nachdem sie ihre Koffer im ungelüfteten Apartment abgestellt hatten, zu Diego wollte, seinem Saufkumpan und Miteigner des Restaurants. Ariane hörte ihn nicht nach Hause kommen, fand ihn aber am nächsten Morgen in voller Montur auf dem Sofa, wo er jetzt schlecht gelaunt seinen Rausch auskurierte. Trotzdem musste er langsam wirklich in die Gänge kommen. Sie hatten tausend Dinge zu erledigen. Unter anderem hatten sie sich vorgenommen, ein paar Sachen für das Baby zu kaufen. Ariane wusste, dass die kommenden Wochen hektisch werden und ihnen kaum die Zeit lassen würden, sich in Ruhe dieser angenehmen Aufgabe zu widmen, die sie bezauberte und von der sie seit Wochen träumte.

»Max?«

Schweigen.

»Max, hörst du mich? Möchtest du jetzt nicht mal duschen gehen? Es ist schon 11 Uhr, und wir haben noch nichts geschafft.«

»Was geschafft?«, fragte er mürrisch.

Ariane entdeckte allmählich den schweigsamen, bockigen und unangenehmen Zwilling ihres Geliebten. Bisher war er immer charmant gewesen, und sie hatte sich ernsthaft gefragt, ob er wirklich die vielen Fehler besaß, die seine Exfrau ihm vorwarf. Sogar die Kinder hatten schon oft gesagt, ihr Vater räume nie irgendetwas auf. Doch wenn er glaubte, dass sie sich um den kompletten Haushalt kümmerte und das in ihrem Zustand, hatte er sich geschnitten. Es kam gar nicht infrage, dass er in die Muster seiner ersten Ehe zurückfiel.

»Los, steh auf! Wir müssen einkaufen gehen. Und außerdem musst du mir mit den Koffern helfen.«

Max seufzte tief, schaltete den Fernseher aus und wandte Ariane sein verquollenes Gesicht zu.

»Müssen wir das wirklich alles jetzt tun? Ich bin fix und fertig.«

»Egal, jetzt komm schon und raff dich auf. Das ist reine Kopfsache! In den kommenden Monaten wirst du jeden Morgen schon sehr früh im Restaurant anfangen und bis spätabends arbeiten müssen, und zwar auch, wenn du am Abend zuvor ausgegangen bist. Also, es liegt an dir. Entweder du lernst, auch müde zu arbeiten, oder du hörst auf auszugehen. Die letzten Monate waren nur Training, das weißt du ganz genau. Den echten Rhythmus lernen wir in zwei Wochen kennen, wenn alle wieder aus dem Urlaub zurück sind und der Alltag wieder begonnen hat. Und selbst wenn alles wie am Schnürchen läuft, verspreche ich dir, dass wir keine Zeit haben werden, die Hände in den Schoß zu legen. Und Diego übrigens auch nicht. Und muss ich dich daran erinnern, dass ich in zweieinhalb Monaten ein Kind bekomme? Möglicherweise werde ich danach nicht mehr viel Zeit haben, um euch zu helfen.«

Max sah sie mit verzerrtem Gesicht an. Erst jetzt schien er zu begreifen, welcher Berg an Arbeit ihn in den nächsten Monaten erwartete. Er war kreidebleich. Seine Hände zitterten. Dann sprang er auf und stürzte auf die Toilette, um sich zu übergeben.

»Spielen Sie schon lange Klavier?«, fragte Alice. Fred merkte, dass sie sich bemühte, freundlich zu Dimitri zu sein, damit er sich wohlfühlte und sie ihn besser kennenlernen konnte.

»Schon immer, Madame. Ich bin in einer Familie groß geworden, in der das Klavier den wichtigsten Platz im Wohnzimmer einnahm. Es ersetzte für uns den Fernseher. Wenn ich mich beschäftigen wollte, blieb mir nichts anderes übrig, als Klavier zu lernen. Ich habe schon sehr früh begonnen, mit drei Jahren. Meine Großmutter hat mich unterrichtet. Sie war eine sehr schöne Frau, genau wie Sie, und sehr talentiert. Eine sehr starke Person. Ich habe sie sehr geliebt. Später bin ich dann aufs Konservatorium gegangen.«

Dimitri drückte sich sehr gewählt aus. Er besaß den hervorstehenden Adamsapfel und das ätherische Wesen mancher osteuropäischer Männer, denen man ihre Herkunft gleich ansah. Er war sehr blass, und seine Stadtkleidung schlotterte ihm um den Körper. Er gab sich sichtlich große Mühe, sich der merkwürdigen Situation anzupassen, sich in einem exotischen Hotel mit den Eltern seiner jugendlichen Freundin zu unterhalten. Alice bombardierte ihn mit Fragen, und wenn er sie beantwortete, sah er Laura jedes Mal um Zustimmung heischend an. Sie saßen in einer der Bars des Resorts. Auf bequemen Stühlen rings um einen niedrigen Tisch mit Blick auf das Meer warteten sie auf ihre Cocktails. Fred beäugte Dimitri missgelaunt und zermalmte krachend seine Erdnüsse, während dieser sich abmühte, einen guten Eindruck zu hinterlassen. Ob er Alice schon einmal im Fernsehen gesehen hatte? Sehr wahrscheinlich nicht; solche wie er lebten bestimmt zurückgezogen in ihrem Kämmerlein, umgeben von Harfen und ihren Notenhieroglyphen; jedenfalls stellte sich Frédéric so das Leben dieses Spargeltarzans vor, für den er keinerlei Sympathien hegte. Falls Laura gehofft hätte, dass sich die beiden Männer irgendwie verbünden würden, hatte sie sich leider getäuscht. Und je weiter die Konversation sich fortsetzte, umso weniger wahrscheinlich wurde es, dass sie irgendein Interesse teilten.

»Geben Sie schon lange Unterricht? Für jedes Alter?«, mischte er sich dennoch ein.

»Der Fitness Mai Tai?«, fragte der Kellner dazwischen.

»Ist für mich«, sagte Alice.

»Die Piña Colada?«

»Für mich«, antwortete Fred.

»Und der Sex on the Beach?«

Dimitri wurde rot, als der Name des Cocktails genannt wurde, den er sich nur anhand der Abbildung bestellt hatte. Alice runzelte die Stirn und fragte sich ernsthaft, ob der junge Mann sich hinter der Fassade der Schüchternheit nicht einfach nur über sie lustig machte. Fred spürte, dass er die Atmosphäre schnellstmöglich lockern musste.

»Und, hattet ihr eine gute Reise? Habt ihr ein Taxi zum Flughafen bekommen? Diese Mistkerle streiken schon wieder. Wir hatten schon befürchtet, wir würden unser Flugzeug verpassen.«

»Vincent hat uns gefahren«, antwortete Laura.

»Vincent! Wenn ich den erwische … Weißt du eigentlich Bescheid?«, erwiderte Fred, der plötzlich nicht mehr lächelte.

»Ja, er hat mir davon erzählt. Ich habe ihn in den letzten Tagen oft gesehen. Du weißt doch, wie nahe er Papa gestanden hat. Er ist mein Pate, und ich werde ihn auch weiterhin besuchen. Ihm geht es wirklich schlecht. Wir haben zwei Tage bei Marie verbracht und Fotos von ihrer Kindheit ausgegraben, von eurer Hochzeit und seiner. Mama, weißt du, dass du heute besser aussiehst als damals?«

Alice ging zu Laura und nahm ihre Hand. Dimitri lehnte sich zurück, um sie vorbeizulassen, schlürfte seinen Cocktail mit dem anzüglichen Namen und blickte auf das türkisfarbene Wasser.

»Hat er dir von meiner Mutter erzählt?«

Fred zwang sich, ruhig zu bleiben. Doch mit den Fingern umklammerte er den kleinen, mit Goldpapier umwickelten Stab, der seinen Cocktail zierte. Es gab ein beunruhigendes Knacken, bei dem der Pianist zusammenzuckte.

»Natürlich hat er mir von ihr erzählt. Ich weiß, was ihr über den Altersunterschied denkt, und ich verstehe, dass euch das schockiert. Aber er liebt sie aufrichtig, und sie liebt ihn. Ich habe sie zusammen gesehen.«

»Was bildet der sich ein! Als wäre das der richtige Zeitpunkt für solche Geständnisse. Und das auch noch hinter meinem Rücken!«

Diesmal war es Alice, die explodierte. Sie liebte Vincent wie einen Bruder, dafür, dass er mit ihr die schönsten Momente ihres Lebens geteilt hatte. Manchmal hatte sie sogar geglaubt, ihn zu lieben. Fast lebten sie in einer Ménage à trois. Sie war verletzt gewesen, als er ihnen während der schlimmen Zeit nach Adriens Tod nicht zur Seite gestanden hatte. Er hatte ihr nur einige lakonische Nachrichten aufs Handy gesprochen. In der Kirche hatten sie sich umarmt, aber das war alles gewesen.

»Mama, du fehlst ihm auch. Er wusste nicht, wie er sich verhalten sollte, das war alles. Für ihn ist die Situation auch nicht einfach. Er hat Liliane zufällig getroffen, ohne zu wissen, dass ihr sie kennt.«

»Von wegen sie kennen …«

»Sie hat mir viele Fragen über dich gestellt, Fred. Über diesen ganzen Teil deines Lebens, den sie nicht miterlebt hat, den wir aber zusammen verbracht haben. Sie hat mir sehr geholfen und mit mir geredet. Sie hat mich dazu gebracht, zu euch zu fliegen. Man dürfe sich nicht mit seiner Familie verkrachen, hat sie mir gesagt. Denn das Leben gehe so schnell vorbei – das kann ich in meinem Alter natürlich noch nicht sagen – und ich habe schließlich nur noch einen Elternteil. Bitte, gebt uns die Chance, euch zu zeigen, dass wir nichts Schlimmes tun, sondern uns einfach nur lieben. Genau wie ihr. Genau wie Liliane und Vincent. Und das ist doch das Wichtigste, oder? Das ist doch besser, als so wie Éva viele Jahre lang das perfekte Paar zu spielen und dabei das Leben an sich vorüberziehen zu sehen. Warum soll man nicht einfach der Stimme seines Herzens folgen, ohne sich groß Fragen zu stellen?«

Während sie sprach, drückte sie Alices Hand und hätte fast geweint vor Rührung.

»Natürlich, mein Liebes. Du hast recht. Das Wichtigste ist, dass wir alle zusammen sind. Wenn du wüsstest, wie sehr du mir gefehlt hast!«

»Oh Mama, du hast mir auch gefehlt!«

Jetzt schluchzten beide Frauen und fielen sich in die Arme, während Fred und Dimitri ein wenig hilflos dasaßen und es vermieden, sich anzusehen.

»Fred, versprichst du mir, dass du sie besuchen gehst?«, fragte Laura, als sie sich beruhigt hatte.

»Wen?«

»Liliane. Sie ist unglücklich, weißt du.«

»Jeder, wie er's braucht.«

»Fred, bitte!«, mischte sich Alice ein.

Es war nicht viel nötig, um die Situation noch zu verschlimmern.

»Madame, Monsieur? Da ist jemand für Sie am Empfang«, meldete eine Angestellte höflich und diskret.

Die Tischrunde drehte gleichzeitig die Köpfe zur Rezeption, wo sie einen jungen Mann in Jeans, Turnschuhen und zerknittertem Hemd sahen. Er hatte zahlreiche Taschen mitgebracht, die eine Fotoausrüstung zu enthalten schienen. Hinter ihm wartete, ganz hibbelig vor Begeisterung, eine Frau um die fünfzig, die ein Handy ans Ohr hielt und in Richtung der Hütten sah. Sie unterbrach ihr Telefongespräch sofort, als sie Alice erblickte. Mit strahlendem Lächeln eilte sie auf die kleine Gruppe zu und ließ ihren phlegmatischen Begleiter einfach stehen.

»Alice, meine Liebe! Endlich!«

Die anderen begrüßte sie nur mit einem stummen Nicken und würdigte sie ansonsten keines Blickes.

»Du glaubst ja gar nicht, wie ich mich auf unsere gemeinsame Reportage freue! Ich bleibe drei Tage. Ich bin so gespannt! Du musst mir alles, alles, alles erzählen!«

Drei Tage. »Alles, alles, alles.« Weder Fred noch Alice, noch Laura hatten Lust, etwas darauf zu erwidern oder bei dieser Aussicht auch nur zu lächeln. Sie hatten es fast vergessen: Der Luxus hatte einen Preis, und sie würden ihn bezahlen müssen.

»Wenn das Boot Fahrt aufnimmt, gut festhalten, Beine durchdrücken und die Arme gut durchstrecken.«

Mathilde, eingezwängt in eine Rettungsweste, nickte kläglich mit dem Kopf. Seit zwanzig Minuten versuchte sie, auf den Wasserskiern zu starten, vor den belustigten Augen von Jérôme und Alexandra, die am Strand zurückgeblieben waren. Das würde sie sich nicht noch mal antun! Sie hatte nur einen Wunsch, nämlich so schnell wie möglich wieder auf dieses verflixte Boot zu klettern und zu ihren Verwandten unter dem nicht weit entfernten Sonnenschirm zu entkommen. Was war nur in sie gefahren? Das einzig Gute daran war, dass das erfrischende Meerwasser, das ihr ins Gesicht spritzte, ihre Kopfschmerzen vertrieben hatte. Die beiden jungen Mädchen, die vor ihr an der Reihe gewesen waren, hatten es schon nach zwei Versuchen geschafft, durch die Wellen zu kurven. Warum klappte das bei ihr nicht? War ihr Hintern schuld an den peinlichen Fehlversuchen? Natürlich kicherten die beiden gertenschlanken Mädchen jedes Mal hinter vorgehaltener Hand über sie, wenn sie unfreiwillig ins Wasser klatschte.

»So, auf ein Neues!«

»Nein, mir reicht es! Nett von Ihnen. Danke. Ich komme rauf!«, schrie Mathilde nach vorne.

Doch der tiefgebräunte junge Wasserskilehrer hörte sie nicht, er war zu sehr mit den schönen jungen Urlauberinnen an Bord beschäftigt und achtete gar nicht auf sie. Nachdem er zum Zeichen der Abfahrt den Daumen gehoben hatte, gab er Vollgas, wirbelte dabei hohe Wasserfontänen auf und jagte Mathilde noch zusätzlich Angst ein. Mit dem Mut der Verzweiflung klammerte sie sich am Griff der Leine fest, die sie mit dem wild gewordenen Boot verband. Die Arme ausgestreckt, das Gesicht gepeitscht von Salzwasserfontänen, die ihr in Augen, Ohren und Nase drangen, stieß sie sich mit aller Kraft ab und spürte endlich, wie sich ihr Gesäß aus den Tiefen des Meeres an die frische Luft erhob. Doch sie wusste nicht, was sie als Nächstes tun sollte! Trotzdem umklammerte sie den Griff, als hinge ihr Leben davon ab, ohne es zu wagen, auch nur einen Muskel zu bewegen. Wenn diese Quälerei nur bald ein Ende nehmen würde!

Die Passagiere an Bord gaben ihr Zeichen, indem sie die Handflächen zum Himmel erhoben. Sollte sie Kniebeugen machen? Das hätte man ihr vorher sagen sollen. Alexandra und Jérôme, die das Schauspiel vom Strand aus verfolgten, konnten sich nicht mehr halten vor Lachen, als sie Mathilde vorbeisausen sahen, den Hintern übertrieben ausgestreckt, die nackte Panik im Gesicht. Jérôme versuchte, mit dem Smartphone diesen außerordentlichen Moment für die Ewigkeit festzuhalten.

Der Bootsführer fand offenbar ein boshaftes Vergnügen daran, die Fahrt auszudehnen, obwohl man bis an den Strand hören konnte, wie Mathilde ihn anflehte anzuhalten.

Der Wind wehte Fetzen der Antworten zu Alexandra und Jérôme hinüber, denen vor Lachen die Tränen über das Gesicht liefen.

»Was ist denn so lustig?«

»Meine Schwester!«

Alexandra, die der fremden Stimme unwillkürlich geantwortet hatte, stand plötzlich schuldbewusst Benjamin, dem beigefarbenen Seismologen gegenüber. Sie hielt große Stücke auf ihn und glaubte fest, dass es zwischen ihm und Mathilde etwas werden könnte, wenn ihre Schwester endlich mal ihre Vorurteile gegen vernünftige Männer ablegte. Zumindest wäre eine Affäre mit ihm allemal besser als ihre Flirts mit den Strandangestellten. Alexandra sprang auf und versuchte, Benjamin die Sicht zu versperren.

»Geht's dir gut? Was macht das Tennis? Jérôme war von dem Match ganz begeistert. Oder, Jérôme? Jé-rô-me!«, zischte sie zwischen den Zähnen hindurch, nachdem das

Boot endlich den Motor gedrosselt hatte, Jérôme aber immer noch lachend das Video betrachtete.

»Du hast den Schlussplatscher verpasst!«

»Welchen Schlussplatscher?«, fragte Benjamin interessiert.

»Ach, nichts, wir haben nur den Leuten beim Wasserski zugesehen.«

Die drei setzten sich unter dem Sonnenschirm auf die Liegestühle und unterhielten sich gut gelaunt über alles und nichts. Der Wissenschaftler zog sein Polohemd aus, unter dem ein wohldefinierter Oberkörper zum Vorschein kam. Alexandra konnte nur mit Mühe einen bewundernden Ausruf unterdrücken, was ihr Mann durchaus bemerkte und sie daraufhin eifersüchtig ansah. Benjamins seriöses Gesicht mit der Brille bildete einen lustigen Kontrast zu seinem Filmstarbody, sein Aussehen erinnerte an den kurzsichtigen Superhelden Clark Kent …

»Nie. Wieder. Wasserski!«

Triefend nass, das Gesicht vor Anstrengung und Sonnenbrand gerötet, keuchte Mathilde heran. Aus ihrem Badeanzug hingen Algen, und sie sprach viel zu laut – der Lärm des Bootes hatte sie wahrscheinlich taub gemacht. Dann erblickte sie den Seismologen, der unentwegt lächelte und ihr in die Augen blickte.

»Wollen wir essen gehen?«, schlug Alexandra vor, die befürchtete, dass sich Mathilde noch weiter blamierte oder womöglich sogar ihre nette neue Begleitung verscheuchte.

»Gern! Stört es euch, wenn ich meine Tochter mitbringe? Ich habe ihr versprochen, sie mittags vom Miniclub abzuholen.«

»Du hast eine Tochter?«, riefen die beiden Schwestern im Chor, und Jérôme sah sie erstaunt an.

Was war denn so seltsam daran, dass er eine Tochter hatte?

»Ja, Louise. Sie ist fünf Jahre alt.«

»Oh, wie nett, meine Tochter heißt auch Louise. Und du bist … ohne ihre Mutter hier? Seid ihr getrennt? Entschuldige, das geht mich natürlich nichts an«, sagte Alexandra, neugierig auf die Antwort.

»Das erzähle ich später. Aber jetzt muss ich meine Tochter abholen, ich bin schon spät dran. Treffen wir uns um ein Uhr?«

»Perfekt!«

Alle drei blickten ihm nach, als er, mit nacktem Oberkörper, sein Polohemd in der rechten Hand, davonging. Als er außer Hörweite war, drehte sich Mathilde um und fragte:

»Jérôme, müssen wir deinen neuen Kumpel jetzt den ganzen Urlaub über mitschleppen?«

»Aber … Ich habe ihn doch nicht eingeladen, sondern Alex. Ich habe nichts gesagt. Regelt ihr das bitte untereinander und lasst mich damit in Ruhe.«

»Warum drängst du ihn uns auf, Alex? Und dann noch mit seiner Tochter? Jetzt fühle ich mich ganz schuldig, wenn ich an Martin denke, der allein und verzweifelt auf seiner Liege im Miniclub schlafen muss. Der ist doch stinklangweilig, der Kerl. Außerdem finde ich, dass er mich ziemlich respektlos anschaut. Heute Mittag können wir noch zusammen essen, aber danach will ich ihn loswerden. Habe ich mich klar ausgedrückt?«

»Sonnenklar«, erwiderte Alexandra mit einem kleinen ironischen Lächeln.

Mathilde war erstaunt, dass ihre normalerweise so sture Schwester so schnell nachgegeben hatte. Aber sie war viel zu erschöpft, um weiter darüber nachzudenken. Sie starb vor Hunger. Sie würde schweigend ihr Essen einnehmen und damit basta.

»Sie können es sich überlegen: Entweder nehmen Sie die Wiege, in der das Kind ungefähr bis zum sechsten Monat schläft, und wechseln dann zu einem Gitterbettchen, oder Sie nehmen sofort das Babybettchen. Sie können natürlich auch ein Tragekörbchen nehmen und auf das Gitterbettchen umsteigen, wenn das Körbchen zu klein wird. Aber das Körbchen ist nicht die bequemste Lösung. Nun ja, Sie müssen es selber wissen.«

Max schwirrte der Kopf. Für welche Lösung hatten sie sich nach der Geburt von Théo und Martin entschieden? Er wusste es nicht mehr. Mathilde hatte sich um alles gekümmert. Er konnte sich unmöglich erinnern, ob sie ein Tragekörbchen, eine Wiege, ein Gitterbettchen oder …

»Sie haben natürlich auch die Möglichkeit, sich für ein ausziehbares Bett zu entscheiden. Wenn das Kind klein ist, liegt es darin wie in einer Art Muschel, sehen Sie. Und wenn es wächst, können Sie es ausziehen«, fuhr die ältere, elegant gekleidete Verkäuferin fort.

»Wie einen Esszimmertisch?«

Zum ersten Mal während dieses langen Monologs mischte sich Max ein und irritierte damit die beiden Frauen. Die humorlose Verkäuferin ließ sich nicht mal dazu herab, ihm zu antworten. Ariane konnte ebenfalls nicht über diesen kleinen Witz lachen. Also schwieg Max wieder, warf ihr einen entschuldigenden Blick zu und ließ die Verkäuferin mit ihrer Rede über die moderne Kinderschlafkultur fortfahren. Das Geschäft war riesig und ganz in Pastellfarben gehalten. Überall kleine Schleifen, Spitzen und Kunstpelz. Ariane hatte darauf bestanden, hierherzugehen; alle ihre Freundinnen kauften dort, hatte sie hinzugefügt. Also waren sie mit dem Auto quer durch das noch verlassene Paris gefahren und hatten sogar mühelos einen Parkplatz im Quartier Latin gefunden. Das Wetter war angenehm mild und die Terrassen des Flore und des Deux Magots mit Gästen überfüllt, die sich begeistert dort niederließen, wo Aragon oder Sartre gesessen hatten, und ohne mit der Wimper zu zucken ein Vermögen für einige Tröpfchen Kaffee bezahlten. Max wurde bewusst, dass in dem Viertel, in dem es früher kleine bunte Läden und Buchhandlungen aller Art gegeben hatte, sich inzwischen gesichtslose Ladenketten aneinanderreihten.

»Also, was meinst du? Sollen wir die Wiege nehmen? Schau mal, wie schön sie ist! Dieser Himmel und dieses winzige Deckchen, ist das nicht süß? Oh, und was hältst du von diesem Ruhesessel? Man könnte ihn ins Kinderzimmer stellen für die Nächte, in denen man bei ihr bleiben muss.«

»Gehen wir?«, murmelte Max, der keine Lust hatte, sich vor dem fein herausgeputzten Personal zu erklären.

»Aber … Wir haben doch noch gar nichts gekauft. Darf ich dich daran erinnern, dass die Zeit rast?«

»Mir gefällt das alles nicht besonders. Komm, wir gehen, wir schauen uns woanders um.«

»Aber Max, ich liebe dieses Geschäft! Ich habe immer davon geträumt, eines Tages hier hineinzugehen und die Ausstattung für mein Baby zu kaufen, wenn ich einmal schwanger sein würde.«

»Gut, wir sind reingegangen, aber hast du die Preise gesehen?«

»Nein.«

»Das ist das Problem, Ariane. Du musst vernünftig sein. Unser Leben hat sich verändert, und wenn wir am Ende des Monats nicht pleite sein wollen, müssen wir an einigen Stellen sparen, zum Beispiel an einer Wiege für ...«

»895 Euro.«

Ariane hatte das kleine Etikett in die Hand genommen, das am schlichtesten Modell hing. Sie wagte kaum, sich die Preise für die anderen vorzustellen, und streichelte bedauernd die zarte Spitzenborte ringsherum, atmete noch einmal den zuckrigen Geruch des Geschäfts ein und ging dann zum Ausgang.

»Wir müssen es uns noch einmal überlegen. Vielen Dank für Ihre Mühe. Guten Tag«, stieß sie mit gesenktem Blick hervor. Die Verkäuferin machte ein pikiertes Gesicht und ließ die beiden grußlos stehen. Wenn die Leute zu knapp bei Kasse waren, sollten sie ihr gefälligst nicht die Zeit stehlen.

Draußen gingen Max und Ariane schweigend nebeneinanderher zum Auto. Beide schämten sich ein wenig. Ariane dafür, dass sie wieder mal in die Rolle des reichen Töchterchens geschlüpft war, Max dafür, dass er mit vierzig Jahren noch nicht erfolgreich genug war, um die Träume der zukünftigen Mutter seines Kindes zu erfüllen, die er so gern stolz auf sich gemacht hätte. Ariane verlangsamte ihre Schritte und drehte sich zu dem überraschten Max um.

»Ich liebe dich, weißt du das? Diese Wiegen für tausend Euro sind mir egal. Ich will mit dir zusammen sein, mit dir zusammen unser Kind aufwachsen sehen und mit dir glücklich sein, im Restaurant und zu Hause, ohne alles zu hinterfragen. Bitte entschuldige, dass ich dich hergeschleppt habe. Ich weiß, dass es kompliziert ist, für dich, für uns. Unsere finanzielle Situation ist mir noch nicht bewusst genug. Das liegt an meinem Vater und an den vielen Jahren, in denen ich Geld ausgeben konnte, ohne darüber nachzudenken. Schau nur, wohin mich das gebracht hat. Als ich dich kennengelernt habe, wusste ich nicht mehr, wer ich war und wohin ich ging. Du hast mich gerettet. Und darauf kannst du stolz sein, genauso wie auf die Energie, die du in die Eröffnung des Restaurants gesteckt hast. Max, die Zeiten sind vorbei, in denen du an dir zweifeln musst. Heute fangen wir ganz neu an. Gemeinsam, in guten Zeiten.«

Da sah Max diese hochschwangere Frau an, deren immer noch von kleinen Pickeln übersätes Gesicht ihn überhaupt nicht störte, sondern ihn eher rührte. Er erkannte in ihren Augen Liebe, Hoffnung und sogar Stolz, wie verrückt ihm das auch vorkam. Aber auch Angst. Die vor dem Erwachsensein, die er so gut kannte. Da wusste er wieder, warum er sich für sie entschieden hatte, für sie und keine andere.

»Ja, das ist es! Perfekt! Den Arm um ihre Taille, Fred, und die Hände auf ihren Bauch, ja? Genial! Und jetzt nicht mehr bewegen! Oh, das ist göttlich, Sie sind wunderbar! Pudern Sie ihn noch ein wenig ab, er glänzt. Er glänzt doch, oder?«

»Nein, jetzt ist Schluss mit dem Puder. Ich bin weder eine Frau noch ein König. Ist das wirklich notwendig?«

»Alice, würden Sie es ihm bitte erklären?«

»Schatz, jeder lässt sich für Fotos oder das Fernsehen schminken.«

»Das ist mir vollkommen wurst. Ich sehe nur, dass ich an einem Strand am Ende der Welt bin, mit einem Leinenhemd, das nicht mir gehört, und dicker Schminke im Gesicht, dass ich auf Kommando lächeln und seit drei Stunden zum Horizont blicken muss.«

»Aber das haben wir doch vorher gewusst, das war die Bedingung für unsere Auszeit. Wir haben doch darüber gesprochen, oder nicht?«

Alice flüsterte, aus Angst, das Team könne sie hören. Sie hätte ahnen müssen, dass es unmöglich sein würde, Fred unter diesen Bedingungen länger als eine Stunde ruhig zu halten. Aus diesem Grund hatte er übrigens nie wieder eine Fernsehshow haben wollen, obwohl man ihm regelmäßig eine anbot, seitdem er seinen ersten Stern erhalten hatte. Er tat das hier für sie, er nahm es auf sich. Doch demnächst würde er explodieren, das spürte sie.

»Aber wir haben diese Szene doch jetzt im Kasten, oder?«, fragte Alice das Produktionsteam, sich über ihre Schüchternheit hinwegsetzend. »Wir könnten doch jetzt mal die Umgebung und die Motive wechseln?«

Die Journalistin schien zu zögern und murmelte dem Fotografen einige Worte zu, der sichtlich genervt war von diesen wenig motivierten Models. Schließlich war er daran gewöhnt, mit den berühmtesten Stars zu arbeiten, wie er betont hatte. Diese kamerascheuen Leute dagegen raubten ihm den letzten Nerv, weil sie einfach zu zurückhaltend waren für ausdrucksstarke Aufnahmen, obwohl sie nicht schlecht aussahen.

»Okay, wechseln wir. Wo geht's weiter?«

»Sie wollten mich mit meiner Tochter am Swimmingpool fotografieren.«

»Ah ja, perfekt. Ihre kleine Laura ist wirklich wunderhübsch. Die wird noch viele Herzen brechen.«

Dimitri war sichtlich sauer. Seitdem die Journalistin und der Fotograf wie Bomben in ihren ruhigen, heiteren Urlaub geplatzt waren, wusste er nichts mit sich anzufangen und hatte die ganze Zeit geschwiegen. Er beschränkte sich darauf, missmutig den Medienrummel zu beobachten und verächtliche Grimassen zu schneiden, die allmählich die ganze Gruppe nervten, vor allem Laura, der die Aufnahmen großen Spaß machten.

Alice ging zu ihr in die Maske, wo sie auf einem improvisierten Schminkstuhl saß – einem Barhocker, wo die Make-up-Artistin sie zurechtmachte, die extra für die Aufnahmen angeheuert worden war. Dezent geschminkt und das Haar zu leichten Locken aufgedreht, sah Laura einfach umwerfend aus. Die beiden sollten sich in Bikini und Pareo neben dem Swimmingpool mit olympischen Ausmaßen für eine Mutter-Tochter-Sequenz drapieren, die den Aufmacher der Zeitschrift bilden sollte. Alice hatte natürlich zunächst gezögert, als Laura sie gebeten hatte, bei der Reportage mitmachen zu dürfen. Doch um ihr eine Freude zu machen, hatte sie schließlich nachgegeben. Laura war natürlich stolz darauf, an ihrer Seite in einem auflagenstarken Magazin zu posieren. Alle ihre Freunde und Freundinnen würden sie sehen, das wäre mega, hatte sie ausgerufen und war vor Freude herumgesprungen, als sie bemerkt hatte, dass Alice nachgeben würde. Fred hatte sie dazu gedrängt. Was konnte es schließlich schon schaden? Und welchen Unterschied würde es ausmachen, hatte sich Alice gesagt, wo doch die jungen Mädchen heutzutage die Möglichkeiten hatten, sich ständig und zu jeder Zeit in den sozialen Netzwerken zu präsentieren? Da war es schon besser, wenn sie als Mutter die Fotos mit auswählte.

Anfangs war Laura noch sichtlich nervös, doch nachdem das erste Blitzlichtgewitter vorüber war, entspannte sie sich, fand Gefallen an dem Spiel, lächelte im richtigen Moment und ermunterte auch Alice, sich zu lockern. Sie hatte sogar neue Vorschläge für die Aufnahmen, zur großen Freude des Fotografen. Er war erleichtert, endlich ein vernünftiges Model gefunden zu haben. Fred war ins Zimmer gegangen, um sich auszuruhen, glücklich über das gute Verhältnis zwischen seinen beiden Frauen. Dimitri dagegen, weißer denn je, beobachtete sie griesgrämig. In den Pausen ging Laura zu ihm. Doch sie kehrte schnell wieder zurück. Seine Haltung ging ihr sichtlich auf die Nerven. Sie blieb lieber bei ihrer Mutter und der Mannschaft, wo es viel fröhlicher zuging. Sie stellte dem Fotografen tausend Fragen und spielte bereits mit dem Gedanken, selbst Fotografin zu werden. Dimitri hatte irgendwann genug und verließ demonstrativ den Ort des Geschehens, wobei er im Weggehen seiner Freundin noch einen zugleich flehentlichen und wütenden Blick zuwarf. Doch sie ignorierte ihn, seufzte laut und erklärte:

»Geht der mir auf den Wecker!«

Alice musste unwillkürlich lächeln, was der Journalistin nicht entging. Sie zwinkerte ihr zu.

»Mathilde, warte!«

Mit Tränen in den Augen eilte Mathilde durch die Clubanlage. Sie rannte fast und versuchte, Benjamin zu entkommen. Sie wollte einfach nur weg. Weg von diesem Mann.

Während ihres Urlaubs waren sie einander näher gekommen. Benjamin verstand sich wunderbar mit ihrer Familie. Jérôme war begeistert, einen Kumpel gefunden zu haben, denn ehrlich gesagt fehlte ihm Max, mit dem er sich immer gut verstanden hatte. Mathilde und ihre Schwester verloren sich oft in langen Unterhaltungen über ihre Kindheitserinnerungen, die nur sie verstanden. Seit der Ankunft des Wissenschaftlers und seiner süßen kleinen Tochter war das Gleichgewicht wiederhergestellt. Sie aßen als Familie zusammen, holten gemeinsam die Kinder im Miniclub ab und ertrugen mit erstaunlichem Vergnügen die großen lärmenden Tischrunden, bei denen man sich kaum unterhalten konnte. Das Hotelpersonal war inzwischen an diese fröhliche Truppe gewöhnt, die zu festen Zeiten einen großen Tisch besetzte. Abends verabredeten sich die Erwachsenen zu einer ruhigeren Mahlzeit am Strand, immer am gleichen Platz, an einem kleinen, von zwei Solarlampen erhellten Tisch. Sie waren fröhlich und ausgelassen und tranken zu viel. Die Woche war vergangen wie im Flug, und Mathilde stellte eines Abends mit Erschrecken fest, dass ihnen nur noch ein Tag bis zur Abreise blieb. Sie würden die Koffer packen, ein letztes Mal im Meer baden, den letzten sorglosen Abend genießen und dann nach Paris zurückkehren, und dann würde der Alltag sie wieder einholen. Sie hatten beschlossen, die letzten Stunden auf dem Meer zu verbringen, ein Boot für sie alle zu mieten, um die Schönheit der Umgebung zu entdecken und den Daheimgebliebenen erzählen zu können, dass sie das Hotel durchaus auch mal verlassen hätten. Die Kinder trugen Schwimmwesten, aus denen natürlich alle die kleinen Pfeifen zogen, auf denen sie dann ununterbrochen Lärm machten. Sie sahen die Landschaft vorbeiziehen, die Hügel, auf denen sich hin und wieder märchenhafte Häuser erhoben, inmitten dichter Vegetation, von Touristen überfüllte Strände, aber auch einsame, wunderschöne Buchten in der Nähe kleiner Imbisse. In einer dieser Buchten legten sie mit dem Boot an. Als sie den Motor ausgeschaltet hatten, trat Stille ein, man hörte nichts als die Wellen, die fröhlich gegen die Bootswand schlugen. Die Kinder kreischten vor Freude, als die Eltern ihnen die Schwimmwesten abnahmen, damit die Mutigen unter ihnen ins klare Wasser springen konnten. Die Erwachsenen folgten ihnen und ließen sich genüsslich in das lauwarme Meer gleiten, von dem sie den Rest des Jahres träumen würden. Mathilde war in ein paar Zügen zum Strand geschwommen, wobei ihre Söhne sie angefeuert hatten: Los, los, Mama!, da Benjamin ihr folgte und sie vor ihm ankommen wollte. Laut lachend schwammen sie um die Wette und gelangten schließlich gleichzeitig auf den heißen Sand, keuchend und übermütig. Ein wenig verlegen saßen sie nebeneinander und schauten zum Horizont. Dann sahen sie sich an, mit klopfendem Herzen. Jeder wusste von der Leidenschaft des anderen, doch sie waren sich unsicher, ob sie ihr nachgeben sollten. Denn es ging ihr viel besser ohne Liebe, mit Antoine, dem sie wahrscheinlich wehtun würde – doch war das nicht das Schicksal von allen Liebesgeschichten, dass einer von beiden alles gab, während der andere sich langweilte? Wahrscheinlich war sie blasiert, verbittert und verbraucht von den fünfzehn Jahren der Desillusion, doch es war ihr endlich gelungen, ein zaghaftes Glück zu finden, ein labiles Gleichgewicht, gerade, indem sie nicht verliebt war. Das Risiko einzugehen, noch einmal diese Verletzungen ertragen zu müssen, kam gar nicht infrage. Sie musste stark bleiben, für ihre beiden kleinen Jungs. Sie wollte eine fröhliche Mama sein und keine trübe Tasse, die vor ihrem Smartphone weinte, weil der schöne Seismologe aus Nantes beschlossen hatte, mit ihr Schluss zu machen, da sie ihm zu alt, zu uninteressant und zu fett war.

Daher sprang sie mit einem Satz auf und rief: »Wer zuerst am Boot ist!«

Danach verging der Tag wie ein zu kurzer Traum. Sie picknickten an Bord mit belegten Broten, Chips, Obst und kühlem Bier. Dann fuhren sie wieder zurück, schläfrig von der Luft und der Sonne. Jeder hielt sein Kind im Arm, blickte wie gebannt auf die wunderschöne Natur und fragte sich, warum man sich das antat – für den Rest des Jahres in irgendwelchen Büros, Konferenzsälen, Supermärkten oder verräucherten Bars zu sitzen.

Am Abend gingen alle zurück in ihre Zimmer und holten voller Bedauern die Koffer unter den Betten hervor. Sie packten die schmutzige Wäsche in große Plastiktüten, legten die Sandalen ganz unten hinein und wählten Kleidung für den morgigen Flug aus. Dann trafen sie sich zum Abendessen, mit schwerem Herzen, weil sie zum letzten Mal einen dieser zauberhaften Abende erlebten, die sie all die Sorgen der ersten Tage hatten vergessen lassen. Über Benjamins vermeintliche Frau war den ganzen Urlaub über geschwiegen worden. Mathilde hatte mehrmals versucht, das Thema anzuschneiden, doch vergeblich. Mit Alex zusammen hatte sie tausendundeine Theorie ausgeheckt, stundenlang, wobei Jérôme die Augen verdreht hatte. Eine schreckliche Trennung, die Frau wurde vermisst, hatte eine Geschlechtsumwandlung machen lassen – eine Hypothese nach der anderen kam auf den Tisch, um Benjamins Schweigen zu erklären. Alexandra zog sich das Herz zusammen. Benjamin und Mathilde ließen sich nicht aus den Augen und sprachen mit zärtlicher Stimme zueinander. Da ergriff die kleine Louise die Hand ihres Vaters und fragte laut: »Aber du liebst doch Mama? Oder, Papa? Für immer?« Sofort nickte er und drückte seine Tochter an sich.

In diesem Moment verließ Mathilde den Tisch, gedemütigt, ja, verunsichert von ihrer mangelhaften Menschenkenntnis. Er war also doch verheiratet und liebte seine Frau. Bestimmt wartete diese brav zu Hause, während ihr Gatte sich mit der kleinen Tochter im Familienclub amüsierte. Die schöne Idylle war plötzlich dahin. Der Club war hässlich, schäbig mit seinen Plastikstühlen. Sie selbst war fett und zwängte sich in dieses lächerliche Kleid, das sie für den letzten Abend aufgehoben hatte, wie ein armseliger verknallter Teenager. Das Essen war ekelhaft, das Klima widerwärtig. Gut, dass sie bald nach Paris zurückkehren würde, zurück in ihren Alltag, zu ihren Freundinnen, zu ihren Rechnungen und der erschöpfenden Logistik, mehr hatte sie nicht verdient – und mehr konnte sie auch nicht leisten. Benjamin lief ihr hinterher und rief:

»Mathilde, warte!«

Er holte sie ein und nahm ihre Hand. Sie wehrte sich, fest entschlossen, diesen Menschen nie mehr wiedersehen und ihm vor allem nicht mehr in die Augen blicken zu wollen, damit sie nicht das Mitleid in ihnen las, das er für diese arme geschiedene Alte empfinden musste, die geglaubt hatte, in den Sommerferien die Liebe gefunden zu haben. Die Scham brannte ihr auf den Wangen, und sie dachte an Jérôme, Alexandra und die Kinder, die sich fragen mussten, was in sie gefahren war. Bestimmt redeten sie jetzt alle über sie und bedauerten sie. Sie wünschte, Lucie wäre bei ihr, um sie zu beruhigen, um ihr zu sagen, dass es viel Wichtigeres im Leben gäbe als einen provinziellen Wissenschaftler, der beigefarbene Hemden trug. Und Alice hätte sie jetzt gewiss in die Arme genommen, um ihr zu sagen, wie sehr sie sie liebte und dass sie immer für sie da sein würde, dass sie ihre Familie sei, dass sie Laura ganz toll erzogen hätte und das alles nicht ihr Fehler sei. Éva hätte sich bestimmt über diese Szene kaputtgelacht, eine Zigarette angezündet und vorgeschlagen, sich gemeinsam zu betrinken, um diesen Idioten und all die anderen runterzuspülen, denn am Ende sei doch das Wichtigste, dass ihre Freundschaft zu viert bestehen blieb. Ja, sie alle fehlten ihr fürchterlich. Sie waren ihr Ein und Alles. Doch dann legte Benjamin ihr den Zeigefinger unter das Kinn und zwang sie, ihre von Tränen verschwommenen Augen zu ihm zu erheben.

»Sie ist tot. Meine Frau. Sie ist vor knapp einem Jahr gestorben. An Krebs. Es ging so schnell. Nie hätte ich gedacht, noch einmal eine andere Frau ansehen zu können. Vor allem nicht so bald. Ich schäme mich so sehr, Mathilde.«

Seine Stimme zitterte, als er sprach. Mathilde schluchzte, sie war überwältigt von ihren Gefühlen. Aber die Tränen taten so gut. Sie wuschen dieses ganze schmerzliche Jahr, die Sorgen und Prüfungen weg, von denen sie noch vor einigen Monaten, als sie vor ihr lagen wie ein Berg, geglaubt hatte, sie nie überwinden zu können. Und dann drangen seine Worte zu ihr durch, und diese Liebe, die in ihrer Brust pochte. Sie schmiegte sich an Benjamin, legte ihre Lippen auf seine, ohne sich zu bewegen, bis er sich endlich ganz diesem Kuss hingab, mit dem nun auf so unmissverständliche Art die Geschichte enden würde. Oder erst richtig begann.

Und dann wurde alles still um sie herum.

EIN JAHR SPÄTER

»Da ist sie ja! Mensch, siehst du toll aus, um zehn Jahre jünger!«

»Ja, mach dich nur lustig über mich. Das muss die Landluft sein.«

»Oder die Liebe, die, wie wir wissen, mehr bewirkt als alle Schönheitschirurgen und Friseure der Welt.«

»Komm, lass dich umarmen, du Landei!«

»Muss ich euch daran erinnern, dass ich in Nantes wohne, mitten im Stadtzentrum? Ich bin keine Bäuerin.«

Lucie und Éva saßen an einem großen Holztisch im blumengeschmückten kleinen Innenhof des zweiten Restaurants von Alice und Fred und erwarteten Mathilde seit einer Stunde voller Ungeduld. Der Zug hatte Verspätung. Es war vereinbart, dass sie einige Tage bei Lucie verbringen würde, um sich mit den Freundinnen zu treffen, die sie seit ihrem Umzug fast nie mehr alle auf einmal gesehen hatte. Vor dem Eingang des Restaurants warteten geduldig die Gäste; man nahm keine Reservierungen an, und seit der Eröffnung vor einem Jahr rannten ihnen die Leute die Bude ein. Man servierte dort vegane Haute Cuisine mit frischem, sündhaft teurem Obstsaft, für den die Pariser bereit waren, viele Kilometer zu fahren und stundenlanges Schlangestehen in Kauf zu nehmen. Die Geburt von Victor, Freds und Alices Sohn, hatte den Alltag seiner entzückten Eltern und seiner großen Schwester sofort bereichert, die nicht müde wurde, ihren kleinen Bruder zu bemuttern. Oft sahen die Gäste Laura hinten im Speisesaal oder im Hof, wo sie sich mit dem kleinen Jungen beschäftigte, der versuchte, seine ersten Schritte zu gehen. Die Luft war erfüllt von einem ganz typischen Jasminduft, dessen Herkunft Rätsel aufgab. Er verzauberte noch zusätzlich diesen kleinen Ort mit seinen Dutzenden Topfpflanzen, den mit bunten Kissen bedeckten Bänken und drei kleinen Tischen fern vom Tumult der Stadt und vom Tresen. Dort bestellten sich viele ein Gericht zum Mitnehmen, das sie dann am Ufer der Seine, im Büro oder auf dem Rasen des Parks gegenüber verzehrten.

Es war also ganz natürlich, dass sich die vier Freundinnen in dem kleinen Hof verabredet hatten, der schon im Laufe des vergangenen Jahres Zeuge zahlreicher Treffen gewesen war. Die kleine Gruppe hatte dort unter anderem die Eröffnung von Évas Agentur, Alices vierzigsten Geburtstag und den Abschied von Mathilde gefeiert, nachdem sie sich endlich entschieden hatte, zu ihrem Benjamin zu ziehen. Davor hatten sie eine Fernbeziehung geführt, und diese Zeit hatte ihre Gefühle für den schönen Wissenschaftler gefestigt und den Wunsch in ihr geweckt, mit allen Konsequenzen mit ihm zusammen das zweite Kapitel ihres Lebens anzugehen, für das sie einen so langen Anlauf gebraucht hatte. Ihr Zögern hing nicht zuletzt mit Max und der Sorge um die Kinder zusammen. Mathilde wollte sie nicht von ihrem Vater entfernen, den sie über alles liebten. Die Geburt seiner kleinen Tochter hatte einige Probleme mit sich gebracht, weil die Jungs sich aus dem neuen Leben der Familie ausgeschlossen fühlten, sie fühlten sich plötzlich nicht mehr zugehörig. Es hatte viel Zeit und Geduld gekostet, die brüchige Bindung zwischen Théo und Martin auf der einen und Ariane, Max und Marion auf der anderen Seite zu kitten. An manchen Abenden hatte es Streit gegeben, weil die Kleinen sich weigerten, zu ihrem Vater zu gehen; manchmal bat jedoch auch Ariane, die Papawoche zu verlegen, weil sie noch zu erschöpft von der Geburt, dem Schlafmangel und der Arbeit im Restaurant war. Max und Mathilde hatten sich wieder genauso gezankt wie früher. Max war erschöpft und wurde kaum mit dem Strom der Gäste fertig, die auch sein Lokal erstürmten, mit den infernalischen Arbeitszeiten, mit denen er nicht gerechnet hatte, und den Streitigkeiten mit Diego, der nachts zu lange ausging, nicht pünktlich war und seine Verpflichtungen nicht einhielt.

Trotz allem hatten Max und Mathilde durchgehalten. Mathilde beschwor ihn und Ariane, die Beziehung zu den Jungs nicht zu vernachlässigen, und Max zeigte sich einsichtig. Nach wie vor suchte er regelmäßig Hilfe, um zu lernen, seine aufbrausende Art zu zügeln. Es war ein Auf und Ab gewesen, und dazwischen mussten die Schulferien organisiert und die Hausaufgaben überwacht werden. Mathilde und Benjamin telefonierten regelmäßig bis zum Morgengrauen. Er war ihr Fels in der Brandung gewesen, und ohnehin war ihr alles nicht so schlimm erschienen wie im Jahr zuvor – was vielleicht auch daran lag, dass sie auf Wolke sieben schwebte. Sie musste die ganze Zeit an ihre neue Liebe denken, die ihr Herz so zum Klopfen brachte, dass es schier zu zerspringen schien. Sie fühlte sich wieder wie ein Teenager. Benjamin und Mathilde trafen sich auf halbem Wege zu schlaflosen Nächten in teilweise schäbigen Hotels am Bahnhof, in der Woche, wo die Jungs bei ihrem Vater waren und Benjamin gegenüber seinen Eltern eine Geschäftsreise vortäuschte, damit sie auf die Kleine aufpassten. Sie liebten sich manchmal auf dem Fußboden, kaum im Zimmer angekommen, und schrien vor Glück, zusammen zu sein, nach all den Stunden, in denen sie miteinander geredet hatten, ohne sich berühren zu können. Dann kamen die Osterferien und der große Sprung, der Mathilde ganz krank machte, diese Woche, die sie beschlossen hatten, alle gemeinsam bei Benjamin zu verbringen, sie und die Kinder in Nantes. Die Kinder freuten sich, den Monsieur aus Griechenland und seine kleine Tochter wiederzusehen und diesen märchenhaften Ort zu entdecken, wo sie im Garten herumtollen, Ball spielen und schaukeln konnten, ohne dass ihre Mutter sie begleiten musste. Théo stellte viele Fragen. Mathilde verspürte einen Kloß im Hals, als sie ihm erklären musste, dass seine Mama jetzt im Bett eines Mannes schlief, der nicht sein Papa war.

Max hatte sich nicht solche Gedanken gemacht, bevor er seine Ariane im kleinen Kreis geheiratet hatte, nur wenige Tage, nachdem Mathilde und er die Scheidungspapiere unterschrieben hatten.

»Aber … Soll das heißen, dass wir hier wohnen werden?«, fragte Théo ganz pragmatisch, während Mathilde mit einer Haarsträhne spielte, das Gesicht in den Haaren ihres Älteren verborgen, um die Tränen zu verbergen, die zu fließen drohten.

Nein, nein natürlich nicht. Davon konnte keine Rede sein. Jedenfalls nicht sofort. Sie würde eine solche Entscheidung nie treffen, ohne mit ihnen darüber zu reden, schließlich waren sie ihr Ein und Alles, ihre Schätze, und niemand konnte sich zwischen sie drängen. Das war eine Entscheidung, die sie alle drei treffen mussten. Und natürlich auch mit ihrem Papa zusammen.

»Warum, würde es dir gefallen, hier zu wohnen?«, wagte sie schließlich mit ganz leiser Stimme und klopfendem Herzen zu flüstern.

»Na klar, das wäre wirklich toll, Mama!«, antwortete Théo, nahm sie fest in die Arme und hüpfte dann sorglos hinüber zu seinem Bruder und Louise, die zusammen mit Benjamin spielten, dass sie eine Hütte für die Familie bauten.

Da warf er ihr einen verführerischen Blick zu, ohne zu wissen, was sich im Kopf dieser zweifelnden Frau abspielte, in die er sich unsterblich verliebt hatte.

Und dann war alles sehr schnell gegangen. Benjamin hatte ganz außer sich vor Freude verschiedene Häuser besichtigt und Mathilde ein Sabbatical genommen – zu kündigen erschien ihr noch immer als ein zu großes Wagnis –, um sich ein Jahr lang ganz um die Kinder zu kümmern, solange sie noch so klein waren. Die Zeit verging viel zu schnell, und sie wollte sich später nicht vorwerfen, die falschen Entscheidungen getroffen und das Heranwachsen ihrer Kinder verpasst zu haben. Später würde sie sich vielleicht eine Arbeit in Nantes suchen, es sei denn, ihre Beziehung zu Benjamin ging schief. Dann würde sie nach Paris zurückkehren, in ihre alte Wohnung, die sie befristet vermietet hatte.

Am Tag vor ihrer Abreise kamen alle, um Mathilde und den Kindern schweren Herzens Lebewohl zu sagen.

»Aber ihr Lieben, ich fahre doch nicht ans Ende der Welt, sondern nur ein paar hundert Kilometer weit weg. Jetzt macht doch nicht so ein Theater. Außerdem kommt ihr mich ganz oft besuchen, ja? Es wird euch guttun, ein bisschen aus Paris rauszukommen«, rief Mathilde mit zitternder Stimme, trotz der zahlreichen Ingwercocktails, die sie sich alle fröhlich genehmigten. Sie war die typischste Pariserin von ihnen allen, und trotzdem würde sie sie verlassen. Doch sie hatten sich in den letzten Monaten ohnehin kaum noch spontan getroffen, ja, manchmal mussten sie ein Abendessen wochenlang im Voraus planen. Mathildes Umzug würde daher nicht so wahnsinnig viel ändern, aber dennoch stimmte er sie traurig.

Alice und Fred waren gleich am nächsten Wochenende zusammen mit Victor und Laura zu Besuch gekommen. Laura hatte inzwischen ihren Klavierlehrer gegen einen jungen, etwas beängstigenden Gothic-Typen eingetauscht, nicht gerade zur Freude ihrer Mutter. Alice fragte sich ernsthaft, ob der linkische Dreißigjährige nicht besser gewesen war als der schweigsame Junge mit den schmutzigen Fingernägeln. Am ersten Todestag Adriens fuhren Mutter und Tochter für ein Wochenende ins sonnige Barcelona, und diese gemeinsame schöne Zeit hatte dann auch die kurze Pubertätskrise Lauras auf wunderbare Weise beendet. Jetzt würde sie wohl bald flügge werden. Aber dank dem kleinen Victor, der wieder Harmonie in die Familie gebracht und sie neu zusammengeschweißt hatte, schien sie doch noch ein wenig länger Kind bleiben zu wollen.

Lucie und Christophe hatten womöglich noch etwas Verrückteres getan als Mathilde: Sie waren in ein riesiges Künstleratelier im Quartier de la Bastille gezogen und von Spießbürgern zu Bohémiens konvertiert – ohne sich dabei grundlegend in ihrer Persönlichkeit zu verändern. Christophe und Jacques brachten ihr Start-up erfolgreich auf die Beine, wobei Christoph wieder mehrere Tage pro Woche seine sonstigen Geschäfte weiterführte, um das Projekt zu finanzieren, das doch wesentlich mehr Geld verschlang als anfangs kalkuliert. Lucie hatte für ein kleines Vermögen ihre Boutique verkauft und arbeitete jetzt beim Fernsehen. Sie war entdeckt worden, als sie Alice eines Tages zum Dreh begleitet hatte. Die Produzentin hatte sie sofort erspäht und zu Probeaufnahmen eingeladen. Dabei hatte sie festgestellt, dass Lucie die Schauspielerei im Blut lag, und die beiden Frauen hatten sich schnell angefreundet. Lucie hatte nun eine eigene Sendung, in der sie ihre Erfahrungen als Mutter einer großen Familie weitergab. Sie erteilte Erziehungsratschläge, informierte die Zuschauerinnen über Neuigkeiten, interviewte verblüffend natürlich ihre Gäste und erfreute die Medien mit ihren offen geäußerten Meinungen über eine große Bandbreite von Themen. Lucie genoss ihre neue Aufgabe, und Alice gönnte der Freundin das Scheinwerferlicht von Herzen. Sie war sogar froh, dass sie dadurch nicht mehr ganz so sehr im Mittelpunkt des Zuschauerinteresses stand. Lucie badete in der Menge ihrer Fans, die sie nach der Sendung vor dem Ausgang des Studios erwartete, nahm alle Interviewanfragen an, stand für Reportagen zur Verfügung und verbrachte ihre Abende dort, wo es in Paris am aufregendsten war. Christophe war stolzer denn je auf seine Gattin, die er von Zeit zu Zeit bei ihren Ausflügen in die Welt des Medienspektakels begleitete. Gutmütig akzeptierte er seine Rolle als Ehemann an ihrer Seite, nachdem Lucie schließlich jahrelang in seinem Schatten gestanden hatte.

Raph hatte inzwischen das Paar verlassen, in dem er nach dem kurzen Zwischenspiel keinen Platz mehr hatte, und war mit seiner neuen Partnerin und deren Sohn nach Australien aufgebrochen, um dort sein Glück zu versuchen. Er schien glücklich und sehr gesund zu leben, wie sein Instagram-Account bewies, dem die Zuhausegebliebenen mit großem Interesse folgten. Denn wer war die Frau, die den Coach von Tout-Paris in die Ferne begleitet hatte? Es war Anouk, in die sich Raph vor einem Jahr in der Bretagne unsterblich verliebt hatte. Eines Nachmittags, als alle anderen ausgeflogen waren, hatten sich die beiden einsamen Seelen gefunden und ihre Lebenswege vereint. Auf den Fotos sah man Raph, Anouk und Jérémy lachend an schneeweißen Stränden oder vor dem Yogastudio posieren, das sie kurz nach ihrer Ankunft eröffnet hatten und das gut zu laufen schien. Lucie und Christophe hatten Raph und Anouk großzügig finanzielle Unterstützung bei ihrem Neustart angeboten. In Erinnerung an jene Nacht mit Raph besuchten sie jetzt ab und zu piekfeine Swingerclubs, doch auch ansonsten hatte ihr Liebes- und Sexleben langfristig von dem bretonischen Sommer profitiert, der für sie zum Wendepunkt geworden war.

Éva war glücklich mit ihrem neuen Familienleben und bewies gegenüber dem kleinen Jef, von dem sie sich nur selten trennte, ungeahnte Mutterinstinkte. Jacques und sie arbeiteten hart, beide an ihren jeweiligen freiberuflichen Projekten, doch auch wenn die Verpflichtungen und die Müdigkeit sie manchmal bis an ihre Grenzen brachten, hielten ihre Begeisterung und ihr privates Glück sie aufrecht. Éva schrieb an einem Roman. Es ging darin um Paare, Kinder, Gefühle und Fragen, die man sich manchmal in Lebenskrisen stellte, wenn man nicht wusste, wie es weitergehen sollte. Bald würden ihre Freunde ihn lesen können, und vielleicht würde sich der ein oder andere in dem kleinen Theater der Figuren wiedererkennen, die mal anstrengend, mal rührend waren, und deren Schicksale sich mal kreuzten, mal auseinandergingen, nur um sich später umso intensiver wieder zu begegnen.

Jacques Valère, 2 rue Saint-Nicolas, Paris XIe. Seit sechs Monaten lag der Umschlag nun auf dem weißen Arbeitstisch. Der Brief kam aus den USA. Als er ihn im Bürobriefkasten gefunden hatte, wollte Jacques ihn gleich zerreißen. Was war in ihn gefahren, warum hatte er Raphs Rat befolgt? Eines Morgens hatte er das DNA-Set im Internet bestellt und kurz darauf in einem neutralen Umschlag erhalten. Jacques schämte sich für sein heimliches Vorhaben und hatte das Päckchen zunächst beiseitegelegt. Doch dann war es zu Auseinandersetzungen mit Vincent gekommen, der sich in ihre Art der Erziehung von Jef eingemischt hatte mit der Begründung, er sei schließlich der rechtmäßige Vater. Der Streit war so eskaliert, dass Jacques Lust bekommen hatte, Vincent eins auszuwischen.

In einem günstigen Moment hatte er es schließlich getan und dem schlafenden Jef eine Haarsträhne abgeschnitten.

Dann hatte er mit einem Wattestäbchen seine Speichelprobe entnommen und anschließend alles an das Gentestlabor auf der anderen Seite des Atlantiks geschickt. Die Tage waren vergangen und er hatte schon gar nicht mehr daran gedacht. Als das Ergebnis schließlich eintraf, war Jacques bereits wieder davon überzeugt, dass alles besser so blieb wie bisher, und hatte den Brief zwischen den Blättern eines Papierstapels verborgen.

Irgendwann nahm Jacques endlich den Umschlag zur Hand, räumte seinen Schreibtisch auf, rief Elisa an und verabredete sich mit ihr. Seine Schwester genoss das Glück, sich endlich von ihrer Krankheit zu erholen, die sie vor einem Jahr überwunden hatte. Die Haare waren wieder gewachsen, sie hatte zugenommen und ging wieder zur Uni. Sie war wieder lebensfroh und beklagte sich nie, weil die kleinen Probleme des Alltags Nichtigkeiten für sie waren. Sie erfreute sich daran, jeden Tag die Sonne aufgehen zu sehen und das tiefe Glück zu empfinden, dass ein neuer Lebensabschnitt vor ihr lag.

Die beiden trafen sich auf der Pont des Arts. Elisa saß im Schneidersitz bei einer Gruppe anderer junger Leute, die locker miteinander redeten. Als sie ihn sah, sprang Elisa auf und schlang ihre mit zahlreichen Bändern geschmückten Arme um ihren Bruder. Jacques drückte seine kleine Schwester fest an sich. Er hatte solche Angst gehabt, sie zu verlieren! Mit ihr konnte er über alles reden, so nahe standen sie sich. Er beichtete ihr, was er getan hatte, und hielt ihr das Schreiben hin. Mach du es auf, lies du die Ergebnisse. Ich kann es nicht. – Bist du dir sicher? Willst du es wirklich wissen? – Ja, ich will es wissen. Es wird nichts verändern, aber ich kann die Unsicherheit nicht mehr ertragen.

Da zog Elisa das Schreiben aus dem Umschlag und faltete es auseinander. Ein Sonnenstrahl blendete sie für einen Moment. Sie runzelte auf entzückende Art die Stirn, und ihre Augen wanderten die Zeilen entlang. Und dann hob sie ihren Blick. Und auch ohne dass sie etwas sagen musste, allein durch den Ausdruck auf dem vertrauten Gesicht, wusste Jacques Bescheid.